ACH DU SCHEISSE,
ICH BIN GLÜCKLICH!

Für alle Frauen, die bereit sind, aus ihrem eigenen Schatten herauszutreten und sich ihren eigenen Dämonen zu stellen, um so auch allen Generationen, die nach ihnen kommen, eine bessere Zukunft zu ermöglichen.

Insbesondere für meine Mama.
Ohne die ich niemals eine solch mutige Frau geworden wäre.

Danke Mama.

Und für alle Frauen in meiner Familie, die nach mir kommen: Michelle, Lara, Amelie … Diese Worte widme ich euch und eurem Weg. Möget ihr immer wissen, welche Wunder in euch liegen. Jetzt kommt eure Zeit!

Hab keine Angst, deinen Platz in der Welt einzunehmen!
Wir alle warten auf dich und deine Entscheidung.

„Möge meine Legende also ihren Weg gehen. Ich wünsche ihr ein schönes und langes Leben."

Coco Chanel

Jessica Goschala

ACH DU SCHEISSE, ICH BIN GLÜCKLICH!

Wie du trotz Krise endlich deine Träume lebst

PALOMAA
PUBLISHING

Wichtiger Hinweis:
Alle Inhalte, Hinweise, Ratschläge und Übungen in diesem Buch sind von der Autorin sorgfältig geprüft worden. Sie ersetzen jedoch nicht die persönliche Begleitung und Abklärung durch behandelnde Ärzt*innen und/oder Therapeut*innen. Bitte wende dich bei allen medizinischen Auffälligkeiten oder unklaren Symptomen direkt an deine Ärzt*innen und/oder Therapeut*innen. Dies schließt körperliche sowie seelische beziehungsweise mentale Symptome mit ein. Eine Haftung vonseiten der Autorin oder des Verlages wird ausdrücklich ausgeschlossen.

1. Auflage September 2022
www.palomaapublishing.de
Umschlaggestaltung: Jana Köppe, Reichertshausen
Notiz-Element aus dem Cover: iStock.com/t_kimur
Layout und Satz: Katja Rub, Leipzig
Verlag: Palomaa Publishing, Leipzig
Herstellung: BoD – Books on Demand, Norderstedt

ISBN Softcover: 978-3-949598-02-9
Dieses Buch ist auch als eBook erschienen unter der ISBN: 978-3-949598-03-6

Bibliografische Information der Deutschen Nationalbibliothek:
Die Deutsche Nationalbibliothek verzeichnet diese Publikation in der Deutschen Nationalbibliografie; detaillierte bibliografische Daten sind im Internet über http://dnb.d-nb.de abrufbar.

Inhalt

Ein Wort an deine Seele

Du weißt, dass du sterben wirst. Aber bist du auch bereit, zu leben?

Nicht jeder Mensch, der ein schlagendes Herz hat, entscheidet sich automatisch für die Liebe und das Leben. Manchmal ist es einfacher, sich der Angst als der Liebe hinzugeben. Viele Menschen entscheiden sich meist gar nicht. Sie erwarten, dass es andere für sie tun. Diese Menschen sind meist voller Gram, Hass, Neid und – wer hätte es gedacht – Angst. Das Leben, das Universum – God herself – warten auf deine Entscheidung.

Das ist der wichtigste Schritt, um auch in Zeiten von Krisen glücklich zu werden und deine Träume zu leben: dich immer wieder bewusst für das Leben zu entscheiden. Denn dein Leben ist etwas so Besonderes. Du atmest – Ist dir bewusst, was das eigentlich für ein Geschenk ist? So viele Menschen leben jeden Tag mit purer Selbstverständlichkeit. Sie verfallen in einen Trott, in Lethargie oder nehmen jeden Moment für gegeben hin. Dafür bist du nicht hier. Du kamst mit einem besonderen Geschenk auf die Welt, einem Geschenk oder besser gesagt einer Gabe, die einzigartig ist – so wie deine Iris oder dein Fingerabdruck einzigartig sind. Stell dir unsere humanitäre Gesellschaft wie ein wundervolles Buffet vor. Wenn jede Person ihre persönliche Gabe mitbringt, haben wir ein perfektes Buffet mit so viel Auswahl und Abwechslung, dass uns nie langweilig werden würde. Du bist hier, um diese Gabe zu nutzen und das Leben in vollen Zügen zu genießen. Du darfst alles haben. Es gibt keine Limits oder Einschränkungen, auch wenn sich das für die meisten Menschen so anfühlt. Dieses innere Gefängnis, das sie sich wahrscheinlich selbst gebaut haben, besteht aus gummiartigen Gitterstäben, die jederzeit zur Seite geschoben werden können. Du kannst dich aus deiner eigenen Lethargie befreien und wieder Ja sagen! Ja zum Leben, Ja zu dir, Ja zu deinen Träumen und Ja zu purer Fülle.

Ich schreibe gerade drei Monate nach Beginn des Buches erneut an diesem Prolog. Denn in diesen drei Monaten hat sich wahnsinnig viel verändert. Und ehrlich gesagt hat sich auch ein großer Teil meines Lebens verändert. Ich war mit dem Tod, mit Trennungen, mit der Angst, verlassen zu werden, und einem plötzlichen Krieg in Europa konfrontiert, während ich dieses Buch schrieb. Und genau deshalb weiß ich, dass dieses Buch so wichtig ist wie noch nie. Noch nie war es für uns alle so wichtig, zu lernen, wie wir in Zeiten von Krisen, Krieg, Corona, kollektiver Angst, Geldsorgen, Liebeskummer und digitaler Überreizung bei uns bleiben und weiter für unsere Träume losgehen. Denn gerade jetzt haben es deine Träume so sehr verdient, gelebt zu werden. Ich weiß, für viele Menschen schließen sich diese zwei Zustände aus: Krise und Glück. Dieses Buch wird dir zeigen, dass genau das Gegenteil der Fall ist.

Ich begleite dich auf deiner Reise auch in diesen (ich bringe es mal auf den Punkt) beschissenen Zeiten. Ich weiß, wie du es wieder aus deinem Loch heraus schaffst, welche Tools es braucht und ich werde dir verraten, wie du deine Träume in deine 3D-Realität, in dein echtes Leben, ziehst. Gerade jetzt. Denn die beste Zeit ist immer jetzt! Egal, wo du gerade stehst, egal, welche schlimmen Dinge du vielleicht auch gerade erleben magst – das Leben ist immer für dich. Es ist immer auf deiner Seite. Auch wenn du das vielleicht noch nicht glauben kannst. Niemand kommt mit einer besonders schlechten oder besonders guten „Betriebseinstellung" auf die Welt. Wir haben alle dieselben Möglichkeiten, auch wenn das im ersten Moment nicht so wirken mag (dazu erkläre ich dir im Laufe des Buches noch viel mehr). Lass mich dir sagen, dass jeder Mensch genau die Probleme, Krisen oder Schicksalsschläge bekommt, mit denen er umgehen kann. You only get what you can handle. Diese Beobachtung habe ich bereits mit Anfang 20 gemacht, als ich mich immer wieder fragte, warum ich in so jungen Jahren bereits mit so vielen Krisen zu kämpfen hatte und viele meiner Freunde ein Leben aus dem Bilderbuch führten. Aber ich habe es geschafft. Und ich sage auch dir: Du schaffst das! Ich weiß, dass du es gut machen wirst. Ich glaube an dich – genauso wie God herself.

Es ist deine Entscheidung

Wie oft hast du dich in deinem Leben bisher gefragt, ob du verkehrt bist? Ob mit dir etwas nicht stimmt? Ob du alles vielleicht falsch einschätzt?

Wie oft hast du dich zurückgehalten, weil du nicht zu viel sein wolltest? Weil du für niemandem „too much" sein wolltest? Weil du nicht stören wolltest?

Wie oft hast du dir dein wahres Traumleben vorgestellt und schon bei diesen Gedanken Angst bekommen? Hast dich erschreckt? Bist zurückgewichen?

Wie oft hast du in schwierigen Zeiten den Fokus nur auf diese negative Situation gelenkt und warst wie paralysiert? Handlungsunfähig? Hilflos?

Wie oft dachtest du schon, dass es nie wieder besser werden wird? Dass es keinen Ausweg gibt? Dass es wohl so schlimm bleiben wird?

Und genau jetzt sagen wir Stop! Du sagst Stop. Du kannst dich jederzeit aus deinem eigenen, erschaffenen Gefängnis befreien. Dieses Buch ist nicht ohne Grund in deine Hände gefallen. Du weißt doch ganz genau, dass es da draußen noch mehr gibt. Noch mehr Leben. Noch mehr Tiefgang. Mehr Fülle, mehr Glück, mehr Abenteuer, mehr Begeisterung, mehr Gesundheit, mehr Leidenschaft. Einfach mehr. Du musst es nur vor deinem inneren Auge sehen, dann kannst du es auch erschaffen. Und das gilt für Gutes wie für Schlechtes im Leben.

„Be careful what you wish for, cause you just might get it.", sang schon eine Amerikanische Girlband in den 2000er Jahren.

Für deine Träume loszugehen, ist in diesen Zeiten eine radikale Entscheidung für dich, für dein wahres Ich! Du musst dafür Ja sagen. Und auch sehr oft Nein. Nein sagen zu all den Dingen, die du tust, um nicht anzuecken, aufzufallen, gesehen oder ausgeschlossen zu werden. Und dafür musst du dir ein radikales, ja fast schon ein rebellisches Ja zum Leben selbst geben. Zu dir! Zu deinen Träumen, deinem Schicksal, deinen Ängsten – und zwar auch und ganz besonders in Zeiten, in denen wir nicht wissen, wie unser Morgen aussieht. Dieses Commitment musst du dir geben, um deine Träume zu leben, auch in Krisenzeiten.

Warum ich schon hier von Ängsten spreche? Weil sie dich in diesem Buch begleiten werden. Deine Angst hat einen großen Anteil daran, dass dein Leben noch nicht deiner Vorstellung entspricht (und das tut es wahrscheinlich noch nicht ganz, sonst hättest du wohl nicht zu diesem Buch gegriffen). Dass das Glücklichsein in deinem Leben bisher noch nicht den Raum bekommen hat, den es verdient. But no worries! Deine Angst wird deine Begleiterin sein und du wirst lernen, wie sie dich unterstützen wird, anstatt dich zu sabotieren und zurückzuhalten.

Das Leben, das du wirklich willst, macht dir Angst, sonst würdest du es bereits leben. Deshalb ist es so wichtig, der Angst immer wieder einen Platz einzuräumen und sie nicht zu ignorieren. Sie darf da sein. Liebe kann nur existieren, weil es die Angst gibt. Sie ist das Gegenteil von Liebe. Also wirst du lernen, die Angst zu nutzen, um noch mehr Liebe in deinem Leben zu erschaffen – Deine Träume beruhen auf Liebe.

Ich will das Beste vom Leben! – Es macht steife Nippel es auszusprechen. Probiere es aus!

*Noch ein Hinweis zu diesem Buch: Ich habe zwei Dinge eingefügt, die dir helfen können, noch besser durch deine Krisen zu kommen und Inspiration von anderen zu erfahren: Erstens habe ich viele zusätzliche digitale Goodies wie Audiodateien, Worksheets oder Übersichten für dich zusammengestellt, die du auf den jeweiligen Seiten über einen QR-Code scannen kannst. Sie sind Teil des Buches und mein Geschenk an dich. Nimm dafür einfach dein Smartphone und fotografiere den QR-Code ab. Auf deinem Handybildschirm erscheint dann automatisch die Webseite mit deinen Goodies. Hinten im Buch findest du auch noch eine Übersichtsseite mit allen Links. Und zweitens habe ich dir einige Original-Nachrichten von meinen Klient*innen eingebaut, die mich in den letzten Monaten erreicht haben. So kannst du dich ein bisschen inspirieren lassen und sehen, was alles möglich ist. Auch für dich!*

Mach dich bereit!

Wenn du dich einmal auf diesen Trip eingelassen hast und herausfindest, dass du, ja du (!), wirklich das beste Leben verdient hast und es kreieren kannst, wirst du nie wieder damit aufhören. Du wirst mehr wollen und mehr bekommen! Dein Leben wird sich verändern – wenn du dich dafür entscheidest.

Ich fordere dich heraus, mit jedem Satz in diesem Buch, mit jedem Buchstaben mehr zu wollen. Es dir zu erlauben und die Möglichkeit zu erleben, dass alles möglich ist.

Ich erwarte dich schon so lang.
– dein Leben!

Über dieses Buch

Dieses Buch ist eine radikale Aufforderung an dich. Es wird dich triggern, herausfordern und dir die Möglichkeit geben, all deine Träume in deine 3D-Realität zu ziehen.

Ich spreche im Buch häufig über Gott, das Universum und dein Schicksal. All diese Worte haben für mich keinen religiösen Ursprung, sondern richten sich an deine Seele und dein Herz. Solltest du mit manchen Worten nicht im Einklang sein, ersetze sie einfach durch ein Wort, das sich stimmiger für dich anfühlt (und wenn es sich richtig für dich anfühlt, hinterfrage, was dich zum Beispiel an dem Wort „Gott" stört).

All meine Erfahrungen in diesem Buch dienen dir. Ich stelle mich nicht über dich, denn ich bin nichts Besonderes. Alle Erfahrungen, die ich aus meiner Arbeit mit hunderten von Frauen mit dir teile, haben den Zweck, dir zu zeigen, dass es wirklich für jeden Menschen möglich ist, sich das Leben zu erschaffen, das er sich wirklich wünscht. Und für dich ist das auch möglich. Egal, wie dein Außen gerade aussieht. Egal, in welchen Lebensumständen du gerade steckst. Egal, wie viel Schmerz, Angst, Ohnmacht oder Verzweiflung sich gerade zeigt.

Das Buch führt dich durch die unterschiedlichen Schritte meiner persönlichen Formel, um gerade in Krisen das Glück zu finden und deine Träume zu leben, und wird dir mit nützlichen Übungen, Tools und digitalen Erlebnissen zur Seite stehen. Denn nichts wünsche ich mir mehr, als dich leuchten zu sehen. Ich möchte erleben, wie du vor Freude weinst, jubelst und es selbst nicht fassen kannst, wie genial du bist!

Komm zu mir nach vorn auf die Bühne des Lebens. Es ist Platz für alle von uns im Rampenlicht des Lebens!

Nie wieder gehe ich zurück, damit andere leuchten können, und das empfehle ich dir auch.

Du hast es verdient.

Lass mich aber noch etwas zu diesem oft genutzten Satz „Du hast es verdient." sagen: Du musst dir gar nichts verdienen! Sich etwas verdienen zu müssen, legt den Verdacht nahe, dass du etwas leisten musst, dass nicht jede*r das Gleiche verdient hat, dass du ein besonders braves Mädchen oder ein mutiger Junge sein musst, um dir ein Leben voller Fülle, Spaß, finanzieller Freiheit und Lebendigkeit zu erschaffen. Und das ist absoluter Quatsch.

So oft habe ich von Kundinnen und mir selbst den Satz gehört: „Ich hab das doch gar nicht verdient." Oder ein weiterer Klassiker: „Womit hab ich das denn verdient?" Lass es mich noch einmal in aller Deutlichkeit sagen: Dieses Konzept des Verdienens kommt aus einer patriarchalen Gesellschaftsstruktur, in der alte weiße Männer dafür sorgen mussten, dass sich das gemeine Volk unterordnet, dass es gehorcht und gezähmt wird. Es ging darum, Kontrolle über Millionen von Menschen zu haben. Wie ginge dies wohl leichter als mit Sünden und abstrusem Ablasshandel? Die Menschen sind dem größten Märchen aller Zeiten auf den Leim gegangen: Nicht jede*r kann alles haben. Dieses Märchen wird seitdem von Generation zu Generation weitergegeben und bisher haben sich die wenigsten die Frage gestellt, ob dieses Märchen heute noch aktuell ist. Und ich sage dir: Ist es nicht! So wie man heute nicht mehr „Negerkuss" sagt, sondern „Schokokuss", muss es auch hier ein Update geben. Und dieses Update hält gerade dieses Buch in den Händen. Du bist das Update, auf das deine Kinder, Enkelkinder und alle, die noch kommen werden, gewartet haben.

Aber auch wenn du so wie ich keine Kinder hast, veränderst du etwas in deiner Ahnenlinie. Wenn du für dich losgehst und in Krisenzeiten besser auf dich achtest und dir erlaubst, deine Träume wahr werden zu lassen, profitieren automatisch auch deine Mutter, deine Oma, deine Uroma und alle anderen davon. Also scheiß drauf, du musst dir nichts verdienen! Alles möge dir gehören, alles, was du willst – und noch viel mehr.

Ich nutze im Buch öfter das Wort „Manifestation". Diese Kunst der Traumverwirklichung ist seit Jahren mein großes Thema, genauso wie die Krisen meines Lebens. Erst beim Schreiben dieses Buches ist mir wirklich bewusst geworden, wie gut ich schon immer darin war, mir mein Traumleben zu erschaffen, gerade dann, wenn mein Leben im Innen und Außen auseinander gefallen ist. Hier ein paar Beispiele dafür, wie ich immer wieder aufgestanden bin, auch wenn es manchmal verdammt schwer war:

Als mein Papa uns verließ, war ich 17 Jahre alt. Dieser Verlust brachte mich dazu, eine großartige Ausbildung zu beginnen und die Beziehung zu meinem damaligen Partner neu auszurichten. Als ich es geschafft hatte, mich aus dieser toxischen Freundschaft Plus nach über zweieinhalb Jahren zu befreien, ging ich für ein Auslandssemester nach Jordanien und erlebte dort eine der schönsten Zeiten meines Lebens. Kurz darauf begann ich, zu *tindern*, hatte 50 Dates, einen Platz bei einem Psychotherapeuten – und die Vorlage für mein erstes Buch „*Tinder, Liebe, WTF*". Als mein Papa später in eine Entzugsklinik musste und meine Schwester mit fünf Kindern aus ihrem Haus geworfen wurde, war ich gerade dabei, meine Coaching Ausbildung an der *Dr. Bock Coaching Akademie* in Berlin zu beginnen – obwohl in meinem Leben gerade so viel scheiße lief. Später, als ich dieses Buch schrieb, war ich lange Zeit in Kapstadt und habe dort nicht nur COVID gehabt, sondern auch erlebt, wie es sich anfühlte, zu wissen, das mein Papa nicht mehr viel Zeit mit uns haben würde und in Lebensgefahr ins Krankenhaus kam. Ich fuhr nach Hause zu meinen Eltern und war in dieser schlimmen Zeit da – für meine Eltern und für mich.

Ich kenne die Dualität des Lebens. Ich kenne beide Seiten so gut. Ich weiß, wie es sich anfühlt, wenn dein Leben einer Hollywood-Romanze ähnelt und kurze Zeit später ein wahrer Horror-Thriller daraus wird. Ich kenne sie so gut, die Dunkelheit und das Licht des Lebens. Ich musste mich schon immer aus Krisen selbst herausziehen und habe gelernt, was dabei hilft. Ich weiß, wie es sich anfühlt, wenn man morgens nicht mehr aus dem Bett kommt und keine Kraft hat, seine Zähne zu putzen. Ich weiß, wie es sich anfühlt, wenn man so erfolgreich ist, dass Geld absolut keine Rolle mehr spielt und einfach alles möglich ist. Ich weiß, wie hart Trennungen sind, wie schwierig Dating ist und ich kenne das Gefühl wahrer Liebe. Ich kenne das Gefühl, sich komplett eingesperrt im eigenen Lebensgefängnis zu fühlen. Und ich weiß, wie man die größte Freiheit in sich und in seinem Leben kreiert. Lass mich dir also noch einmal sagen: Wir brauchen beide Seiten. Auch du brauchst beide Seiten.

Die Traumwelt, die Manifestation, die positiven Gedanken und wir brauchen auch die Angst, die Ohnmacht und den Tiefpunkt, um dort anzukommen, wo wir immer hin wollten. Die meisten Menschen fokussieren sich allerdings immer nur auf eine dieser Seiten – manche Menschen sehen und manifestieren das Positive, andere Menschen konzentrieren sich vorwiegend auf die negative Seite. Und wenn alles gut läuft, können es die meisten gar nicht genießen und beschwören damit die andere Seite herauf (das ist Manifestation) und sind dann wie paralysiert in einer Krisensituation, ohne den Ausweg zu sehen und wieder für das Gute loszugehen. Ich möchte dir in diesem Buch genau dabei helfen. Ich werde dir zeigen, wie du deine Träume manifestierst und persönliche Krisen meisterst. Wie du glücklich sein kannst, auch wenn dein Leben gerade Amok läuft.

Ich freue mich so auf unsere gemeinsame Zeit hier. Ich kann es kaum erwarten, wie sich dein Leben verändern wird. Hier schon einmal der erste Aufruf an dich: Schreibe mir, was das Buch bei dir im Innen und Außen verändert hat. Schicke mir eine E-Mail, eine Nachricht bei *Instagram* oder schreibe eine Rezension auf *Amazon*. Ich freue mich auf jedes Wort von dir und wie ich dir helfen konnte, endlich deine Träume zu leben. Im weiteren Verlauf des Buches, wirst du immer wieder Screenshots von Erfolgsnachrichten meiner Kund*innen finden, damit du keine Ausreden mehr hast und sagen kannst: „Ja Jessy, bei dir geht das vielleicht, aber für mich ist das nicht möglich."

Wie du dich aus Krisen wieder herausholst

Mein persönliches Krisentagebuch

Happy Welcome zu diesem sehr speziellen Kapitel des Buches. Na, hast du gerade eine Krise zu Besuch, die einfach nicht wieder gehen will? Kenne ich gut! Dieses Kapitel wird dir zeigen, wie du dich aus Krisen wieder hinausmanövrierst und warum sie uns so gut dabei helfen können, unsere Träume Realität werden zu lassen. Klingt gut? Sehr schön. Dann nehme ich dich mal mit in einen Ausschnitt aus meinem persönlichen Krisentagebuch der letzten Jahre. Los geht's!

Es gibt Momente im Leben, in denen wir am liebsten den ganzen Tag im Bett verbringen würden, wegrennen wollen oder uns vielleicht sogar wünschen, nicht mehr am Leben zu sein. Eine richtige Krise fühlt sich an, als würde man nie wieder froh werden, als wenn dich wie bei *Harry Potter* ein Dementor besucht und du das Gefühl hast, dass du nie wieder glücklich sein wirst. In denen sogar Weinen, Schreien oder ein Rausch nicht mehr helfen. Glaube mir, ich hatte so viele von diesen Momenten in meinem Leben.

Egal, ob es der Unfall meines Vaters war, als ich gerade einmal fünf Jahre alt war und glaubte, ihn nie wieder in den Arm nehmen zu können, oder der Tod meines geliebten Opas. Mein eigener Autounfall, bei dem ich das Auto meines ersten Freundes zerstörte und monatelang die Rechnung der Werkstatt von meinem Ausbildungsgehalt abbezahlen musste. Eine der schlimmsten Phasen war allerdings, als ich erfuhr, dass mein Vater sich einfach aus dem Staub gemacht hatte, meine Mama mit einem Berg von Schulden allein ließ und ich zu meinem 18. Geburtstag von ihm eine betrunkene SMS bekam (mehr nicht).

Als mein erster langjähriger Verlobter und ich uns nach über sieben Jahren trennten, trank ich in der Nacht so viel Vodka, dass ich am nächsten Morgen einen Kreislaufkollaps hatte und senkrecht im Bad umfiel, ohne mich mit den Händen aufzufangen und ein riesiges blaue Auge davon trug (Gott sei Dank war ich nicht tot).

Als ich dabei war, mein Abi über den zweiten Bildungsweg nachzuholen, wollte ich unbedingt Wirtschaftspsychologie studieren. Damals gab es nur zwei staatliche Unis in Deutschland, die diesen Studiengang anboten. Ich hätte dazu einen Schnitt von 1,2 oder besser gebraucht. Dieser Druck, den ich mir selbst machte, sorgte dafür, dass ich so wie mein Vater zu trinken begann. Irgendwann war es normal für mich, nachmittags um 15 Uhr den ersten *Jacky Cola* zu trinken, um den Druck abzubauen.

2014 war ich für ein Auslandssemester in Jordanien und verbrachte dort sechs wundervolle Monate. Zum Ende hin artete der Krieg zwischen Israel und Palästina so sehr aus, dass wir die Bomben in Amman fliegen hörten. An dem Tag, an dem ich eigentlich von Tel Aviv zurück fliegen wollte, wurde das Gate am Flughafen von einer Bombe zerstört. Gott sei Dank entschied ich mich meiner Intuition folgend vorher dafür, doch von Amman aus zu fliegen, obwohl ich mir das eigentlich gar nicht leisten konnte. Seitdem ist der 9. Juli mein zweiter Geburtstag.

Oder der Moment als ich erfuhr, dass ich nicht nur Zysten am Eierstock hatte, sondern zusätzlich auch schwanger war und gerade mein Kind verloren hatte – von dem ich nicht einmal wusste, dass es überhaupt existierte.

Es gab Momente, in denen ich vor Traurigkeit nicht mehr atmen konnte und so sehr hyperventilierte, dass ich glaubte, mein Bewusstsein zu verlieren.

Als ich zum Beispiel 2018 gerade dabei war, für meine Coaching Ausbildung meine Biotop-Collage (die schönste Umgebung für mein Leben, die ich mir vorstellen konnte) mit meinem damaligen Partner zu basteln, rief mich erst meine Mutter an. Sie erzählte mir, dass mein Vater gerade ins Krankenhaus gebracht wurde, weil sein Körper den ständigen Alkoholkonsum nicht mehr aushielt. Wenige Minuten später erhielt ich dann eine *WhatsApp*-Nachricht von meiner Schwester, in der sie mir mitteilte, dass sie mit ihren fünf Kindern mehr oder weniger obdachlos wäre, da sie über Monate hinweg die Miete für ihr Haus nicht bezahlt hatte. Kurze Zeit später war ich damit beschäftigt, zwischen meinen Eltern und meiner Schwester zu pendeln – in der Angst, meinen Vater jetzt endgültig an den Alkohol zu verlieren, für meine Nichten und Neffen ein Anker zu sein und einen Umzug in ein altes, abgefucktes Haus zu organisieren, das erst einmal von Grund auf saniert werden musste. In diesen Nächten hätte ich ohne Baldrian und Weißwein nicht schlafen können.

Ein paar Jahre später war ich pleite mit meinem ersten Unternehmen und kurz davor, Privatinsolvenz anzumelden. Auch ein Kapitel in meinem Leben, auf das ich gern verzichtet hätte.

2020 musste mein Vater erneut in eine Klinik und wieder bangte ich um sein Leben und war aufgelöst.

Ein Jahr später lief eigentlich alles perfekt. Mein zweites Unternehmen machte große Umsätze, ich hatte ein tolles Team, geile Kund*innen, viele Freiheiten und konnte zum ersten Mal einen fünfstelligen Betrag an die *Malala Organisation* spenden. Im August trennten sich mein damaliger Partner und ich nach über fünf Jahren Beziehung – zwei Tage nachdem ich meine erste Immobilie gekauft hatte. Ein schlimmer Verlust meines Geliebten, meines Partners und meines besten Freundes.

Wenige Wochen später war ich mit meinem neuen Partner essen, als mich meine Mutter vollkommen aufgelöst anrief, um mir zu sagen, dass die Kinder meiner Schwester vielleicht noch kurz vor Weihnachten vom Jugendamt aus der Familie geholt werden könnten. Eine Odyssee an Telefonaten mit dem Jugendamt folgte. Nächte, in denen ich vor Angst nicht schlafen konnte und mir selbst Vorwürfe machte, weil ich glaubte, ich hätte etwas tun müssen. Ich fühlte mich in diesen Momenten so hilflos, machtlos und ohnmächtig. Ich plante bereits, wie die Kinder in unserer Familie aufgeteilt werden könnten und richtete im Kopf ein Kinderzimmer in meiner Wohnung ein.

Meine Blase spielt verrückt, seitdem ich mein Kind verloren habe. Es gab Situationen, da saß ich in meinem alten Job bei großen Kund*innen im

Konferenzraum, um über Millionen-Verträge zu verhandeln – und pinkelte ihnen einfach auf den Stuhl, weil ich es nicht mehr halten konnte. Je mehr Stress ich habe, desto schlimmer ist es. Manchmal muss ich alle 15 Minuten auf Toilette, meine Blase ist bisher nie wieder ganz gesund geworden.

Ich hatte in 2017 und 2019 einen Burnout und konnte über Wochen hinweg nicht arbeiten und fühlte mich ausgebrannt, nutzlos und wie der größte Loser der Welt.

Als ich Ende Februar 2022 zurück von Kapstadt nach München kam (zwei Wochen davon verbrachte ich selbst mit Corona in Quarantäne), machte ich mich am nächsten Tag direkt auf zu meinen Eltern, denn mein Vater konnte nicht mehr aufstehen, bekam keine Luft mehr und wurde positiv auf Corona getestet. Ein erneutes Bangen, diesmal schlimmer als je zuvor. In derselben Wochen verabschiedete sich ein wichtiger Mensch aus meinem Leben und ließ mich mit diesen Gefühlen und Ängsten allein. Das liegt jetzt gut drei Wochen zurück.

Puh.

Warum erzähle ich dir all meine persönlichen Geschichten, von denen einige sogar Geheimnisse waren? Weil ich möchte, dass du weißt: Ich weiß, wovon ich rede, wenn ich von Krisen spreche. Ich kenne persönliche Krisen genauso wie die weltlichen, sei es Corona oder der Krieg, der zum Zeitpunkt des Schreiben dieses Buches gerade zwischen der Ukraine und Russland herrscht. Ich weiß, wie es sich anfühlt, wenn du während du mit 190 auf der Autobahn unterwegs bist, kurz überlegst, einfach nicht zu lenken in der Kurve, sondern es zu beenden. Ich weiß, wie sich depressive Zustände und Burnouts anfühlen. Ich weiß, wie es ist, so gelähmt von der Angst zu sein, dass man nicht mehr weiß, wie man aufstehen soll. Ich kenne das Gefühl, nicht zu wissen, wie man irgendetwas bezahlen soll und wirklich, wirklich pleite ist. In meinen 32 Jahren auf dieser Erde habe ich einiges aushalten und erleben dürfen. Doch jede dieser Krisen hielt auch ein großes Geschenk für mich bereit: An jeder schlimmen Situation bin ich auch gewachsen und konnte neu entscheiden, wie ich leben und wer ich sein wollte. Ich tat dies schon immer ganz natürlich. Erst heute weiß ich, dass die Art und Weise, wie ich mit Krisen umgehe und mein Leben lebe, etwas wirklich Besonderes ist. Heute weiß ich, dass die wenigsten Menschen wissen, wie sie sich nach den ersten Tagen einer Krisenexplosion wieder gut fühlen können, wie sie wieder fähig sein können, zu lachen, und weiter für das eigene Traumleben loszugehen. Und genau deshalb gibt es dieses Buch und dieses besondere Kapitel. Ich möchte dir auf den nächsten Seiten mitgeben, mit welchen Tools, Tipps und Fähigkeiten (die in jedem Menschen stecken) auch du es schaffen wirst, in Zukunft leichter aus deinen persönlichen Krisen herauszukommen.

Ich möchte dir hier mitgeben, dass es Wege aus einer Krise heraus gibt, aus diesem Teufelskreis und den Emotionen und Gefühlen – egal, wie schlimm sie zu Beginn scheinen mögen. Ich möchte dir sagen, dass deine Träume jetzt das Potenzial haben, dich wieder zurück ins Leben zu tragen – egal, wie abgefuckt deine aktuelle Realität ist. Deine großen Wünsche, von denen du noch viel in diesem Buch lesen wirst, sind dein Nordstern. Sie haben die größte Kraft und können dich dabei unterstützen, dich wieder zurück ins Leben zu bringen und ein Leben zu erschaffen, besser als du es dir jemals hättest vorstellen können. All meine Krisen waren ein Tiefpunkt in einer sich immer aufwärts bewegenden Lebensspirale. Jede Krise hat dafür gesorgt, dass ich noch stärker für meine Träume losgegangen bin, noch bessere Grenzen gesetzt habe, mehr über mich erfahren und gelernt habe und wusste, welche Gedanken und Entscheidungen in meiner Vergangenheit dazu geführt hatten, dass ich gerade einer solchen Krise von Angesicht zu Angesicht gegenüberstand. Ich bin davon überzeugt, dass jeder Mensch genau das bekommt, womit er umgehen kann. Bei jeder meiner oben beschriebenen Krisen dachte ich, ich würde es nicht schaffen. So oft glaubte ich, dass es keinen Ausweg geben würde und ich daran zugrunde gehen würde. But guess what? Ich lebe noch. Und du auch. Du wirst jede Krise meistern können, ich weiß es ganz genau.

Ein wichtiger Hinweis noch, bevor wir loslegen. Ich bin keine Therapeutin und dieses Buch kann niemals eine gute Therapie ersetzen. Ich war von 2016 bis 2017 selbst in einer Kurzzeittherapie, um meinen Selbstwert nach 50 *Tinder*-Dates wieder aufzubauen und mit Themen aus meiner Kindheit Frieden zu schließen. Die Techniken und Hilfestellungen, die du hier lernen wirst, werden dich auf jeden Fall unterstützen, können aber niemals eine Therapie ersetzen, solltest du sie brauchen. Ich plädiere an deine Eigenverantwortung und wünsche dir, dass du nach professioneller Hilfe fragen kannst, wenn du sie brauchst. Das hat nichts mit Schwäche zu tun, sondern zeugt von wahrer Stärke.

Der Kreislauf von Krisen

Wenn du verstehst, wie Krisen ihr Unwesen in deinem Leben treiben, wirst du auch verstehen können, wie du sie steuern und regulieren kannst. Krisen wollen dir nämlich weismachen, dass du nichts tun kannst, dass du machtlos bist. Die Krise verschafft sich so einen sehr großen Vorteil: Sie sitzt am Steuer. Sie steuert dein Leben, deine Gedanken, deine Emotionen. Und jetzt kommt die gute Neuigkeit: Das ist nicht die Wahrheit! Du sitzt in Wirklichkeit am Steuer und niemand sonst. Auch gut: Deine Krise folgt immer demselben Schema und kann deshalb mit ihren eigenen Waffen geschlagen werden. Und genau diese „Waffe“ gebe ich dir in diesem Kapitel an die Hand.

Phase 1

Egal, welche Art von Krise gerade bei dir an der Tür geklopft und ihre vierzehnköpfige Familie mitgebracht hat, jede Krise macht am Anfang folgendes mit dir: Sie wirft dich aus der Bahn. Sie bringt Verwirrung und zerstört deinen regulären Tagesablauf. Nichts ist mehr so wie vorher. Von einer Sekunde auf die andere ist dein Leben anders, ohne dass du dich dagegen wehren kannst. Du hast keine Wahl und wirst umgerissen wie von einem Wirbelsturm der Stufe 10. Und genau das ist der schlimmste Moment in jeder Krise. Die ersten Minuten mit der Hiobsbotschaft, in denen du noch mit einem Bein in deiner heilen Welt und mit dem anderen Bein im absoluten Chaos steckst. In den ersten Minuten, in denen man nicht glauben kann, was man da gehört, erfahren oder gelesen hat. In diesen Momenten versucht dein Geist, dich zu schützen, und lässt die Informationen und die daraus resultierenden Konsequenzen erst langsam bei dir ankommen. Sie tröpfeln langsam in dich hinein und mit jeder Minute verstehst du mehr, was es bedeutet, wie sich dein Leben verändern wird (auch wenn man die Ausmaße davon meist nicht direkt greifen kann) und welche Konsequenzen diese Information wirklich für dich hat. Für diese Phase der Krise gibt es kein Patentrezept. Jeder Mensch geht zu Beginn einer jeden Krise anders mit der Situation um. Die einen beginnen sofort, zu weinen. Den anderen fehlen die Worte. Den nächsten droht die Ohnmacht – oder gar alles zusammen. In dieser Phase, in diesen ersten Minuten und Stunden mit deiner neuen Realität wird dir folgender Gedanke helfen können: Auch das geht vorbei. Lass zu, dass du die erste Phase der Krise in deiner eigenen Art und Weise annimmst. Und genau das ist das Stichwort: Annehmen.

Versuche, nicht wegzulaufen oder dich zu verstecken. Die Gefühle und Emotionen werden dich einholen, ob du willst oder nicht. Deshalb empfehle ich dir, von Anfang an Ja zu dieser Krise zu sagen. Sie wird sich leider nicht verpissen, nur weil du keinen Bock auf sie hast, sorry, my Love. Nimm die Krise an und feel all the feels. Lass zu, dass du die Emotionen und Gefühle wahrnehmen und annehmen kannst. Sobald du in Widerstand gehst, erzeugst du nur noch mehr Schmerz in dir. Krisen können am besten mit Annahme bewältigt werden, mit Akzeptanz und Selbstfürsorge. Das ist mein großes Learning aus all meinen Krisen. Jedes Mal, wenn ich zu Beginn versucht habe, die Krise zu leugnen, hat es viel länger gedauert, um mich wieder aus ihr zu befreien und weiter für meine Träume loszugehen. Also akzeptiere, dass die Krise und ihre vierzehnköpfige Familie gerade Teil deines Lebens geworden ist. Mach ihnen einen Kaffee und begrüße sie in deinem Leben. Je besser du in dieser Phase einer jeden Krise wirst, desto eher wirst du wieder alleine wohnen.

Audiodatei zur Annahme von Krisen:

Ich habe dir eine kleine Visualisierung zusammengestellt, mit der du die Krise annehmen und vergeben lernst. Eine kurze Audiodatei für Phase 1 der Krise, die du zu Beginn ruhig auch mehrmals am Tag anhören kannst. Du gelangst zu ihr über den QR-Code am Rand der vorherigen Seite.

In dieser ersten Phase der Krise möchte dein System so schnell wie möglich wieder gute und gewünschte Emotionen wie Zufriedenheit, Glück, Optimismus oder Liebe empfinden. Viele Menschen wollen sich sofort wieder gut fühlen, egal, was im Außen geschieht. Wir können allerdings nur sehr selten direkt von Elend zu Glücklichsein springen. Der Unterschied dieser emotionalen Wahrnehmung in unserem Körper ist einfach viel zu groß. Hast du jemals versucht, zu lachen, wenn du gerade eine schlimme Nachricht erhalten hast? Es funktioniert einfach nicht wirklich.

Als mein Papa im März mit einem sehr schweren Verlauf von Corona ins Krankenhaus kam und wir glaubten, ihn nie wieder zu sehen, sagte jemand zu mir: „Sei doch positiv, das wird schon. Du solltest jetzt nicht so negativ denken." Dieser Ratschlag würde vielleicht helfen, wenn es um ein Vorstellungsgespräch geht, aber in so schweren Momenten wie dem mit meinem Vater, sind sie einfach nur unangemessen. Das liegt daran, dass wir von einem solch miserablen Gemütszustand nicht ohne ein paar Zwischenschritte wieder zurück zu Optimismus, Liebe oder Freude finden können. Der Autor Abraham Hicks hat dazu eine fantastische Skala der Gefühle (diese findest du auf der nächsten Seite) entwickelt. Er beschreibt durch diese Skala, dass es viel einfacher ist, in kleinen Schritten von der niedrigstschwingenden Emotion, nämlich Angst, zu Liebe und Freiheit zu gelangen. In der Skala sind 22 verschiedene emotionale Stadien verankert. Laut Hicks und auch aus meiner persönlichen Erfahrung und der mit meinen Online-Kurs-Teilnehmer*innen, ist es sehr viel einfacher, sich wieder besser zu fühlen, wenn man die Stufen auf der emotionalen Skala langsam nach oben klettert. So kannst du in dieser ersten Phase der Krise immer wieder für dich überprüfen, auf welcher Ebene der Emotionen du dich befindest. Wenn du dir zum Beispiel gerade Sorgen machst (Nummer 14 auf der Skala), ist das Gefühl von Frustration (Nummer 10 auf der Skala) schon sehr viel besser. Auch wenn es sich im ersten Moment natürlich immer noch blöd anfühlt, frustriert zu sein, schwingt diese Emotion schon höher als das Gefühl von Sorge. Mir hat diese Skala sehr dabei geholfen, zu verstehen, warum ich mich in Krisenzeiten nicht sofort wieder gut fühlen kann. Viele Menschen bleiben gerade in Zeiten der Krise unnötig lang in einem Level der Skala gefangen. Das liegt unter anderem daran, dass sie a) entweder durch diesen emotionalen Zustand etwas im Außen gewinnen (Aufmerksamkeit ist ein Klassiker) oder b) versuchen, zu schnell und ohne Zwischenschritte von Angst zu Freiheit und Liebe zu springen. Lass es also in Ordnung sein, wenn du von der Angst (Nummer 22 auf der Skala) zu Unsicherheit und Schuldgefühlen (Platz 21 auf der Skala) springst. Akzeptiere, dass es in kleinen Schritten schneller geht, dich wieder gut zu fühlen.

Emotionale Skala nach Abraham Hicks:

1. Freude / Wertschätzung / Ermächtigung / Freiheit / Liebe
2. Leidenschaft
3. Begeisterung / Glückseligkeit / Eifer
4. Positive Erwartungen / Glaube
5. Optimismus
6. Hoffnung
7. Zufriedenheit
8. Langeweile
9. Pessimismus

10. Frustration / Irritation / Ungeduld

11. Überforderung

12. Enttäuschung

13. Zweifel

14. Sorge

15. Schuldzuweisung

16. Entmutigung

17. Ärger

18. Rache

19. Hass / Zorn

20. Eifersucht

21. Unsicherheit / Schuld / Wertlosigkeit

22. Angst / Trauer / Verzweiflung

Skala von Hicks:

Wenn du also selbst gerade in der Angst und der Verzweiflung steckst oder jemanden in einer Krise begleitest (vielleicht hat dein*e Partner*in gerade einen Elternteil verloren oder eine Freundin hat eine Fehlgeburt erlitten), lass die Angst und die Verzweiflung da sein. Sprich darüber, lass alles raus, versuche nicht, nicht in der Angst oder der Verzweiflung zu sein. Akzeptanz ist hier wirklich der schnellste Weg aufs nächste Level. Wenn du dir erlaubt hast, zu fühlen, was es zu fühlen gibt, kannst du durch kleine Fragen wie „Wie lässt mich diese Situation fühlen?" dafür sorgen, auf der Skala eine Ebene weiter hoch zu steigen.

Als ich in den ersten Stunden, nachdem mein Papa ins Krankenhaus kam, die Angst akzeptieren konnte, stellte ich mir irgendwann selbst die oben erwähnte Frage. Meine Antwort lautete: „Was, wenn ich ihm nie mehr sagen kann, wie sehr ich ihn liebe?" Ich fühlte mich schuldig, weil ich es meines Erachtens nicht oft genug getan hatte. Somit war ich schon eine Ebene nach oben geklettert. Natürlich war ich noch weit von dem Gefühl des Glücks entfernt, aber es war ein Anfang.

Ich empfehle dir, die Skala von Hicks auszudrucken, um so schneller in Krisenzeiten überprüfen zu können, auf welchem Level du gerade bist. Scanne dafür den QR-Code „Skala von Hicks" auf der vorherigen Seite

Phase 2

Nachdem du deiner Krise einen Kaffee gemacht hast, geht es darum, wie du mit dieser speziellen Krise umgehst. In dieser Phase ist der erste Schock vorüber. Du hast akzeptiert, dass sich dein Leben gerade verändert hat. Du hast geweint, geschrien, Dinge kaputt gemacht, deine liebsten Menschen blöd angemacht, konntest vielleicht nicht schlafen und warst heillos überfordert. Wie in Phase 1 beschrieben: Je besser du in der Annahme und Akzeptanz der aktuellen Situation wirst, desto schneller kannst du in der zweiten Phase in die Umsetzung kommen. Denn das Tückische an einer Krise ist, dass sie dir am Anfang weismachen will, dass du überhaupt nichts tun kannst. Dass sie jetzt einfach mit ihrer vierzehnköpfigen Familie eingezogen ist und du für immer mit ihr zusammenleben musst. Glaube ihr nicht! Jede Krise wird wieder ausziehen, denn genau in der zweiten Phase kommst du wieder raus aus deiner Ohnmacht. Du befreist dich aus dem Gefühl, gelähmt zu sein und keine Optionen zu haben. In der zweiten Phase sind die folgenden Dinge essenziell, damit deine Krise so schnell wie möglich wieder auszieht:

- Du musst das Ende deiner Krise wollen.
- Widme dich mehrmals am Tag neuen Gedanken.
- Erstelle einen Umzugsplan für deine Krise (aka. Loslassen).

Du musst das Ende deiner Krise wollen

Eigentlich klingt es paradox, dass ich diesen Punkt überhaupt ansprechen muss, aber glaube mir: Viele Menschen lieben Krisen. Sie lieben es, im Opfer-Modus zu sein und der Krise die Schuld zu geben an ihrem Leben und der aktuellen Situation. Diese Art von Menschen ziehen Krisen auch am laufenden Band an. Denn was täten sie ohne sie? Wenn du das Gefühl hast, du könntest einer dieser Menschen sein, mag ich dich trotzdem. Es ist ok, solange du den Wunsch hast, wirklich Schluss zu machen mit diesem MiMiMi-Anteil in dir. Du musst es wollen. Wenn du nicht zu den vorher beschriebenen Menschen gehörst, musst du es trotzdem wollen. Du musst wollen, dass es wieder besser wird. Du musst aufhören, dich in Selbstmitleid zu suhlen (dafür war Phase 1 da). Jetzt ist es an der Zeit, langsam einen Weg aus der aktuellen Situation zu finden. Und das geht nur, wenn du es willst. Solltest du das, warum auch immer, noch nicht wollen, braucht es noch mehr Annahme und Akzeptanz aus Phase 1. So lange du immer noch im Grinch-und-Groll-Modus bist und die ganze Welt und das Universum dafür verfluchst, warum du schon wieder so viel Scheiße auf dem Tablett deines Lebens liegen hast, kannst du es nicht loslassen. Sobald du es wirklich willst, öffnet sich wieder ein Feld in deinem System. Sobald du es willst, können Ideen und Inspirationen, wie du diese Krise loswerden kannst, im nächsten Schritt wieder zu dir fließen. Du kannst dich immer neu entscheiden und du wirst es öfter wirklich wollen. Denn deine Krise will natürlich nicht, dass sie ausziehen muss, also wird sie immer wieder versuchen, dich in Phase 1 zurückzudrücken. Gerade am Anfang wirst du es vielleicht sogar 20 mal am Tag wollen. Das ist ok. Glaube nicht, dass etwas schief läuft. Das ist einfach normal.

Widme dich mehrmals am Tag neuen Gedanken

Das Ding mit der Krise ist: Sie pflanzt dir unfassbar viele Scheiß-Gedanken in deinen Geist. Diese Gedanken gab es sicherlich auch schon zuvor, aber nicht in der Intensität wie jetzt. Die Krise wird dir immer wieder zuflüstern, wie furchtbar alles ist. Was du für ein Loser bist, dass du es eh nicht schaffen wirst und so weiter. Deine Krise ist in dem Punkt einfach ein kleines Arschloch, das müssen wir akzeptieren lernen. Sie wird dir beim Kochen Gedanken unters Essen mischen, die sich dann in Gefühlen und Bildern in deinem Körper und Geist zeigen werden. Horrorszenarien sind die Konsequenz davon. Ehrlich gesagt ist meine Mutter ein heftiges Beispiel für diese Sache. Ihre Horrorgeschichten bei Familienkrisen sind legendär. Wirklich, Wochen später sitzen wir zusammen beim Essen und erzählen uns die Horrorgeschichten unserer Mutter wieder und können immer nicht glauben, wie sie auf so viel Scheiß kommt. Ihre Vorstellungskraft ist deutlich ausgeprägter als meine. Aber auch ich habe immer wieder schlimme Visionen von meiner Zukunft gehabt. Und hier kommt eine wichtige Information für dich: Die Krise ist nur stark in der Zukunft. Im Hier und Jetzt, ich meine wirklich im Hier und Jetzt, ist meistens alles ok. Hier und jetzt ist für mich immer ein Atemzug, *eine* Ein- und Ausatmung. Technisch ist das nicht korrekt, weil zwischen Ein- und Ausatmung mehrere Sekunden liegen und das Hier und Jetzt bei der Einatmung eine ganz andere ist als bei der Ausatmung, aber lass es uns einfach machen. Im Hier und Jetzt ist alles ok. Deine Krise hat vor allem Macht bei den Gedanken, die in der Zukunft liegen. Im Hier und Jetzt hat sie sehr wenig Macht. Deshalb hilft es im ersten Schritt, dich immer öfter am Tag auf das Hier und Jetzt zu fokussieren, bewusst zu atmen und deine Horrorszenarien für einen kurzen Moment auszuschalten. Mit jedem dieser kleinen Momente gibst du deinem Körper und deinem Geist eine Pause. Denn, my Love, dein Körper ist in einer Krise super gestresst. Cortisol ohne Ende wurde ausgeschüttet. Adrenalin ist dein neuer Dauerbegleiter und macht langfristig sehr viel kaputt in deinem Körper (Vorsicht, nächste Krise!). Deshalb nutze diese kurzen Auszeiten. Du kannst sie ganz bewusst ausdehnen, indem du dich immer öfter am Tag für mehrere Minuten auf deine Atmung konzentrierst und wenn wieder Bilder aus den Horrorszenarien kommen, lass sie vorbeiziehen wie Wolken und komme wieder an im Hier und Jetzt. Bei einer Ein- und Ausatmung. Wenn du das gut integriert hast, kannst du dir selbst geile Gedanken in deinen Geist pflanzen. Das, was deine blöde Krise kann, kannst du schon lange. Auch das ist eine bewusste Entscheidung und du musst sie mehrmals am Tag treffen. Post-Its und kleine Erinnerungen im Handy können dich daran erinnern. Du kannst bewusst beginnen, neue positive Gedanken zu säen. Je mehr du von diesen Gedanken säst, desto weniger Platz hat deine Krise für ihre Samen. Hier ein paar Inspirationen für neue positive Gedanken in Phase 2 einer Krise für dich:

> Auch das geht vorbei.
> Ich bin stark und werde es schaffen.
> Ich weiß, es wird wieder besser werden, auch wenn gerade alles Kacke ist.
> Ich liebe mich – egal, was passiert.
> Ich finde einen Weg.
> Das Universum wird mir helfen.
> Ich bin geliebt und umgeben von Menschen, die mich unterstützen können.
> Ich bin gesund und habe Energie.
> Ich bin offen für Wunder in meinem Leben.

Natürlich kannst du auch jegliche andere positive Formulierung nutzen, die dir gefällt. Gedanken erschaffen Emotionen und Gefühle. Noch einmal: Gedanken erschaffen Emotionen und Gefühle. Deshalb achte immer mehr auf deine Gedanken. Ganz oft sind wir in Krisen im Autopilot und funktionieren einfach nur noch. Deshalb werden dir kleine Erinnerungen helfen, immer wieder ganz bewusst neue positive Gedanken in deinem System zu säen. Vielleicht hast du das Gefühl, das klingt gerade lächerlich bei der Art von Krise, die du gerade bewältigen musst. I feel you. Ich verstehe dich so gut. Aber bitte, probiere es aus. Ich kenne niemanden meiner Kund*innen und Online-Kurs-Teilnehmer*innen, denen diese Gedanken nicht geholfen hätten. Egal, ob es sich lächerlich oder gespielt anfühlt, in einer Situation wie deiner gerade solche Gedanken zu denken – Es wird dir helfen! Du wirst dich nach kurzer Zeit besser fühlen, du wirst erleichtert sein und die Ohnmacht wird sich auflösen. Du wirst wieder das Gefühl haben, selbst am Steuer zu sitzen anstelle deiner Krise. Im Laufe der Zeit wirst du immer besser darin werden, deine Krisen-Gedanken einfach wahrzunehmen, ihnen nicht mehr zuzuhören und dafür deine eigenen positiven Gedanken zu säen. Du kannst jede Sekunde neu entscheiden. Du hast es in der Hand, was du denkst und somit auch fühlst. Du kannst jederzeit eine neue Perspektive einnehmen und dich neu entscheiden. Du schaffst das!

Erstelle einen Umzugsplan für deine Krise

Je besser du bei den vorherigen zwei Schritten geworden bist, desto einfacher wird es nach einer gewissen Zeit, einen Umzugsplan für deine Krise auszuarbeiten. Sie wohnt jetzt vielleicht schon einige Zeit bei dir und Mitbewohner-Liebe hin oder her, irgendwann muss die Krise ausziehen, damit du wieder Platz in deiner Wohnung und in deinem Leben hast. Jede Krise kann bewältigt werden. Ich verspreche es dir. Du solltest an diesem Punkt nicht mehr die Ohnmacht von zuvor spüren, sondern das Gefühl haben (kommt aus vielen guten Gedanken), dass du einen Weg finden wirst, auch wenn du ihn gerade noch nicht sehen kannst. Es geht in diesem Schritt um das bewusste Loslassen. Wenn die Krise flügge wird, kann es noch einmal emotional werden, weil wir uns irgendwie daran gewöhnt haben, dass ein bestimmter Lebensbereich oder unser ganzes Leben Amok läuft. Aber ganz ehrlich, du willst es ja wirklich, oder? Du willst diese Krise wirklich loslassen? Perfekt! Lass uns einen Plan machen, wie deine Krise einen neuen Mitbewohner finden kann und du sie endlich vor die Tür setzen kannst. Trust me: Ich habe in meinem BWL-Studium den Schwerpunkt Projektmanagement gewählt. Ich weiß, wie man Pläne macht und organisiert. Lucky You!

Das Wichtigste zuerst: Der Plan muss nicht perfekt sein, war er am Berliner Flughafen auch nicht und irgendwie gings dann doch. Also null Stress, dein Plan kann angepasst werden. Agiles Projektmanagement nennt man das in der Softwarebranche, in der ich jahrelang gearbeitet habe. Dein Plan kann immer wieder angepasst werden, mache dir keine Sorgen. Wir machen es auch mega simpel, egal, wie komplex die Krise ist. Die erste Frage ist immer: Was würde jetzt (!) sofort helfen?

Was würde dir jetzt sofort helfen? Was würde dir sofort Erleichterung verschaffen in der Situation, in der du gerade bist?

Als mein Papa im Februar 2022 mit COVID ins Krankenhaus kam, war das, was mir sofort geholfen hat, die drei Stunden zu meinen Eltern zu fahren und mir ein *Airbnb* zu nehmen, um die ganze Woche vor Ort sein zu können. Es wäre für mich unerträglich gewesen, wenn ich nicht vor Ort mit meiner Schwester, Mama und Oma hätte sprechen können und mir der Trost der

Familie gefehlt hätte. Bei meiner Fehlgeburt 2014 war die beste Hilfe, nach über 24 Stunden Durchweinen (kein Witz) mit dem Vater zu telefonieren, obwohl wir nicht mehr zusammen waren. Es war so heilsam, diesen Schmerz nicht alleine tragen zu müssen. Als mein Partner und ich uns 2021 getrennt haben, hat es mir geholfen, mir einfach ein Hotel in den Bergen zu buchen und Abstand zu gewinnen.

Also, was würde dir jetzt sofort helfen? Wenn du dir diese Frage beantwortet hast, entstehen daraus die ersten logischen Schritte. Du weißt dann, was für den Moment zu tun ist. Egal, ob es Telefonate sind, Gespräche, eine Hotelbuchung, ein Arztbesuch, eine Massage et cetera. Das ist der erste Schritt. Aus diesem ersten Schritt werden sich die nächsten Schritte ergeben. Nachdem du diesen ersten wichtigen Schritt gemacht hast, schauen wir weiter. Was kannst du jetzt tun oder auch nicht? Ganz ehrlich: Wo kannst du wirklich gerade etwas tun und wo nicht? Hier geht es darum, deine Grenzen bewusst wahrzunehmen und sie zu setzen.

Als meine Schwester halb obdachlos war, gab es natürlich Dinge, die ich tun konnte (aber nicht musste!) und Dinge, die ich nicht beeinflussen konnte. Ich konnte für sie da sein, einen Transporter mieten, die Kinder trösten und meine Freundin anrufen, die Sozialarbeiterin ist und mir gute Tipps geben konnte. Aber darüber hinaus kann ich sie nicht retten. Ich bin nicht in der Lage, ihr gesamtes Leben zu organisieren, wenn sie dazu nicht bereit ist.

Es ist super wichtig, dass du unterscheidest, ob die Krise direkt dich betrifft (meine Fehlgeburt) oder jemanden anderen, der dir nahe steht und vielleicht auch zur Familie gehört (Krankenhausaufenthalt meines Vaters, Obdachlosigkeit meiner Schwester und ihrer Kinder). Wenn die Krise direkt dich betrifft, kannst du natürlich sehr viel mehr tun, als wenn es jemand anderen betrifft. Es ist so wichtig, dich nicht aufzuopfern, aufzuarbeiten und kaputtzumachen. Meine Mutter macht das seit zwei Jahrzehnten mit meinem Vater und einer meiner Schwestern und kann sich davon einfach nicht lösen. Wo sind deine Grenzen? Was kannst du tun? Und ganz wichtig: Was WILLST du tun? Nur weil du per se helfen kannst, bist du nicht verpflichtet, es zu tun (ich spreche nicht von unterlassener Hilfeleistung bei einem Autounfall). Gerade Krisen, die nicht uns selbst betreffen, fordern uns auf, gute und starke Grenzen zu setzen. Darüber erfährst du in einem der nächsten Kapitel noch mehr.

Sollte es deine eigene ganz persönliche Krise sein, ist nach dem ersten Schritt die nächste Frage: Was ist dein Ziel? Ganz ehrlich: Was ist dein Ziel mit dem Auszug deiner Krise? Wann soll das passieren? Wie willst du es organisieren? Mein Ziel nach meiner Fehlgeburt war, dass ich mich von meinem Mädchen verabschiedete, mir Zeit nahm, um zu trauern, und ganz bewusst wieder lebte. Denn nur weil ich litt, würde sie nicht leben. Das war mein Ziel. Ich nahm mir bewusst Zeit, um eine kleine Schatulle zu begraben, eine kleine Zeremonie nur für mich. Ich verabschiedete mich von ihr und trauerte. Und ich lebte. Ich ging wieder zur Uni, auch wenn es anfangs eine Qual war und ich nicht wirklich aufnahmefähig war. Aber ich ging. Nach einer Woche nur Weinen und Höllenqualen verschrieb ich mir selbst wieder die Uni. Jede Krise hat ihren eigenen Zeitraum. Eine Zeitspanne, in der wir uns bewusst entscheiden können, alles zu fühlen, was es zu fühlen gibt. Folgendes ist wichtig: Egal, wie lange du eine Emotion empfindest, sie wird nicht mehr oder weniger intensiv, wenn du sie ausdehnst. Ich meine, egal, ob du dich drei Wochen in derselben Emotion suhlst, die aus den immergleichen Gedanken entsteht, oder drei Tage – die Emotion selbst hast du schon in den ersten Stunden wirklich gefühlt (erinnere dich hier auch noch einmal an die Skala von Hicks). Ich möchte, dass du für dich festlegst, nach welchem ersten Zeitraum du einen Check-In mit dir machst und dich fragst, ob du bereit bist, dich wieder deinem Leben zu widmen. So wie ich damals mit der Uni. Wenn du spürst, dass es nichts mehr bringt, dort in den Tiefen deiner eigenen Emotionen zu versauern, darfst du nicht mehr zögern. Dann musst du es tun, wieder leben, losgehen und tun, was auch immer für dich in diesem Moment der Krise das Richtige ist. Wenn du es in diesem Punkt verkackst, wird es unnötig schwer werden. Heute kaufe ich immer wieder Lilien, denn ich hätte meine Tochter Lily genannt. So ehre ich sie und erinnere mich an dieses kleine Wunder, das nur für drei Monate bei mir sein durfte. Es gibt einen Weg heraus aus deiner Krise. Sie wird ausziehen, wenn du es willst, auf deine Gedanken achtest, tust, was für dich gut und richtig ist, und dir ab einem bestimmten Zeitpunkt einen Plan zurecht legst, der dir helfen wird, deine Krise wirklich hinauszuschmeißen.

Phase 3

But Baby, take your time. Nimm dir Zeit. Die Zeit ist hier ein wichtiger Faktor. Je nachdem, wie intensiv deine aktuelle Krise ist, braucht es mal mehr oder weniger Zeit für die Bewältigung. Was nicht heißt, dass du einfach nur zu Hause sitzen und warten sollst, dass es irgendwann besser wird. Du weißt ja schon, was du tun kannst, um ganz bewusst wieder die Zügel in die Hand zu nehmen und gerade jetzt zu leben. In dieser Phase gilt es, die ersten Erkenntnisse und Learnings zu ziehen. Auch wenn es bis jetzt mit der Krise mega scheiße war oder noch ist, was hast du gelernt? Was ist dir bewusst geworden? Was wird sich jetzt für dich in deiner Identität verändern? Wer bist du jetzt?

Ich liebe diese Phase der Krise. In dieser Phase geht es mir schon besser, ich lebe wieder und die Krise hat keinen großen Einfluss mehr auf mich. Ich empfehle dir, dich wirklich bewusst damit auseinanderzusetzen, um a) nicht noch einmal so eine Krise zu dir zu ziehen und b) zu ankern, wie stark du bist und was jetzt alles für dich möglich ist. Aus dieser Energie heraus kannst du wieder wunderbar für deine Träume losgehen und zwar stärker und smarter als zuvor.

Aus der Fehlgeburt habe ich gelernt, dass ich, obwohl ich nie Kinder will, niemals abtreiben könnte (das dachte ich bis zu diesem Tag immer). Also galt es, eine kluge Verhütungsmethode zu finden. Außerdem habe ich gelernt, wie viel Liebe und Schmerz ich gleichzeitig aushalten kann. Ich habe gelernt, dass das Trauern sehr viel länger gedauert hat als bei meinem Opa. Erst nach gut drei Jahren konnte ich von Lily sprechen, ohne dabei zu weinen. Ich weiß, dass diese Krise eine der schlimmsten in meinem Leben war und ich es überlebt habe. Ich habe es geschafft. Ich bin gewappnet.

Also, was nimmst du mit aus deiner Krise? Wo wirst du in Zukunft anders entscheiden, öfter Nein sagen, bessere Grenzen setzen, mehr auf dich achten und aufpassen? Halte deine Erkenntnisse in deinem Journal fest, am Ende des Jahres kannst du sehen, wie viel du dieses Jahr wieder geschafft hast.

An diesem Punkt ist es auch an der Zeit, dir selbst zu vergeben, wenn Selbstvorwürfe im Raum stehen. Ich habe mir die größten Vorwürfe gemacht, als ich die Fehlgeburt hatte. Wieso hatte ich keinen Bluttest beim Frauenarzt machen lassen? Wieso war ich überhaupt bei diesem Frauenarzt, der offenbar nur eine halbe Diagnose gestellt hat? Wie konnte ich das Leben meines Kindes mit Medikamenten gegen die Zysten zerstören? Ich habe mir lange Zeit Vorwürfe gemacht. Vergebung ist so ein wichtiges Tool in diesem Moment. Vergib dir oder der anderen Person, der Situation und den Umständen. Nicht weil es nicht so schlimm war oder du ok findest, was jemand anders getan hat, sondern um endlich wieder glücklich werden zu können. Solange du an Vorwürfen festhältst, trinkst du Gift, von dem du hoffst, dass der andere daran stirbt. Lass los. Dazu kannst du einen Brief schreiben, in dem du noch einmal alles festhältst und alle Gefühle und Emotionen niederschreibst. Diesen Brief kannst du entweder abschicken oder auch verbrennen. Außerdem kann es helfen, eine Ritualkerze für ein bestimmtes Thema oder eine Situation mit einer Intention anzuzünden. Sobald die Kerze heruntergebrannt ist, hast du die Erfahrung und den Schmerz losgelassen oder dich aus einer toxischen Beziehung auch auf energetischer Ebene gelöst.

Genau als ich diese Worte schreibe, geht meine eigene Ritualkerze aus, die ich heute Morgen angezündet habe, um mich endlich von einem Menschen aus meinem Leben zu lösen, der mich sehr im Stich gelassen hat. Und genau jetzt fühle ich mich schon so viel freier und leichter. Ich habe ihn losgelassen und trage diese Situation und Krise nicht mehr mit mir herum. Geiles Gefühl, wirklich, probiere es aus.

Du kannst auch das Hawaiianische Vergebungsritual Ho'oponopono nutzen, indem du vier kleine Gebete hintereinander sprichst. Es ist ein Ritual zur Aussöhnung und wird von den Hawaiianer*innen seit Jahrzehnten genutzt, um sich wieder in den eigenen Frieden zu bringen. Die vier Sätze lauten:

Es tut mir leid.
Bitte verzeih mir.
Danke.
Ich liebe Dich.

Ein wunderschönes Ritual, das dich auch bei deiner Vergebungsarbeit unterstützen kann.

Gabriele Bernstein, die ich sehr schätze, schrieb in einem ihrer Bücher folgenden Satz:

„The key to feeling good is to decide to stop feeling bad.“

Und damit hat sie so recht. Der Schlüssel, um sich gut zu fühlen, ist, zu entscheiden, dass du dich nicht mehr schlecht fühlen willst. Es ist eine Entscheidung. Eine ganz bewusste. Du hältst den Schlüssel zu deinen Träumen in der Hand. Ich bin davon überzeugt, dass dich genau diese Krise, in der du gerade steckst, noch näher an deinen Traum heranführen wird, wenn du erst einmal verstehst, wozu du diese Krise bekommen hast und was du daraus lernen konntest.

Dass dieses Buch entstanden ist und sich um Krisen und Träume dreht, war nicht von Anfang an geplant. Sondern eine göttliche Fügung. In den letzten drei Monaten, in denen ich an diesem Buch geschrieben habe, haben mich so viele Krisen „heimgesucht“, dass ich zuerst Angst hatte, das Buch nicht pünktlich abgeben zu können, und dann die Erkenntnis kam: Jedes Mal, wenn ich eine Krise habe (oder mehrere gleichzeitig, wie in den letzten Monaten), werden mir meine Träume noch klarer. Auf einmal war es so klar, dass ich genau darüber schreiben *muss*. Ich bin meinen Krisen aus COVID, Trennungen und Todesängsten so dankbar, dass sie sich genau jetzt gezeigt haben. Denn dadurch ist mir klar geworden, wie wichtig das Thema ist und wie gut ich darin bin.

Krisen und Träume

Ich bin nicht nur eine Manifestations-Queen, sondern auch eine fuckin' Krisenexpertin. Ich weiß ganz genau, wie ich mit Krisen und Zusammenbrüchen umgehen muss. Und ich weiß, wie wir das Ganze miteinander verbinden, um dein geilstes Leben zu erschaffen. Ich weiß, im ersten Moment klingt es paradox, dass Krisen dich dabei unterstützen sollen, dein bestes Leben zu leben und deine Träume im Hyperspeed-Modus zu dir zu bringen (das lernst du in den nächsten Kapiteln), aber genau so ist es. Krisen und Träume haben eine wichtige Sache gemeinsam: Sie bewegen dich. Sie setzen unfassbar viel Energie frei. Für mich sind Krisen die Verkehrsschilder auf der Traum-Autobahn. Krisen sind Hinweise, Wegweiser und sie können deine Richtung ändern. Sie sorgen dafür, dass du hinterfragst, ob du das Leben, das du gerade lebst, wirklich leben willst. Deine Träume wie deine Krisen geben dir eine neue Richtung vor. Sie lassen dich morgens aufstehen, entweder um deine Krise zu bewältigen oder für deine Träume loszugehen. Beide tragen eine sehr ähnliche Energie in sich. Gerade dann, wenn alles richtig beschissen ist, ist es die beste Zeit, um für deine Träume loszugehen. Denn ganz ehrlich: Was hast du zu verlieren? Außerdem bist du während und kurz nach einer Krise in einer absoluten Macher-Energie. Du hast so viel entschieden, so viel umgestellt, so viel verarbeitet, so viel gelernt, bist gewachsen und weißt auch, was du in Zukunft nicht mehr willst. Geil, Mann! Jedes Mal, wenn eine Krise (oder gleich mehrere) an meine Tür klopfen, weiß ich, dass ich danach noch so viel mehr an meine Träume glauben werde, dass ich noch so viel größer träumen kann (weil ich nichts mehr zu verlieren habe oder meine Angst losgeworden bin) und bereit bin, mein Leben wieder einmal radikal zu verändern. Ich habe eine Hass-Liebe mit der Krise entwickelt, denn die ersten Momente und Tage damit sind die Hölle, aber ich bin mittlerweile sehr schnell darin geworden, mich aus ihr wieder herauszuziehen und ich weiß: Fuck, wie geil wird es danach wieder sein!

Nach meiner Trennung letztes Jahr hat mein Unternehmen die Monate danach gut 50% mehr Umsatz generiert. Das war kein Zufall! Oder als meine Schwester halb obdachlos war und mein Vater gleichzeitig in die Entzugsklinik musste, habe ich kurz darauf gekündigt und mich mit meinem ersten Unternehmen selbstständig gemacht. Im ersten Corona Lockdown in einer 50qm zu zweit eingesperrt zu sein, hat mich zu meiner Traumwohnung gebracht. Als mein geliebtes Auto kaputt ging, war für mich klar, jetzt kommt endlich eine geile neue Karre her und mein Unternehmen wird es mir finanzieren, und genau so war es. Jede Krise hat das Potenzial, dich neu entscheiden zu lassen und dich wieder zu fragen: Wie will ich wirklich leben?

Lass dir die Frage auf der Zunge zergehen: Wie willst du wirklich leben? Egal, ob du gerade mitten in einer Krise steckst oder erst eine hinter dir hattest – Wie willst du wirklich leben? Was willst du vom Leben? Was geht für dich gar nicht mehr? Worauf kannst du in Zukunft verzichten? Was ist für dich in Zukunft nicht mehr diskutabel? Was soll dein neues Normal werden? Wer willst du jetzt sein?

Dieses Buch begleitet dich dabei, in und nach Krisen für deine Träume loszugehen und sie dir innerhalb von kürzester Zeit in deine 3D-Realität zu ziehen. Ohne Stress, Hokuspokus oder die Glücksfee. Du darfst dir jetzt schonmal für diese Kaufentscheidung gratulieren. Du hältst die Lösung für die Frage „Wie erschaffe ich mein bestes Leben, wenn alles Scheiße ist?" in deinen Händen. Aber du entscheidest. Die Krisenenergie kann dich auch im ersten Moment in einen lethargische Zombie verwandeln, der nur *Netflix* schaut und sich Pizza bestellt. Dann hast du in Phase 2 etwas verkehrt gemacht. In jeder Krise steckt so viel Energie, mit der man sicherlich ganze Städte mit Strom versorgen könnte. Und diese Energie ist der Katalysator für deine Träume. Eine rebellische „Willst du mich eigentlich verarschen, Leben?!"-Energie, die dich hinterfragen lässt, ob das Hamsterrad aka. Karriereleiter in dem Konzern wirklich das Richtige ist. Oder dir die Möglichkeit gibt, zu hinterfragen, ob du mit so einer Art von Partner*in zusammensein willst. Vielleicht merkst du auch, dass du mit mehr Kohle auf dem Konto viel geiler hättest mit der Krise umgehen können. Die Krise bietet dir die Möglichkeit, einen sauberen Cut zu machen und neu zu entscheiden. Denn deine Träume sind wichtig und du wirst herausfinden, wie sie wirklich wahr werden. Der Prozess, den du in den nächsten Kapiteln lernen wirst, hat mir bisher all meine Träume erfüllt. Und jede Krise, die währenddessen kam, hat ihnen noch einmal einen Antrieb verpasst.

Du wirst feststellen, dass Krisen sich gerade dann zeigen, wenn alles ziemlich gut läuft. Dann ist es an dir, deine Träume, an denen du begonnen hast zu arbeiten, nicht einfach ad acta zu legen, sondern zu lernen, den Traum- und Krisen-Prozess parallel laufen zu lassen. Den Krisen-Prozess hast du kennengelernt, mit dem Traum-Prozess wirst du in den nächsten Kapiteln Bekanntschaft machen.

Jetzt hast du die wichtigsten Werkzeuge an der Hand, um dich immer wieder selbst aus Krisenzeiten herauszuziehen. Und du bist bereit, dich deinen Träumen zu widmen. Und sind wir mal ganz ehrlich: Deine Träume sollten auch mehr Priorität haben als deine Krisen, nicht wahr?

Die großen Krisen

Aber wie kann man mit den weltlichen Krisen wie der Corona-Pandemie, dem Europa-Krieg oder Umweltkatastrophen umgehen? Wie kannst du es schaffen, dass dich diese Krisen nicht aus der Bahn werfen und ohnmächtig fühlen lassen?

Dafür kannst du dich immer wieder an deine „Zone des Einflusses" erinnern. So beschreibe ich die Bereiche deines persönlichen Einflussbereiches in deinem Leben. Du und ich, wir haben nicht auf alles in der Welt Einfluss. Wir können nicht beeinflussen, wie das Wetter ist, oder ob es einen dritten Weltkrieg geben wird. Aber wir können beeinflussen, wie wir mit diesen Situationen umgehen. Wir können nicht beeinflussen, ob es einen weiteren Tsunami geben wird, aber doch, ob wir jeden Tag die Nachrichten dazu konsumieren. Damit du es noch besser verstehen kannst, stell dir einen großen Kreis vor, der wiederum zwei weitere kleinere Kreise in sich trägt. Der äußerste Kreis beschreibt all die Dinge in der Welt und deinem Leben, die du nicht beeinflussen kannst, so wie das Wetter, die politische Lage in der Ukraine oder den Tsunami in Japan. Der zweite, bereits etwas kleinere Kreis beschreibt die Situationen, auf die du indirekten Einfluss hast. Das kann zum Beispiel so etwas sein wie die generelle Klimaerwärmung. Du kannst entscheiden, wo du einkaufst, ob du fliegst oder nicht, welche Art von Lebensmitteln du kaufst und konsumierst. Du kannst entscheiden, ob du *Nestlé* und anderen riesigen Unternehmen noch mehr Macht gibst, indem du ihre Produkte konsumierst, oder eben bewusst darauf verzichtest. Hier ist dein Einfluss noch gering, aber dennoch hast du bereits die Möglichkeit, wirklich etwas Konkretes tun zu können, um einen positiven Unterschied zu machen. Der letzte und kleinste Kreis beschreibt all die Dinge und Situationen, auf die du ganz konkreten Einfluss hast. So zum Beispiel deine Gedanken oder ob du alle Nachrichten konsumierst, welchen Menschen du auf den sozialen Plattformen folgst, wie du über dich selbst sprichst, worüber du dich aufregst oder auch nicht. Dieser sehr kleine Bereich ist der, auf den du dich in den globalen Krisen fokussieren solltest. Was kannst du jetzt konkret tun? So könntest du zum Beispiel eine Flüchtlingsfamilie aus der Ukraine aufnehmen (so wie eine gute Freundin von mir). Du könntest Geld und Hilfsgüter spenden. Du kannst damit aufhören, jeden Tag stundenlang Nachrichten zu konsumieren. Du entscheidest, worüber du dich mit deinen Freund*innen und deiner Familie unterhältst. Du kannst entscheiden, ob du dich impfen lässt oder nicht. Du kannst entscheiden, mit welchen Menschen du Zeit verbringst. Das heißt ganz konkret: Fokussiere dich auf die Dinge, die du wirklich beeinflussen kannst. Ich selbst habe schon vor Jahren aufgehört, Fernsehen zu schauen (seit 5 Jahren habe ich keinen TV mehr). Auch Nachrichten konsumiere ich nur noch ausgewählt und maximal einmal am Tag, wenn überhaupt. Ich spende Geld und Dinge, die die Menschen in diesen Krisengebieten gebrauchen können. Ich schließe sie mit in meine Gedanken ein, ich fordere meine Community auf zu spenden und weise auf Missstände hin. Ich lasse bewusst positive Gefühle entstehen und verbinde mich mit den Menschen, die gerade Liebe und Energie gebrauchen können. Ich tue die Dinge, die ich tun kann. So achte ich auch darauf, wo und wie ich einkaufe. Ich gleiche meine Flüge aus und überlege mir genau, welche Strecken ich lieber mit dem Fahrrad statt mit dem Auto fahren will. Ich kaufe Fairtrade-Kleidung und kläre andere Menschen in meinem Freundes- und Familienkreis darüber auf, was Fast Fashion bedeutet und warum es für einen selbst, die Umwelt und das allgemeine Tierwohl besser ist, auf tierische Lebensmittel zu verzichten. Und sobald ich mich auf die zwei Kreise fokussiere, die ich komplett oder teilweise beeinflussen kann, fühle ich mich weniger hilflos. Der äußere Kreis hat sehr wenig bis gar keinen Platz in meinem Leben, denn ich kann nichts dafür oder dagegen tun, was sich in dieser Zone des Einflusses abspielt. Seitdem ich mein Leben auf die zwei inneren Kreise konzentriert habe, fühle ich mich so viel besser. In meinem Kopf gibt es nur selten Horrorszenarien über die Zukunft, genauso wenig wie generelle Angst rund um die globalen Themen. Das heißt nicht, dass uns die Menschenrechtsverletzungen der Welt, der Krieg oder Hungernöte nichts angehen, sondern, dass du dich auf die Dinge fokussieren solltest, die du tatsächlich verändern und beeinflussen kannst. Du hilfst den Menschen in der Welt viel mehr, wenn du die Dinge tust, die du tun kannst, anstatt nur in Angst und den Horrorszenarien der Zukunft zu stecken und durch diese Ohnmacht nichts zu tun, außer dich mit deinen Arbeitskolleg*innen oder Nachbar*innen über die allgemeine Situation in der Welt zu beschweren. Das hilft dir und allen in der Welt am allerwenigsten.

Wenn du mich also fragen würdest: „Jessy, was kann ich bei globalen und generellen Krisen in unserer Welt tun?“, würde ich dir empfehlen, dich auf den innersten Kreis zu fokussieren und das zu tun, was du wirklich tun kannst. Du kannst dir dafür gern eine kleine Liste erstellen und anfangen, die Dinge aufzulisten, auf die du wirklich Einfluss hast und welche Situationen und Geschehnisse du einfach nicht beeinflussen oder verändern kannst. Und dann konzentriere dich auf die Bereiche, die du beeinflussen kannst. Fange an, etwas zu tun! Sobald du in die Umsetzung kommst, fühlst du dich weniger ohnmächtig und hilflos. Also: Stop gossiping und beginne, wirklich etwas zu verändern.

Was du bis jetzt gelernt hast:

- Egal, wie schlimm eine Krise wirklich ist, es gibt Wege, um mit ihr klarzukommen und dich wieder aus ihr zu befreien.

- Es gibt mehrere Phasen in jeder Krise und jede Phase hat ihren ganz eigenen Wert und hält unterschiedliche Learnings für dich bereit.

- Annahme, Akzeptanz und Selbstfürsorge sind wichtig, um keinen Widerstand mit der Krise zu erzeugen. Also sage Ja zu deiner Krise und biete ihr einen Kaffee an.

- Jede Krise wird irgendwann wieder aus deinem Leben verschwinden. Du musst es aber wollen, dich wirklich von dieser Krise lösen wollen.

- Gedanken erzeugen Gefühle und Emotionen – Deine Krise versucht, dich mit Horrorszenarien aus der Zukunft in Schach zu halten.

- Du weißt jetzt, wie du dir selbst gute Gedanken machen kannst und wie sehr dir diese helfen werden, dich aus deiner Krise zu befreien.

- Die größte Freiheit liegt im Hier und Jetzt.

- Was würde dir jetzt sofort helfen? Diese Frage bringt dich sofort in die Umsetzung und lässt die ersten Lösungswege erkennbar werden.

- Krisen und Träume tragen dieselbe Energie in sich und bringen dich in Bewegung.

- Jede Krise hilft dir dabei, zu hinterfragen, wer du bist und wie du leben willst. Sie ist ein Wegweiser und wird dich noch schneller für deine Träume losgehen lassen.

- Sobald du dich auf die Bereiche deines Lebens fokussierst, die du wirklich beeinflussen kannst, löst du dich aus dem Gefühl der Ohnmacht und kannst wirklich etwas in der Welt verändern.

Das Fundament der Welt, von dir und der Manifestation

Was Manifestation ist

Es ist kinderleicht.

> *„Es gibt zwei großartige Tage im Leben eines Menschen: Den Tag, an dem wir geboren wurden, und den Tag, an dem wir entdecken, wofür."*
>
> *William Barclay*

Gehen wir das Ganze zuerst logisch an (dein Kopf liebt es, logisch zu denken). Und dein Kopf ist neben deiner Angst dein größtes Problem.

Ma·ni·fes·ta·ti·on
/manifɛstaˈtsi̯oːn, Manifestatión/
Substantiv, feminin [die]
das Deutlich-, Sichtbarwerden, Bekundung von etwas Bestimmtem

So wird das Wort Manifestation vom *Duden* beschrieben. Und wie ich finde, macht das der *Duden* recht gut.

Für mich bedeutet Manifestation, etwas, das bereits in deiner Vorstellung beziehungsweise im energetischen Feld existiert, in deine 3D-Realität zu ziehen und erlebbar zu machen. Das heißt, von deinem Kopf in Materie zu verwandeln. Wahrscheinlich hältst du das jetzt noch für unvorstellbar, aber alles, also wirklich alles, was du auf der Welt siehst, greifen, nutzen und erleben kannst, war zuerst nur eine Idee im Kopf eines Menschen. Egal, ob es der Eiffelturm in Paris ist, die „Palme" in Dubai oder dein Smartphone. Alles war nur eine Idee, eine Vorstellung und wurde dann in unsere greifbare 3D-Realität gebracht.

Ein Beispiel von mir selbst: Als ich im Januar 2021 meinen ersten Online-Kurs für selbstständige Frauen und Gründerinnen herausbrachte, stellte ich mir vor, wie ich mir für den Erfolg des Launches (50.000 Euro Umsatz waren das Ziel) einen *Mini John Cooper Works* kaufen würde. Im März holte ich den Wagen ab, geleast und nicht gekauft (es stellte sich heraus, dass das die bessere Variante für mich ist), aber genau in den Farben und mit der Ausstattung, die ich wollte. Ich saß in diesem Auto, ich spürte es, ich hörte den Motor, ich konnte es anfassen. Bisher hatte ich mir nur vorgestellt, wie es wäre, in diesem Auto zu sitzen, es zu fahren, es zu erleben und plötzlich war es Teil meines Lebens. Das meine ich damit, etwas in deiner 3D-Realität erlebbar zu machen.

Manifestation ist in meiner Welt ein etwas ausgelutschter Begriff. Viele nennen es ein Buzzword. Vielleicht geht es dir genauso oder du hast bisher noch nie etwas darüber gehört und dich nur von diesem Buchtitel oder dem Cover angesprochen gefühlt. So oder so. Lass uns beide folgenden Deal machen: Du vergisst alles, was du bereits darüber „gelernt" hast und lässt dich zu 100% mit deinem Herz auf das ein, was ich dir mitgeben werde.

Dafür geb ich dir ein Glas Champagner aus, wenn wir uns sehen. Deal?

Manifestation ist der Prozess, etwas aus deinen Gedanken greifbar und erlebbar zu machen. Und es ist kinderleicht. Es ist sogar dann möglich, wenn du bis zum Hals in der Scheiße steckst und du glaubst, dass dein Leben eine Vorlage für ein neues Format von *RTL2* seien könnte.

Uuuh, war das schon der erste Trigger? Vielleicht denkst du dir grad: „Jessy, halt die Klappe, das ist nicht kinderleicht. Ich hab schon alles versucht, aber bei mir klappt es einfach nicht." Vielleicht bist du bisher noch nie wirklich für deine Träume losgegangen und merkst jetzt in diesem ganzen weltlichen Chaos, in dem wir gerade leben, dass du nichts mehr zu verlieren hast und willst den ersten Schritt wagen und kannst dir einfach nicht vorstellen, dass das einfach sein soll. „Dann würde es ja jeder machen.“, höre ich dich gerade sagen. Ehrlich gesagt eine berechtigte Frage, auf die wir später noch eingehen werden.

Ich bleibe dabei, es ist kinderleicht. Wieso? Hast du selbst Kinder oder welche in deinem Familien- oder Freundeskreis? Kinder manifestieren so gut wie kein anderer. Vor allen Dingen dann, wenn sie zwischen drei und sieben Jahren alt sind. Denn in diesem Alter können sie sich schon artikulieren, sind aber meist noch nicht so geprägt und erzogen, um zu glauben, dass Manifestieren nicht geht. Sie machen einfach. Sie sagen, was sie wollen. Sie glauben an alles (ich habe, bis ich sechs Jahre alt war, an den Weihnachtsmann geglaubt). Sie träumen riesengroß. Sie spielen mit den Gedanken und machen sich nicht verrückt, sobald das Ergebnis nicht nach fünf Minuten sichtbar ist. Sie lieben das Leben, sie sind voller (unausgesprochener) Dankbarkeit für sich. Sie schränken sich nicht ein, sie limitieren sich nicht. Sie ERleben!

Ich habe fünf Nichten und Neffen und eines kann ich dir verraten: In dem Alter zwischen drei und sieben Jahren konnten sie einfach alles aus dem Nichts zu sich ziehen. Eine meiner Nichten hat mit viereinhalb Jahren für ihr schönstes Weihnachten gesorgt. Das ging so: Drei Wochen vor Weihnachten sagte sie zu mir: „Gigi, (so werde ich von den Kids genannt) ich will, dass Weihnachten anders wird. Es soll warm sein und wir sollten eine Party draußen feiern können, anstatt zu frieren und dicke Jacken tragen zu müssen.“

„Wieso sollte es im Dezember warm sein?“, fragte ich sie. „Weil ich es mir wünsche.“, war ihre Antwort. Wie hoch ist wohl die Wahrscheinlichkeit, dass dieses Kind warme Weihnachten in Deutschland bekommt? So warm, dass man draußen eine Party feiern könnte. Gering, sehr gering. Ich war damals 19 Jahre alt, erwachsen und lebte mit meinem Verlobten in einer anderen Stadt. Ich belächelte sie. Ich wollte ihr den Spaß allerdings nicht verderben und behielt meine Gedanken dazu für mich. Niemals hätte ich gedacht, dass ihr Traum in Erfüllung gehen könnte. Und dann: Der Dezember 2008 war einer der wärmsten Winter, den wir je hatten. Es war warm an Weihnachten. Wir spielten im Garten in T-Shirts und konnten draußen eine Weihnachtsparty feiern. Sie sah mich an diesem Tag an und sagte: „Siehst du, Gigi, hab' ich dir doch gesagt, dass es so wird." Als Erwachsene*r glaubt man zu wissen, dass ein Kind mit diesem Wunsch nicht das Wetter beeinflussen kann. Aber ist dem wirklich so? Egal, an welchem Hochdruckgebiet es lag, dass der Dezember überdurchschnittlich warm war – meiner Nichte war es vollkommen egal. Für sie zählte nur, dass ihr Wunsch in Erfüllung gegangen war. Für sie war es absolut klar. Es gab überhaupt keinen Zweifel daran, dass ihr Wunsch auch eintrifft.

Frage an dich: Wann warst du dir das letzte Mal mit einem Wunsch oder einem Traum so sicher wie meine Nichte damals 2008?

Und genauso ist es mittlerweile andersherum. Meine jüngste Nichte ist heute elf Jahre alt. Ich bin gerade dabei, ihr wieder beizubringen, was Manifestation bedeutet. Sie liebt das Spiel mit den Wünschen wieder und besorgt uns immer den besten Parkplatz, einen freien Tisch in einem vollen Restaurant, ja sogar Geld hat sie sich schon manifestiert.

Es ist kinderleicht. Du musst nur wieder verlernen, was du glaubst, als wahr zu wissen. Anstatt anderen dabei zuzuschauen, wie sie ihr geilsten Leben kreieren, mach's dir doch selbst!

Heute weiß ich, dass jeder Mensch dazu in der Lage ist, sich seine Träume zu erfüllen, egal, wie die aktuelle 3D-Realität gerade (noch) aussieht. Es gibt nichts, was du nicht haben könntest. Manche Träumen erfüllen sich sehr schnell, andere Träume brauchen ein bisschen mehr Zeit, aber alle werden wahr. Ich gebe dir in diesem Buch eine kinderleichte Anleitung mit an die Hand, wie du es in guten und natürlich auch in schlechten Zeiten schaffst, deine Träume zu manifestieren und ein Leben zu leben, das sich gerade noch absolut unrealistisch anhört. Don't worry, my Love, du bist bereits auf dem richtigen Weg. Dieses Buch zu kaufen, war der erste Schritt in eine traumhafte Zukunft.

Lass uns übers Universum sprechen (und Schrödingers Katze)

Ich weiß, dass das Universum für dich bisher wahrscheinlich noch keine große Rolle gespielt hat. Vielleicht glaubst du an Schicksal. Vielleicht denkst du auch, dass alles nur Zufälle sind. Es könnte auch sein, dass du bisher gedacht hast, dass du überhaupt nichts verändern kannst in dem Plan, den „Gott" für dich gemacht hat, und dass das Leben eben so ist, wie es ist. Nach diesem Kapitel wirst du ganz anders über das Universum denken und verstanden haben, was es braucht, um auch gerade in Krisenzeiten dein Traumleben zu kreieren.

Dieses Kapitel wird dir die Zusammenhänge des Universums erklären. Du wirst erleben und erfahren, wie das Universum funktioniert, warum manche Menschen so viel schneller sind im Manifestieren als andere und wie du diese Geheimnisse nutzen kannst. Du wirst endlich wissen, woraus du gemacht bist und was Quantenphysik damit zu tun hat.

Vielleicht fragst du dich gerade schon, ob du Quantenphysik überhaupt brauchst, welches Diplom du jetzt ablegen musst und hörst leise Stimmen in dir, die dir erzählen wollen, dass du nicht mal *IKEA* Möbel zusammenbauen kannst (kann ich zum Beispiel nicht) – Wie sollst du dann Quantenphysik verstehen?! Du wirst! We make it simple! Aber du musst verstehen, woraus du gemacht bist und wie das große Ganze in sich wirkt und funktioniert, damit du deine Wünsche und Träume nicht nur in Höchstgeschwindigkeit, sondern auch so konkret wie möglich erfüllt bekommst.

Stell dir vor, du willst ein Haus bauen, hast aber keine Ahnung, wie und woraus es gemacht ist. Du weißt weder etwas über Statik, Bodenplatten, Aushebungen, Fluchten und viele andere wichtige Dinge, die es nun einmal braucht, um ein Haus zu bauen. Wie willst du dann ein Haus bauen, wenn dir die wichtigsten Grundlagen dafür fehlen?

Genauso ist es auch in der Welt der Manifestation und Träume. Ich werde dir hier Räume und Welten eröffnen, von denen du vielleicht noch nie gehört hast. Ich werde dich einweihen in die Geheimnisse des Universums und dir in einfachen und simplen Worten erklären, wie sich diese Gesamtzusammenhänge auf dein Leben auswirken.

Ich bin ein absoluter Nerd. Ich liebe solche Dinge einfach und habe mich in den letzten vier Jahren rund um die Uhr mit diesen Themen auseinandergesetzt. Ich studiere die Zusammenhänge. Ich will wissen, wie alles funktioniert. Ich will es einfacher erklären und jedem Mensch die Möglichkeit geben, zu verstehen und vor allem zu erfahren, in welchem Wunder wir leben. Und nun bitte ich dich, dich einfach zu öffnen für das, was ich dir auf den nächsten Seite näherbringen möchte. Auch wenn du es kritisch sehen magst – Quantenphysik is real und sie spielt eine ganz wesentliche Rolle für die Erschaffung deines Traumlebens.

Quantenphysik ist also der erste Stop Over auf unserer Reise. Ein magisches Thema, an dem sich Einstein schon nicht sattsehen konnte. Du wirst nicht nur wissen, woraus alles in der Welt besteht, was du gerade sehen und anfassen kannst, sondern auch, wie du mit deinen Gedanken Materie erzeugst. Wissenschaft verbindet sich mit Spiritualität und gibt dir den Schlüssel zu Wohlstand, Glückseligkeit, Erfolg, Liebe, Gesundheit und allem anderen, das du dir wünschst. Es ist wie im Märchen *Aladin*. Du bekommst deinen persönlichen Gini zur Seite gestellt. Dreimal an der Flasche gerieben und schon erscheint er und du kannst dir wünschen, was du willst. Wäre es nicht toll, wenn das wirklich möglich wäre? Das Unmögliche möglich machen. Genau das wirst du in diesem Kapitel lernen. Einer der vielen Vorteile, wenn du die Basics der Quantenphysik verstanden hast (und mehr brauchst du auch nicht), ist es, dass du erkennen wirst, wie machtvoll du, deine Gedanken, dein Glaube an dich selbst und deine Wünsche wirklich sind. Wie wichtig es ist, die Zweifel und Ängste in deinem Kopf vollkommen zu eliminieren und dich nicht weiter mit ihnen zu beschäftigen. Du wirst dir deine eigene neue und einzigartige 3D-Realität kreieren können und dich fragen, warum wir das nicht bereits unseren Kindern in jeder Schule auf der Erde beibringen. Du wirst verstehen, warum du dich bisher so schwer getan hast und mit welchen einfachen universellen „Tricks" du dafür sorgen kannst, dass in Zukunft alles so läuft, wie du es dir wünschst.

Ready, Bitch?

Lass uns mit der einfachsten und gleichzeitig kompliziertesten Frage beginnen (dann hast du es hinter dir): Was ist Quantenphysik? Quantenphysik ist die Lehre und Studie darüber, wie das Universum aufgebaut ist, woraus alles gemacht ist und wie wir diesen Zustand für uns nutzen können.

Dein Körper ist aus Zellen gemacht. Diese Zellen bestehen aus Molekülen, die wiederum aus Atomen bestehen, welche wiederum aus subatomaren Partikeln wie Elektronen bestehen. Alles ist aus „Blöcken" und „Gruppen" gemacht. Alles hat seine Verbindung, seinen Ursprung und seinen Grund. Das ist Quantenphysik. Die gesamte Welt, deine Tasse, dieses Buch, dein Lippenstift, jeder Baum, dein Vibrator, deine Gedanken, das Meer, die Luft … einfach alles besteht aus „großen Gruppen" von subatomaren Teilchen, einer Form der konzentrierten Energie. Der einzige Unterschied zwischen deinem Vibrator und deinen Gedanken ist die Gruppierung der einzelnen Teilchen. Der Aufbau der „Blöcke" von subatomaren Teilchen. Ähnlich wie bei *Lego*. Du kannst aus den Bausteinen entweder einen *Star Wars Tie Fighter* bauen oder die einzelnen *Lego*-Teilchen nutzen, um etwas ganz anderes daraus entstehen zu lassen.

Damit wir uns hier aber nicht falsch verstehen: Wenn wir von Partikeln sprechen, meine ich nicht so etwas wie ein Sandkorn. Ein subatomarer Partikel ist nichts, was du anfassen könntest. Sie sind keine Objekte, sondern, pass auf, jetzt kommt's: *Möglichkeiten der Existenz* und gleichzeitig *Mehrfachexistenzen.* Außerdem sind sie gleichzeitig wellenartig und partikelartig.

Mach dir keinen Kopf, wenn du gerade noch nicht weißt, wovon hier die Rede ist. Ich werde die Basics so einfach erklären, dass du alles verstehen und anwenden kannst.

Die Quantenphysiker wie Einstein stellen sich den lieben langen Tag folgende Frage: Was sind diese subatomaren Partikel und wie verhalten sie sich? Darin sind sie heute schon sehr weit gekommen. Planck, Einstein, Bohr und viele andere forschten seit Beginn des 19. Jahrhunderts an dieser faszinierenden Welt, aus der wir alle und alles um uns herum gemacht sind.

Was bis heute ganz klar und tausendfach bewiesen wurde: Diese subatomaren Partikel sind kleine (aber sehr starke) Energiepakete, die ab und an *Quanta* genannt werden. Da ich dieses Wort sehr liebe, werde ich mich bei der weiteren Ausführung immer des Wortes Quanta bedienen. Stell dir Quanta folgendermaßen vor: Sie sind wie der perfekte Shopping-Begleiter, denn sie hören auf dein Kommando („Bring' die Hose weg, ' mir den Schal, das Shirt eine Nummer kleiner" und so weiter). Sie können genau das Kleid entstehen lassen, das du den ganzen Tag gesucht hast. Einfach nur, weil du es dir vorgestellt hast und die Quanta angewiesen hast, dieses Kleid „entstehen" zu lassen. Können wir uns schon darauf einigen, wie geil diese kleinen Bitches sind? Ein Hoch auf die Quanta!

Alles im Universum besteht aus Energie, einfach alles. Der Grund, warum Energie manchmal zu einem perfekt sitzenden Kleid, einem guten Liebhaber, einer *Chanel*-Tasche oder einem guten Curry wird, sind unsere individuellen und kollektiven Gedanken, die wir haben. Ich meine es ernst! Forscher*innen gehen so weit zu sagen, dass, wenn jede*r im Universum aufhören würde, an den Mond zu glauben und ihn nicht mehr ansehen würde, es den Mond nicht mehr geben würde. Klingt total gaga? Ich weiß, aber es ist wahr und einfach nur unglaublich. Aber du bist hier, um das Unmögliche möglich zu machen, habe ich Recht? Am Ende des Kapitels wirst du wissen, warum der Mond weg wäre und wie du die Qantas zu dir ziehst und in Materie verwandelst.

Sind diese Quantas dann aus Energie gemacht? Nein, sie sind Energie. Sie sind ein riesiger Batzen Energie, so wie alles andere in der Welt. Dein Geist und dein Verstand machen daraus eine physische Form, die du gewohnt bist zu erfahren, zu erleben und anzufassen. Quantenphysik lehrt uns, dass es der Akt der *Beobachtung* ist, ob ein Objekt für uns sichtbar ist oder nicht. Energie sind die subatomaren Partikel, die Atome bilden und irgendwann zu „Dingen" werden. Diese Energie existiert als Wellen, die man messen und sehen kann und die sich über Raum und Zeit ausbreiten.

Lass mich das an einem Beispiel greifbarer machen – ein Beispiel, das einige Forscher*innen für ziemlich wahrscheinlich halten. Stell dir vor, dass deine Couch in deinem Wohnzimmer ein einziges, riesiges subatomares Teilchen ist. Dieses Quanta hat sich zu deiner Couch geformt, bewegt sich aber stetig wellenartig (so wie Quantas das eben den lieben langen Tag tun). Dieses Quanta würde sich folgendermaßen verhalten, wenn du nicht zu Hause bist und nicht an deine Couch denkst: Es würde „verschwinden" und eine Wahrscheinlichkeit werden, irgendwo in deinem Wohnzimmer oder sonst wo im Universum wieder zu „erscheinen". Wenn du wieder nach Hause kommst und wieder daran denkst, auf deiner Couch zu sitzen, würde die Couch wieder genau an diesem Ort stehen. Das ist tatsächlich keine Fantasiegeschichte – es ist ein Beispiel für das Verhalten von Quanta und zwar eines, mit dem einige Forscher*innen tatsächlich arbeiten. Es ist genau die Art, wie sich subatomare Teilchen verhalten. Sie lassen etwas „entstehen", sie formen sich zu etwas, das wir beobachten.

Kein Objekt, keine Sache ist wirklich fest. Alle Dinge, die du sehen und anfassen kannst, bestehen aus sich bewegenden Paketen von Energie. Milliarden und Billiarden Energiepakete, die sich zu Materie formen. Selbst diese Energiepakete bleiben nicht konstant in diesem „Objekt". Sie bewegen sich in Lichtgeschwindigkeit, sie bewegen sich raus und rein, halten nie still, sie sind wie hibbelige Kinder am Esstisch, die nie lange sitzen bleiben können. Sie können nicht anders. Wieso glauben wir also dann, dass unser Körper, unser Haus oder unser Vibrator fest sind? Es ist genau derselbe „Trick", den du tagtäglich im Kino erleben kannst. Wenn du einen Film siehst, in dem eine Frau sich gerade die Haare föhnt, siehst du nur Bilder, es ist eine Serie von vierundzwanzig unterschiedlichen Bildern, die du vor dir siehst, in Sekundenbruchteilen, sodass deine Augen es als eine geschmeidige Bewegung wahrnehmen. Diese Illusion ist alles, woraus ein „festes Objekt" gemacht ist. Es ist unsere Wahrnehmung, es sind unsere Augen, die glauben, dass etwas sehr stabil ist und sich nicht bewegt.

Vielleicht hast du schon von dem Experiment von Schrödingers Katze gehört? Es handelt sich um ein Gedankenexperiment, das Erwin Schröder 1935 vorstellte. In dem fiktiven Experiment wird ein Paradoxon beschrieben, das zeigen soll, dass erst die Beobachtung entscheidet, ob die Katze in einer Box tot ist oder nicht. Dieses Experiment wird in sehr vielen *YouTube*-Videos sehr gut erklärt und vor allen Dingen in Bildern dargestellt. Deshalb empfehle ich dir (wenn du noch einen Schritt weiter gehen willst) ein solches Video auf *YouTube* anzuschmeißen, dir Popcorn zu schnappen und dich bereit zu machen für ein fettes Aha-Erlebnis. Es beschreibt nämlich, dass die großartigen Quanta nicht an einem bestimmten Ort, zu einer bestimmten Zeit ein gewisses Objekt, wie deine Couch bilden, sondern eine Wahrscheinlichkeit sind. Eine Wahrscheinlichkeit, die an unterschiedlichen Orten und Zeiten im gesamten Universum existieren kann. Die Beobachtung selbst lässt sie zu einem physisch-realen Objekt werden, eben deiner Couch. In dem Gedankenexperiment ging es darum, ob eine Katze in einer Box eben tot ist oder nicht. Wirklich herrlich sich anzuschauen, gönne dir diesen Spaß.

Physiker*innen haben auch herausgefunden, dass unsere geliebten Quantas Entscheidungen treffen und von ihrer eigenen „Intelligenz" gesteuert werden. Außerdem wissen sie sofort, wie sich alle anderen Quantas entschieden haben, überall im Universum. Jetzt wird es langsam wirklich crazy, oder? Stell dir vor, dass deine Gedanken Quantas zu Materie werden lassen und alle anderen Quantas im gesamten Universum wissen, was du dir wünschst und wie sie sich verhalten müssen, damit du genau das Kleid shoppen kannst, von dem du schon so lange träumst. Oder die Handtasche, das erfolgreiche Business, ein neues Auto et cetera. Wow! Oder? Wow!

Jetzt kommt noch etwas ultra Cooles, zu dem nur Quantas fähig sind: Sie können sich von Neapel nach Hongkong bewegen, ohne die Wegstrecke zwischen diesen beiden Orten zurückzulegen. Und nicht nur das: Sie könnten auch vom Neapel der 60er Jahre in das Hongkong im Jahre 2254 „reisen". Dabei würde keine Zeit vergehen. In Science Fiction-Serien wie *Star Trek* hat man diesen Zustand versucht, mit dem B*eamen* darzustellen. „Beam mich hoch, Scotty" lautet ein sehr bekannter Satz dieser Serie. Quantas sind sehr viel besser als Scotty. Denn Scotty braucht trotzdem ein paar Sekunden, um von einem Planeten wieder zurück aufs Schiff zu kommen. Quantas brauchen keine Zeit, wie wir sie kennen. Sie bewegen sich zwischen Raum und Zeit, in allen Zeiten, allen Welten und im gesamten Universum, ohne dass Zeit vergeht.

Wer steuert jetzt die Quantas? Vorsicht! Es kommt eine Antwort, die für normale Menschen wie dich und mich ganz und gar absurd klingen kann: Es ist Gott herself, die Quelle, die Allmacht selbst. Also proportional du, mit deinem individuellen Verstand und deinem Geist. Denn du bist Teil von allem, was ist. Du kommst aus derselben Quelle – und soll ich dir das Coolste verraten? Du hast dieselben Fähigkeiten wie Gott, das Universum, die Quelle von allem, was ist. Nimm dir bitte einen Moment Zeit, um das wirklich zu ankern und zu begreifen. Alles, was du sehen kannst, besteht aus sich bewegender Energie, die sich zwischen Raum und Zeit bewegen kann, auf dein Kommando hin. Nichts, was du beobachtest, kann existieren ohne deine Beobachtung. Kannst du dir jetzt vorstellen, warum es so wichtig ist, zu visualisieren? Ich erkläre dir im nächsten Kapitel, wie du dein Unterbewusstsein als Kommandozentrale für die Steuerung der Quantas einsetzen kannst, sogar dann, wenn du schläfst und alles scheiße läuft in deinem Leben.

Lass uns dieses unglaubliche Wunder, in dem wir leben, noch einmal an einem letzten Beispiel begreiflicher machen. Quantas sind Möglichkeiten der Existenz. So lassen sie sich am besten beschreiben.

Stell dir vor, du würdest gern mit Frau Hong sprechen. Frau Hong ist bis hierhin nur ein Paket voller Quantas, die überall und zu jeder Zeit im Universum existieren könnten, bis du dich eben dafür entscheidest, mit Frau Hong zu sprechen und zwar dort, wo du lebst. Wie schon gesagt, ist Frau Hong bisher nur eine Möglichkeit, als Person zu existieren. Bisher existiert sie als Person noch nicht. Wenn du jetzt ihren Namen sagst, wird sie dort auftauchen, wohin du sie gerufen hast und sich dort zeigen. Die Wahrscheinlichkeit, dass Frau Hong zur gleichen Zeit in Tokio, New York, Kapstadt oder irgendwo anders im Universum sein könnte ist jetzt bei Null. Wenn du dein Gespräch mit Frau Hong beendet hast, wird sie wieder „verschwinden". Sie wird daraufhin aufhören, als Person lokalisierbar zu sein und wieder eine Wahrscheinlichkeit werden, die wieder überall anders in der Welt auftauchen könnte. So würde sich ein Paket von Quantas verhalten, das wir in dem Fall Frau Hong genannt haben. Erinnere dich daran, dass alles im Universum sich so verhält wie dieses Quanta-Paket Frau Hong.

Die Wissenschaft hat schon lange bewiesen, dass dein Verstand keine Grenzen kennt, dass alle mit allem verbunden und wir auch mit der allwissenden Quelle verbunden sind. Alles, was du dir vorstellen kannst, wird vom Universum, dir und dadurch den Quantas gesteuert und orchestriert. Alles, was du dir wünschst, existiert bereits als Wahrscheinlichkeit, ist momentan nur noch nicht „sichtbar“. Erinnere dich an Frau Hong. Das bedeutet, dass alles, worum du bittest, zu dir kommen wird, denn du hast es bereits. Du erlebst es nur noch nicht.

Haben und Erleben sind zwei sehr unterschiedliche Dinge, das ist klar. Aber wie fühlt es sich jetzt an, wenn du dir erlaubst, zu glauben, dass du wirklich alles, was du dir wünschst, bereits hast – es nur noch nicht in deiner 3D-Realität erleben kannst? Kannst du für einen Moment zulassen, dass die Schwere und das Kopfzerbrechen, ob du jemals Millionärin werden kannst, ob du deinen Traumpartner findest, jemals deine Weltreise antreten wirst oder das Café eröffnest, von dem du schon lange träumst – einfach von dir abfällt? Kannst du dir erlauben, jetzt schon dankbar zu sein, dankbar für diese großartige Idee vom Schöpfer, das Universum so zu konstruieren? Dass es nichts gibt, was du dir verdienen musst? Nichts, wofür du hart arbeiten musst? Nichts, wofür du beweisen musst, dass du gut genug bist? Wie fühlt es sich an, wenn du weißt, dass du wirklich alles haben kannst?

Jessie es ist so krass es funktioniert einfach tatsächlich in der Quante neue Kunden zu sich zu ziehen 😭😭😭😭 aus dem nichts!! Pay in Full über fucking insta Fotos!!!!!! 😂 😍🥰🤣 das Leben ist so geil 🤩 1m

Selbst dieses Buch, du hast es dir gewünscht. Du wolltest genau diese Zeilen lesen, sie erfahren und durch das neue Wissen dein Leben verändern. Und auch diese Zeilen waren schon immer da, nur jetzt haben sich sehr viele Menschen kollektiv dafür entschieden, sie zu lesen. Deshalb traf ich die Entscheidung, sie zu schreiben, ohne vorher zu wissen, welche Worte genau geformt werden würden. Das Einzige, was ich wusste, als ich im November 2021 mein Million-Dollar Business schloss, war, dass ich Autorin bin und ich dir in diesem Buch nahebringen will, wie du bekommst, was du willst. Und hier sind wir zwei Hübschen nun. Ich blicke auf Kapstadt, während diese Zeile entstehen. Hätte ich mir je träumen lassen, dass es so einfach sein könnte? Ehrlich gesagt ja. Denn ich habe das, was ich dir in diesem Kapitel beschrieben habe, wirklich verstanden und lebe nach den Prinzipien, die du in diesem Buch erlernen kannst. Als ich mich entschied, Autorin zu sein, gab ich dem Universum, allen Quantas, folgenden Befehl: Such mir einen Verlag. Einen wundervollen Verlag, der dieses Buch und mich dabei unterstützt, diese Worte in die Welt zu tragen. Nicht einmal vier Wochen später sprach ich mit meinem heutigen Verlag. Diese Möglichkeit ergab sich aus dem „Nichts“. Du weißt jetzt bereits, dass es die Quantas waren, die auf meinen Befehl hörten und sich zu dem Verlag manifestierten, den ich brauchte, um dieses Werk, den Online-Kurs, das Bühnenprogramm und alles, was wir noch vorhaben, in deiner 3D-Welt erlebbar zu machen.

Deine Selbstsicherheit und dein Glaube daran, dass du haben kannst, was du willst und das Beobachten dessen, was sich bisher noch nicht in deiner Welt gezeigt hat, *kreiert* all das. In Wirklichkeit existiert alles bereits als ein Energie-Paket aus Wahrscheinlichkeiten. Aber du und deine Sicherheit, dass das, was du willst, existieren wird, kreiert es dann so, dass du es anfassen, benutzen, spüren, erleben, sehen und halten kannst.

Du solltest dich immer wieder daran erinnern, dass die Quanten-Welt die *echte Welt* ist und das, was du mit deinen Augen sehen kannst, lediglich eine imperfekte Wahrnehmung einer Gruppe von Quanta-Aktivitäten ist. Dennoch wurde diese Quanta-Aktivität von dir hervorgerufen. Du bist immer der Auslöser. Deine Gedanken erzeugen Materie und lassen die Quantas genau zu dem entstehen, was du gern erleben möchtest.

Stell dir nun folgende Situation vor: Du hast ein wichtiges Meeting, in dem dein Gehalt neu verhandelt werden soll. Am Abend zuvor kommt dir der Gedanke, dass du auf keinen Fall krank sein darfst. Du sagst dir immer und immer wieder: Ich darf morgen nicht krank sein. Auf keinen Fall. Am nächsten Morgen wachst du mit starken Kopfschmerzen und einem Husten auf. Warum? Weil die Quantas Verneinungen nicht kennen. Für sie ist alles real. Alles, was dein Unterbewusstsein mit deiner Stimme hört, hält es für die Wahrheit. Also hast du bekommen, wonach du gefragt hast. Du wurdest krank. Das erklärt auch, warum Menschen, die eher mit einem negativen Blick aufs Leben schauen, nur noch weitere negative Dinge und Situationen zu sich ziehen. Dazu gleich mehr im nächsten Kapitel.

Mach dir unter allen Umständen bewusst, wie machtvoll du bist. Du hast das Kommando über aber und aber Billiarden Paketen von Quantas. Du steuerst ein ganzes Heer an „Soldaten", die alles für dich tun werden. Kein Wunsch wird ausgelassen. Du erschaffst im wahrsten Sinne des Wortes deine eigene Realität. Wir sind alle Maler*innen und unsere Leinwand ist das Leben, doch jede*r Künstler*in entscheidet, was auf der Leinwand zu sehen seien soll. Alles im Universum ist eine Wellen-Partikel-Dualität. Es ist alles gleichzeitig Welle und ein Partikel zur selben Zeit. Zwischen dir und dem Licht gibt es keinen Unterschied, außer dem, dass das Licht eine andere Wellenlänge hat als du. Mit diesem Thema wurden schon ganze Bücher gefüllt (fast alle habe ich verschlungen). Deshalb beschränke ich mich nun darauf, dir noch ein letztes Mal in aller Dringlichkeit ins Gewissen zu reden und dir zu sagen: YOU CAN HAVE IT ALL, BITCH!

Aber du bist diejenige, die den ersten Schritt macht. You go first. Das Universum und die Quantas liefern dann den Rest.

Dein Unterbewusstsein ist sieben Jahre alt

Holy Guacamoly, wie viel geiler findest du schon jetzt dein Leben und die Möglichkeiten, die gerade entstehen – nur weil du weißt, wie das Universum und alles, was darin ist, aufgebaut ist? Jedes Mal, wenn ich etwas über das Thema lese, Seminare besuche oder lerne, fühle ich mich wie ein kleines Kind, das zum ersten Mal in einen Süßigkeitenladen geht. Ich bin erstaunt, fasziniert und absolut neugierig. Und soll ich dir das nächste große Geheimnis und die nächste Säule der Manifestation verraten?

Dein Unterbewusstsein ist sieben Jahre alt. Sieben Jahre, nicht 33, nicht 19, nicht 48, nicht 55 Jahre. Sondern verkackte 7 Jahre! Dein Unterbewusstsein ist noch ein Kind.

Ok, fangen wir von vorne an, solltest du bisher noch nicht wissen, warum es so eine krasse Nachricht ist, dass dein Unterbewusstsein sieben Jahre alt ist.

Dein Verstand und dein Geist werden von der Wissenschaft in zwei Teile geteilt: dem Unterbewusstsein und dem Bewusstsein. Beide sind dafür verantwortlich, Entscheidungen für dich zu treffen, wie zum Beispiel, ob du diese Tafel Schokolade jetzt isst, diesem Typen die zwölfte Chance gibst oder einem Versicherungsvertreter all dein Geld anvertraust. Jetzt könnte man davon ausgehen, dass beide Bewusstseinsvarianten zu gleich großen Teilen verteilt wurden. Dem ist aber leider nicht so. Wie sagte meine Schwester immer: brüderlich geteilt und schwesterlich beschissen. Das Bewusstsein bekam leider nur 5% deiner Entscheidungen zugesprochen, das Unterbewusstsein ganze 95%! Wie in einem schlechten Sorgerechts-Prozess sind die Leidtragenden immer die Kinder, in dem Fall du. Jetzt wird das Ganze noch verkorkster, denn der Teil, der 95% deiner Entscheidungen trifft, ist sieben Jahre alt!

Wusstest du, dass man unter sieben Jahre noch keine rechtlich bindenden Geschäfte abschließen kann und selbst mit sieben Jahren ist man nur beschränkt geschäftsfähig und darf theoretisch nur einen Kaugummi kaufen; nicht einmal ein Handyvertrag ist drin. Dennoch entscheidet dieser kleiner Scheißer mehr oder weniger alles in deinem Leben. Es wird also Zeit zu verstehen, was das Unterbewusstsein will, was es braucht und wie du es steuern kannst. Denn ich muss dir leider mitteilen, Manifestation und alle Quantas werden eben nun auch zu 95% von einer oder einem Siebenjährigen in dir gesteuert.

Dazu ein Beispiel aus meiner schlimmsten Single-Phase von 2014 bis 2016, in der ich insgesamt 50 *Tinder*-Dates hatte und später mein erstes Buch dazu schrieb. Ich habe mir immer wieder denselben Typ Mann angezogen: groß, Student, cool und Arschloch. Immer und immer wieder geriet ich an diesen Typ Mann. Ich verstand einfach nicht, warum ich nicht einfach mal einen netten Typen kennenlernen konnte, der mich so mochte, wie ich war, mich zum Lachen brachte und kein fuckin' Arschloch war. Warum, glaubst du, war das so? Du kennst die Antwort bereits. Du hast sie schon gelernt. Ich habe mit Verneinungen gearbeitet und mir immer wieder vorgestellt, was ich NICHT wollte, anstatt mir vorzustellen, was ich wirklich wollte. Mein Unterbewusstsein war darauf eingestellt, mir genau diesen vermeintlichen Wunsch immer und immer wieder zu liefern, bis ich eines Tages verstand, dass genau das der Knackpunkt war. Mit meinem letzten *Tinder*-Date war ich dann über fünf Jahre zusammen, wir waren verlobt und hatten eine großartige Zeit. Er kam, als ich anfing, meinem Unterbewusstsein die richtigen Befehle zu erteilen.

Unser Geist wird oft mit dem Eisberg verglichen. Wir sehen nur das, was über der Oberfläche liegt. Aber das, was unter der Oberfläche liegt und weitaus größer ist, bestimmt unser Leben. Du und ich, wir glauben so oft, dass wir die Schokolade essen, weil wir es wollen. Ich würde tippen, in 95% der Fälle ist es eine Gewohnheit und kein wirkliches Wollen. Dazu ein Beispiel: Zu meiner Schuleinführung 1996 haben sich meine Eltern eine sehr teure Videokamera ausgeliehen, um diesen Tag für immer festzuhalten. Es war allerdings viel Platz auf der VHS- (!) Kassette, sodass mein Vater auch einige Tage davor und danach festhielt. Als ich das Video mit 28 Jahren das erste Mal wieder anschaute (und mich heimlich schämte für mein furchtbares Kleid, das ich tragen musste, danke Mama!), fiel mir eine Szene besonders auf: Mein Vater kam mit der Kamera ins Wohnzimmer. Dort sieht man mich auf dem Sessel vorm Fernseher sitzen mit einem Eis in der Hand. Mein Vater sagt Folgendes: „Hier sitzt sie mal wieder, die Jessy, mit einem Eis in der Hand. Ja, Essen mag sie besonders gern …“ Du musst wissen, dass ich bereits als Kind übergewichtig war und jahrelang einen Kampf mit Diäten und Kuren gegen meinen Körper führte. Das, was mein Vater sagte, löste also Schamgefühle bei mir aus, weil ich wusste, dass ich nicht so viel Süßes essen sollte. Was das Essen für mich allerdings auch ausgelöst hat, war das Gefühl von Aufmerksamkeit. Mein Vater war immer viel auf Reisen als Bus- und LKW-Fahrer. Eigentlich sah ich ihn nur alle zwei Wochen am Wochenende. Ich war also süchtig nach seiner Aufmerksamkeit und Liebe und bekam immer zu wenig davon. Was ich aber damals bemerkt hatte, war Folgendes: Immer dann, wenn ich etwas Süßes aß oder auch einfach nur zu viel, bekam ich was? Aufmerksamkeit! Denn ich hatte bereits als Kind ein Problem mit meinem Gewicht. Ich war schon als Siebenjährige sehr pummelig, da ich schon früh meine Emotionen mit Essen unterdrückt hatte. Also achteten meine Eltern extrem darauf, was ich aß und wie viel davon. Die Aufmerksamkeit, die ich bekam, war zwar keine gute Aufmerksamkeit (die man als Erwachsene nicht mehr mit Liebe gleichsetzen würde), aber als Kind war das mein Trick, um wenigstens ein wenig von seiner allzu knapp bemessenen Zeit und Aufmerksamkeit zu bekommen. Dreimal darfst du raten, wann und warum ich als Erwachsene eine ganze Tafel Schokolade in mich reinschiebe, obwohl ich weiß, dass mich dieser Zucker krank macht. Ich will Aufmerksamkeit. Ich will Bestätigung und ich will das Gefühl von *zu Hause* spüren.

Frage dich also beim nächsten Burger, der nächsten Schokolade, dem nächsten *Netflix* Marathon, dem nächsten Typen, dem nächsten Job et cetera, woran es dich eigentlich erinnert und du wirst mit sehr hoher Wahrscheinlichkeit ein Ereignis von deinem ersten bis siebten Lebensjahr finden. Mein Unterbewusstsein bestimmt mein Essverhalten. Nicht mehr so schlimm wie noch vor einigen Jahren, aber auch heute esse ich noch ab und an unbewusst. Und Essen ist nur eines von so vielen Themen und Entscheidungen in unserem Leben, nicht wahr?

Das meint das Eisberg-Modell. Du glaubst, dass du mit den 5% deines bewussten Verstandes die Entscheidungen triffst. Eigentlich sind es aber die 95%, die verborgen in der Tiefe liegen. So viele Entscheidungen, die du tagtäglich triffst, werden von deinem Unterbewusstsein gesteuert und nicht von deinem klugen und rationalen Verstand. Wir hängen in einer Dauerschleife aus alten Erinnerungen und Programmierungen fest und fragen uns tatsächlich, warum wir immer wieder dieselben Situationen, Personen oder Ereignisse in unser Leben ziehen. Der Grund ist dein Unterbewusstsein und die Programmierungen, die du bis zu deinem siebten Lebensjahr bekommen hast. Stell dir das Ganze folgendermaßen vor: Dein Körper ist das neueste *MacBook*, das du gerade auf dem Markt kaufen kannst. Sehr schnell, mit viel Arbeitsspeicher und Möglichkeiten. Auf dem Laptop läuft nun aber *Windows XP*. Eine Software, die veraltet ist und faktisch keine Updates mehr machen kann. Was glaubst du, wie gut die Hard- und Software zusammenpassen? Beide sind eigentlich nicht kompatibel. Es kommt zu Abstürzen, unwillkürlichen Sicherheitsupdates und deinem verzweifelten Versuch, endlich alles zum Laufen zu bringen. Genauso ist es auch mit deinem Körper und deinem

Unterbewusstsein: Wir brauchen Updates, damit die Hard- und Software gut zusammenarbeiten können. Ansonsten kommt es immer wieder zu „Abstürzen" und nichts funktioniert so wirklich in unserem Leben.

Dein Unterbewusstsein wird bis zu deinem siebten Lebensjahr geprägt. Von deinem Umfeld, deinen Eltern, deinen Geschwistern, Lehrer*innen, Freund*innen und so weiter. Die Ansichten und Glaubenssätze, die diese Menschen haben, übernimmst du ungefiltert. Du weißt noch nicht, was Richtig oder Falsch ist. Du hinterfragst nichts in diesem Alter. Du nimmst alles für bare Münze – oder warum denkst du, glauben fast alle Kinder an den Weihnachtsmann, das Christkind, den Osterhasen und den Nikolaus? Sie glauben alles. Du hast alles geglaubt. Wenn dein Vater zu dir sagte, dass du niemals Tierärztin werden könntest, weil du dafür nicht klug genug bist, hast du es ihm geglaubt. Wenn deine Oma dir sagte, dass man als Frau nur dann einen guten Mann findet, wenn man brav, anständig und höflich ist, hast du ihr geglaubt. Wenn die Frau im Kindergarten zu dir sagte, dass du unartig warst und nur artige Kinder von ihren Eltern geliebt werden, hast du es geglaubt. Dein Unterbewusstsein hält alles für wahr, was du denkst oder sagst. Es kennt den Unterschied nicht zwischen Vorstellung und Realität. Das kannst du am besten verstehen, indem du dir vorstellst, dass du eine sonnengelbe Zitrone in der Mitte aufschneidest und an ihr riechst. Stell dir jetzt weiter vor, du nimmst eine Hälfte der Zitrone in die Hand und lässt ein paar Tropfen vom Zitronensaft in deinen Mund träufeln. Der Saft der Zitrone verteilt sich in deinem Mund, du kannst den sauren Saft schmecken. Na, was ist gerade in deinem Mund passiert? Hast du festgestellt, dass sich sofort Speichel in deinem Mund bildet? Hast du vielleicht sogar das Gesicht verzogen, weil du die Säure nicht so gut aushalten kannst? Für dein Unterbewusstsein ist alles ein großer Blockbuster, ein Action Drama, eine Liebeskomödie. Alles sind Bilder und Geschichten für dein Unterbewusstsein. Deshalb weiß dein Unterbewusstsein auch nicht, ob du gerade über jemanden anderen oder dich selbst sprichst.

Ich leide zum Beispiel unter „Auto-Tourette". Jedes Mal wenn ich in meinem *Mini* sitze, rege ich mich über andere Autofahrer*innen auf und beschimpfe sie wüst. „Du blöder Idiot, fahr zu!" ist da noch eines der netteren

Dinge, die mir da über die Lippen kommen. Als ich verstanden habe, dass mein Unterbewusstsein nicht weiß, ob ich gerade über mich oder jemand anderen spreche, habe ich mich darauf programmiert, damit aufzuhören. Denn jedes Mal beim Autofahren habe ich mich selbst beleidigt und fertig gemacht. Vielleicht ist es bei dir nicht das Autofahren, sondern wenn du dich über andere Mütter aufregst? Oder wenn du beim Einkaufen an der Kasse die Kassiererin verfluchst, weil sie so langsam ist. Dein Unterbewusstsein weiß nicht, dass du jemand anderes meinst. Deshalb habe ich mich auch von Menschen distanziert, die lästern. Erstens werden sie so, wie sie vor dir über jemanden sprechen, mit hoher Wahrscheinlichkeit auch über dich bei anderen sprechen. Und außerdem habe ich verstanden, dass Lästern und sich Aufregen nur das genaue Gegenteil von dem manifestieren wird, was ich wirklich haben will.

Sobald dein Unterbewusstsein deine Stimme hört, glaubt es alles, was du sagst. Egal, ob du dir also sagst: *„Ich bin … gesund, erfolgreich, glücklich, geliebt, Millionärin.“* oder *„Ich bin wertlos. Keiner liebt mich. Ich bin ein Loser. Ich bin krank.“*, ist das die Wahrheit für dein Unterbewusstsein. Dein Unterbewusstsein ist wie eine kaputte Schallplatte. Es wird alles, was du im Alter von null bis sieben gelernt und erlebt hast, immer wieder wiederholen. Alles ist eine große fantastische Geschichte für dein Unterbewusstsein. Es urteilt nicht darüber, ob es gut oder schlecht ist, ob dir dieser Gedanke dienlich ist oder nicht. Es bringt dir einfach alles, was es sieht und hört und führt deinen Befehl aus. Jeder Gedanke, jedes Wort ist ein Zauberspruch. Deine Gedanken und Worte haben unendliche Macht. Darüber sprechen so viele Religionen, Gurus und mittlerweile auch Wissenschaftler*innen schon so lange Zeit. Es ist wahr. Wann fängst du also an, besser mit deiner gefährlichsten Waffe umzugehen?

Du hast alles geglaubt, genauso wie ich. Genauso wie deine Kinder und meine Nichten und Neffen. Dein Unterbewusstsein ist also „fertig ausgebildet“, seitdem du sieben Jahre alt bist. Danach verändert es sich nicht mehr. Alles, was du heute unterbewusst entscheidest (und das sind 95%, ob du willst oder nicht), wird von der Siebenjährigen in dir entschieden. Deshalb müssen wir Dinge so oft wiederholen, gerade dann, wenn wir uns ein neues Leben wünschen, das anders ist als das, was wir gelebt haben im Alter von null bis sieben Jahren. Einem Kind muss man hunderte von Male erklären und zeigen und es daran erinnern, sich zweimal am Tag die Zähne zu putzen. Wir müssen lernen, wie man eine Gabel hält, wie man spricht. Alles muss gelernt werden. Wie lernen wir? Durch Wiederholung. Wenn ich dich also in einem späteren Kapitel dazu auffordere, deine Träume und Ziele täglich aufzuschreiben, weißt du, warum. Wir müssen Dinge hunderte Male oder gar tausende Male wiederholen, bis wir sie wirklich auf unbewusster Ebene geankert haben. Wenn ich jetzt zu dir sage: „Bitte nimm ein Glas Wasser und trinke einen Schluck.", kannst du es einfach tun. Als Kind war es für dich nicht immer möglich, ein Glas zu halten und es zu deinem Mund zu führen, ohne die Hälfte davon zu verschütten. Heute ist dieser unbewusste Prozess einstudiert. Du kannst jetzt einfach aus einem Glas Wasser trinken.

Genauso wie du damals trinken lernen und üben musstest, musst du Manifestation üben und lernen. Du weißt jetzt schon mehr über das Universum und das Unterbewusstsein als die meisten Menschen in deinem Umfeld und dennoch laufen gerade noch unbewusste Programme in dir ab, die deinen Wunsch hinterfragen. Wenn du so wie ich aufgewachsen bist, *weißt* du, dass Geld ein „knappes Gut" ist. Dass es nicht auf Bäumen wächst und man hart dafür arbeiten muss. Heute das Leben leben zu können, an dem ich an einem Tag im Spa 40.000 Euro und mehr Umsatz mache, hat Übung erfordert. Es war nötig, mich mit meinem Unterbewusstsein auseinanderzusetzen und meinen Ängsten nicht mehr zu glauben als mir selbst. Manifestation ist Training. Du trainierst, wie du den Quantas Befehlen gibst. Du trainierst, eine neue Identität anzunehmen, die weiß, dass das, was sie will, schon lange da ist, auch wenn sie es noch nicht sehen kann. Es ist Training, herauszufinden, was du wirklich willst, jeden Tag dafür loszugehen, einfache Übungen und Tools jeden Tag zu wiederholen. Manifestation ist leicht, wenn du akzeptierst, dass du genauso trainieren musst wie ein Hochleistungssportler, um bei Olympia zu gewinnen. Der Manifestationsmuskel muss aufgebaut werden. Alte, nicht mehr dienliche Glaubenssätze und innere Saboteure müssen aufgelöst werden, um eine neue Realität zu kreieren, die nicht mehr auf deiner Vergangenheit beruht.

Dein Unterbewusstsein kreiert deine Realität, denn 95% aller Quantas, die du steuerst, kommen aus den Tiefen eines siebenjährigen Kindes. Dein Unterbewusstsein ist wie ein Verbindungsportal. Es verbindet dein Bewusstsein mit dem Universum. Es kommuniziert deine Wünsche, und zwar jene auf unbewusster Ebene. Solltest du zum Beispiel gerade so verzweifelt auf der Suche nach Mr. oder Mrs. Right sein wie ich damals und dich fragen, warum du trotz vieler *Tinder*-Dates immer nur genau die Männer oder Frauen anziehst, die du eigentlich nicht willst, liegt es an deinem Unterbewusstsein. Du kannst bewusst den Wunsch haben, endlich in einer glücklichen Beziehung zu leben. Dein Unterbewusstsein hat aber vielleicht gelernt, dass man oft betrogen wird, dass es gefährlich ist, jemanden zu lieben, dass man enttäuscht wird, dass man sich sowieso nur streitet et cetera (wie war die Beziehung deiner Eltern?). Also kannst du dir bewusst wünschen, in einer glücklichen Beziehung zu sein, wirst sie aber niemals finden, denn dein Unterbewusstsein macht sich nur auf die Suche nach genau den Beziehungen, die du (vermeintlich) eigentlich willst. Mit eigentlich meine ich das, was dein Unterbewusstsein *will.* Denn wer hat mehr Macht, der mit 5% der Aktien oder der mit 95%? Wer steuert dein Leben? Ding, ding, ding, 100 Punkte – dein Unterbewusstsein.

Dein Unterbewusstsein will dich glücklich machen und macht sich gemeinsam mit deinem retikulären Aktivierungssystem (RAS) auf die Suche nach genau den Menschen, Situationen, Umständen, Zeichen, die du dir eigentlich wünschst. Das RAS ist wie ein super genaues Navigationssystem, das direkt in deinem Gehirn eingebaut ist. Besser als *Google Maps* und alle anderen Systeme, die du aus dem Alltag kennst. Es wird immer den Weg finden, um dich an dein Ziel zu bringen (die Frage ist nur, ob du das richtige Ziel in deinem RAS eingegeben hast). Dein Unterbewusstsein will dich glücklich machen. Es ist wie ein treudoofer Labrador, der alles für dich tun würde. Dein RAS agiert neben der Navigation auch wie dein internes Filtersystem, zu vergleichen mit einem Algorithmus auf den Social Media-Plattformen. Dort bekommst du auch nicht alle Beiträge, Stories und Reels von allen Menschen angezeigt, die du abonniert hast. Der Algorithmus entscheidet, was relevant für dich ist, basierend auf deinem Suchverhalten, deinen Reaktionen (Likes und Kommentaren) und deinem Scrollverhalten. Dein innerer Algorithmus tut genau dasselbe. Er zeigt dir nur die Dinge, die für dich relevant sind. Denn du bist als Mensch nicht dazu im Stande, alle Millionen und aber Millionen von Bits, Daten und Bildern, die du eigentlich wahrnehmen könntest, zu verarbeiten. Dein Gehirn würde einen Kurzschluss bekommen. Du würdest einfach tot umfallen, wenn du wirklich alles, was um dich herum passiert, wahrnehmen könntest. Deshalb hat sich das Gehirn einen klugen Mechanismus einfallen lassen, der dafür sorgt, dass du überlebst. Dein RAS filtert basierend auf deinen Erfahrungen, Entscheidungen und Erlebnissen, was für dich relevant ist. Am besten lässt sich das an folgenden Beispielen erklären.

Nehmen wir an, eine Frau möchte gern schwanger werden. Sie trifft diese Entscheidung und richtet ihr gesamtes Leben darauf aus. Sie kauft sich Bücher, liest Blogartikel, macht einen Termin in der Frauenarztpraxis, überlegt sich Kindernamen und so weiter. Jetzt weiß ihr Unterbewusstsein, was Sache ist und gibt ihrem RAS das Signal, nach all diesen Dingen Ausschau zu halten. Diese Frau wird in Zukunft „nur noch" schwangere Frauen sehen und überall mit Babyartikeln und Werbungen überflutet werden. Das RAS filtert also die relevantesten Informationen für sie heraus. Früher gab es genauso viele Frauen, die schwanger waren, aber die Frau in unserem Beispiel hat sie einfach nicht wahrgenommen. Sie war nicht darauf programmiert, diese Dinge zu sehen.

Zweites Beispiel, von mir selbst. Ich möchte mir dieses Jahr ein neues Auto zulegen, einen *BMW X6*, von dem ich träume, seitdem ich 18 Jahre alt bin. Ich liebe dieses Auto und habe mich bewusst dafür entschieden, ihn noch dieses Jahr vor meiner Haustür stehen zu sehen. In meiner morgendlichen Meditation, beim Journaling und im Alltag ist dieses Auto für mich omnipräsent. Seitdem sehe ich gefühlt nur noch *BMW X6* herumfahren, jeden Tag mehrere. Sind es heute mehr als noch vor zwei Monaten? Sicherlich nicht, aber jetzt erst kann ich sie sehen.

Ein weiteres Beispiel allgemeinerer Art: Wenn ein Mensch politisch rechts eingestellt ist und sich überlegt, bei der nächsten Bundestagswahl die *AFD* zu wählen, wird er in Zukunft in den Nachrichten und Sozialen Medien die Berichte sehen, die bestätigen werden, dass zum Beispiel Ausländer*innen ein

Problem darstellen. Dieser Mensch hat sein RAS also darauf programmiert und bekommt immer nur bestätigt, was er sowieso schon glaubt. Deshalb ist es gerade in diesen politischen Debatten sehr schwer, Menschen davon zu überzeugen, dass das nicht die Wahrheit ist. Denn alles in ihrem inneren System sorgt dafür, dass sie nur Schreckensmeldungen wahrnehmen, sich deshalb ihr Scroll- und Suchverhalten ändert und ihnen dadurch gerade auch in den Sozialen Medien nur noch mehr bestätigt wird, dass Ausländer*innen ein Problem wären.[1] Diese Beispiele zeigen dir deutlich, wie dein Unterbewusstsein und dein RAS funktionieren.

Auch spannend: Dein Unterbewusstsein ist sieben Jahre alt und liebt daher Geschichten, Metaphern und Bilder. Wenn du zum Beispiel immer wieder denkst und sagst: „Ich bin so blockiert, ich habe einfach keine Ideen.“, baut dein Unterbewusstsein daraus ein Bild. In diesem Beispiel wird dein Unterbewusstsein beispielsweise eine Mauer kreieren, die dann wirklich alles blockiert, was dir Inspirationen und Ideen gebracht hätte. Deshalb ist es so wichtig, dass du in Zukunft mit den richtigen Bildern und Visualisierungen arbeitest. Daran findet dein Unterbewusstsein sehr viel Freude. Es liebt Bilder und gute Geschichten, in debnen du der Star bist und die Hauptrolle spielst.

Damit wir dein Unterbewusstsein in Zukunft mit guten Stories füttern, die dafür sorgen, dass dein RAS ein neues Ziel bekommt, musst du noch folgende Dinge über dein Unterbewusstsein wissen:

Wir hatten es vorher schon kurz angeschnitten: Dein Unterbewusstsein kennt keine Verneinungen. Es versteht das Wörtchen *nicht* nicht. Wenn ich dir sage, dass du nicht an einen pinken Elefanten denken sollst, wird dein Unterbewusstsein erst an den pinken Elefanten denken, bevor es nicht mehr an den pinken Elefanten denkt. Wenn du also zu dir selbst sagst: *„Ich will nicht mehr so dick sein.“*, versteht dein Unterbewusstsein nur: „Ich will so dick sein.“ Oder wenn du deinen Kontostand endlich auffüllen möchtest, dir aber immer wieder sagst: *„Ich darf nie wieder pleite sein.“* – gleiches Spiel. Sage deinem Unter-

1 Disclaimer: Ich bin nicht „rechts“ eingestellt und möchte hier auch keine politische Debatte eröffnen. Dieses Beispiel zeigt nur sehr gut, wie unser RAS funktioniert.

bewusstsein, was du willst, nicht, was du nicht willst. Sprich immer in der Gegenwartsform über deine Ziele und Wünsche. „Ich habe 10.000 Euro auf meinem Konto.“ statt „Irgendwann will ich mehr Geld haben.“ Wenn es um das Gewicht geht, sage und schreibe lieber folgenden Satz auf: „Ich wiege xx Kilogramm.“ Werde spezifisch, denn dein Unterbewusstsein ist super effizient. Es will dich sofort glücklich machen und dir geben, wonach du verlangst. Also sucht es sich den Weg mit dem geringsten Widerstand. Dazu kommen wir dann noch genauer in der „Manifest-as-Fuck-Formel“, aber for now musst du wissen, dass dein RAS nicht liefern kann, wenn du unspezifisch bist. Unspezifische Wünsche werden unspezifisch ausgeliefert. Wenn du bei *Amazon* eingibst „Unterhose“ und dir einfach irgendetwas davon liefern lässt, ist die Wahrscheinlichkeit sehr gering, dass du die sexy Unterwäsche bekommst, die du eigentlich für dein nächstes Date anziehen wolltest. Wenn du für dich entscheidest: „Ich will mehr Geld.“,

> Hi Jessy, wow nachdem ich verstanden habe, wie ich meine Wünsche richtig formuliere hat es endlich klick gemacht 🤩 😍
>
> Das Beispiel aus dem Kurs mit den 2€ hat sich so stimmig angefühlt und Ich habe kapier was wirklich zu tun ist.
> Seit Jahren will ich endlich mein eigenes Café. Ich habe mir immer vorgestellt wie das wohl wäre aber bin nie tiefer in das Thema rein 😅
> Jetzt habe ich begonnen meinen Traum genau aufzuschreiben und mit den Räumlichkeiten begonnen. Ich Hab alles genau aufgeschrieben und What the fuck: vier Wochen später Erzählt mir eine Bekannt dass ein Laden aus ihrem Haus im Erdgeschoss auszieht. Ich hab's mir angeschaut und wusste das ist es
> 🖤 🍾 🤩 3m

wird dein Unterbewusstsein diesen Wunsch an das Universum kommunizieren. Dein RAS wird sich auf die Suche machen und liefern. Und zwar ungefähr so: Stell dir vor, du gehst in der Stadt spazieren, trinkst dabei einen Kaffee und findest auf einmal ein 2-Euro-Stück auf der Straße. Mehr Geld. Genau das wird dein Unterbewusstsein und dein RAS verstehen. Sie wollte *mehr* Geld, sie hat mehr Geld. Wir können aufhören mit Suchen und Liefern. Sie hat, was sie wollte. Sehr wahrscheinlich wolltest du mehr als 2 Euro, wenn du von mehr Geld gesprochen hast. Das wissen dein RAS und dein Unterbewusstsein aber nicht. Deshalb müssen wir spezifisch werden bei unseren Träumen und Zielen. Wie du deine Ziele und Wünsche definierst, um deinem RAS genaue Befehle zu geben, erfährst du in einem späteren Kapitel.

Bitte beachte auch Folgendes: An einem wichtigen Punkt geben viele Menschen das Manifestieren wieder auf. Sie schmeißen alles hin, wenn sich Ängste zeigen oder Dinge passieren, die sie eigentlich nicht wollten. Sie glauben dann oft: „Jetzt hab' ich es versaut." oder „Das funktioniert sowieso nicht." Sobald du wirklich anfängst, an dir und deinen Wünschen zu arbeiten, wird dein Unterbewusstsein alte unterdrückte Emotionen und Erinnerungen an dein Bewusstsein schicken. Diese Erinnerungen und Emotionen gilt es, aufzulösen und aufzuarbeiten, damit du das, was du wirklich willst, zu dir ziehen kannst. Es wird meistens beschissener laufen, bevor es richtig geil ist. Und hier machen viele den größten Fehler. Sie glauben, sie dürfen nicht negativ denken. Alles muss immer super-high-positive sein, damit Manifestation funktioniert. Bullshit! Es ist ein gutes Zeichen, wenn du mit alten Ängsten konfrontiert wirst, wenn Erinnerungen aus deiner Kindheit hochkommen. Dein Unterbewusstsein weiß nämlich, dass du jetzt dazu bereit bist, diese Situationen aufzulösen und für dich zu heilen. Die meisten unterdrücken aber sofort wieder alles, was hochkommt und manipulieren dadurch wieder ihre Wünsche und Träume. Sollte es also, während du dieses Buch verschlingst, dazu kommen, dass einige Dinge schief laufen, du mit altem Shit konfrontiert wirst, gib nicht auf, sondern feiere diesen Zustand. Stoß' auf dich selbst an. Cheers Bitch! Wie du dich da durch manövrierst, erkläre ich dir im Kapitel *Finde die Saboteure in dir*.

Du weißt jetzt also, wie machtvoll dein Unterbewusstsein ist. Du weißt, warum du bisher vielleicht immer die falschen Dinge manifestiert hast, noch nicht das erreicht hast, was du wolltest und dich kontinuierlich selbst blockierst. Diese Erkenntnisse sind wichtig, damit du im Alltag neue Entscheidungen treffen kannst. Entscheidungen, die nicht mehr von deinem Unterbewusstsein sabotiert, sondern gefördert werden. Damit wir dein Unterbewusstsein nachhaltig umprogrammieren können, bist du gefordert. Es ist an dir, deine täglichen Manifestation Habits zu üben und dir selbst neue Geschichten zu erzählen. In meinem Online Kurs arbeite ich mit den Teilnehmer*innen sehr intensiv an diesem Thema. Denn unser Unterbewusstsein ist der Schlüssel zum Erfolg. Es ist der Schlüssel, um dir mehr Wohlstand, Erfolg, Erfüllung, Glück, Liebe und alles, was du dir wünschst, zu manifestieren. Mehr zum Online-Kurs findest du am Ende dieses Buches.

Wenn du ebenso ungeduldig sein solltest wie ich, empfehle ich dir, meine zwei beliebtesten Meditationen jeden Morgen und Abend anzuhören, kurz nachdem du wach geworden bist oder schlafen gehst. Zu diesen Tageszeiten können wir am besten mit dem Unterbewusstsein arbeiten. Wir sind viel direkter mit ihm verbunden und können neue Programmierungen setzen und implementieren. Wusstest du, dass du eigentlich nie wirklich schläfst? Du wechselst nur den Zustand. Dein Unterbewusstsein schläft nie. Du bist entweder wach oder du schläfst. Du veränderst deinen körperlichen Zustand, dein Unterbewusstsein arbeitet allerdings immer. Wenn du dir meine Sleep & Change Meditation vor dem Schlafengehen anhörst, ist dein Unterbewusstsein für die gesamte Dauer deines schlafenden Körpers auf Umprogrammierung eingestellt. Auf positive Gedanken, die dich in der Erfüllung deiner Träume unterstützen werden.

Wie geil ist es bitte, dass du während deines Schlafes dafür sorgen kannst, dass sich deine Träume in deine 3D-Realität manifestieren? Simpel und einfach. Wenn du dich, bevor du zu Bett gehst, mit Nachrichten, deinem *Instagram*-Feed oder dem neuesten Klatsch und Tratsch auf *Facebook* oder *Twitter* vollballerst, wird sich dein Unterbewusstsein acht Stunden lang mit diesem Firlefanz beschäftigen, den du dir da anschaust. Du kannst dich also schon wieder entscheiden: Wähle ich, mich acht Stunden mit mir und meinen

Wünschen zu beschäftigen (quasi im Schlaf), oder bestimmt das Leben anderer mein Leben? Das, was du als Erstes siehst oder liest, wenn du morgens aufwachst, bestimmt deinen Tag. Genau dasselbe gilt für die Abendstunden. Dein Unterbewusstsein öffnet sich immer weiter, dein Stresshormon Cortisol baut ab, Melatonin baut sich auf. Und anstatt die geilste Zeit des Tages mit den Stories und dem Upfuck der Welt zu vergeuden, nutze die Zeit smart as fuck für dich!

Meine Meditation für morgens und abends kannst du dir direkt in den beiden QR-Codes am Rand herunterladen.

Morgen-Manifestations-Meditation:

Wieso du Manifestation überhaupt nutzen solltest

Eigentlich ist die Antwort vollkommen klar: Du solltest Manifestation nutzen, damit du das bekommst, was du willst und zwar auf eine einfache Art und Weise und ohne dich aufzuarbeiten.

Sleep & Change Meditation:

Wieso gibt es also diesen Abschnitt im Buch? Weil ich weiß, dass es einen Anteil in dir gibt, der das Ganze gar nicht will. Ein Anteil, der laut schreit: „Stop that shit! Hör' ihr nicht zu! Setze nichts von alledem um, was Jessy dir hier erzählt!“ Und genau diesen Anteil (es können auch mehrere sein) möchte ich mit dir beleuchten. Wenn wir das nicht tun, kannst du so viel lesen, meditieren, Journaling betreiben, dankbar sein (you get the point) wie du willst – und dennoch wird sich nichts verändern.

Diesen Schritt solltest du nicht überspringen und direkt über Los gehen. Hier legen wir das Fundament für deinen Erfolg in der Manifestation. Meine

Formel ist genial und wirkungsreich, aber nur dann, wenn du diese Vorarbeit gemacht hast. Und ja, es ist Arbeit. Inner work is work.

Das erinnert mich an eine Geschichte, die Dr. Petra Bock während meiner Coaching Ausbildung in Berlin erzählte. Ihre Klientin wollte dringend ihre beruflichen Themen klären und sich aus einer Spirale von Burnouts befreien. Als Frau Dr. Bock ihrer Klientin den Preis für ein Coaching nannte, sagte die Frau: „Das kostet so viel wie der zweiwöchige Wochen Urlaub auf den Malediven mit meinem Sohn." Frau Dr. Bock antwortete: „Das ist gut möglich. Allerdings kommen sie nach dem Urlaub zurück und ihr Leben ist immer noch Scheiße."

Ich erinnere mich an eine Kundin aus 2020, die mit mir begann, 1:1 zu arbeiten. Ihr Wunsch war es, ihr Online Coaching Business zu skalieren und endlich mehr zahlende Kund*innen zu sich zu ziehen. Sie hatte bereits eine gut etablierte Morgenroutine, sie betrieb Journaling und meditierte. Sie befolgte alle gängigen Manifestationstools, kreierte Vision Boards, ging in die Dankbarkeit und stellte sich ihren Erfolg immer wieder vor. Sie war immer wieder bereit, sich ihren inneren Dämonen zu stellen und dennoch wurde das, was sie sich wirklich wünschte (ein fünfstelliger Launch ihres Online Programms) einfach nicht in ihrer 3D-Realität sichtbar.

Warum? Weil es einen großen Anteil in ihr gab, der das gar nicht wollte. Einen Anteil in ihr, der tief begraben lag, an den sie selbst noch nie gedacht hatte, geschweige denn in Erwägung gezogen hätte, dass dieser Anteil das Problem sein könnte.

Also taten wir Folgendes: Wir arbeiteten mit diesem inneren Anteil von ihr. Wir gingen tief, wir haben gegraben. Und es kam heraus, dass Reichsein für sie (ein fünfstelliger Launch stellte so ein Szenario

Ich danke Dir 😍 😍 😍
Ohne Dich wäre ich heute nicht da wo ich bin!
Danke dass Du mir gezeigt hast, was alles möglich ist! 🩶

dar) gefährlich ist. Ihre Großmutter hatte Schreckliches erlebt in einer Generation, die von Krieg, Plünderungen, Zwangsenteignungen und Vergewaltigungen geprägt war. Sie hatte also einen eingebauten Schutzmechanismus, der dafür sorgte, dass sie diesen Erfolg niemals erleben muss. Denn alles in ihrem System hatte sich gespeichert, dass gerade finanzieller Erfolg für sie den Tod bedeutete. Kannst du dir also vorstellen, dass diese Frau einfach keinen Reichtum in ihre 3D-Realität ziehen konnte, weil ihr Körper und ihr Geist genau das verhinderte?!

Das ist in etwa so, als würdest du versuchen, mit einem Auto loszufahren. Du steckst den Schlüssel ins Schloss, legst den ersten Gang ein, lässt die Kupplung langsam kommen und gibst Gas. Aber nichts passiert. Du hörst nur lautes Krachen und bewegst dich nicht von der Stelle. Denn um die Reifen deines Autos wurden Parkkrallen befestigt. Du hast zwar alles, was du brauchst, um loszufahren, kannst aber nicht.

> Hey meine Liebe,
> Ich wollte Dir noch einmal danke sagen für Freitag! Das war so krass, heilend und befreiend! Und es hat so viel angestoßen!
> Ich spüre körperlich die Veränderung!
> Ich hab heute weiter an Position to Success gearbeitet, hab alles aufgeschrieben und so krasse Gänsehaut bekommen, wie genial das wird!
> Danke für Dein Sein, Dein Vertrauen, Deine Perspektive, Danke fürs Dasein und Raum halten!

Genauso läuft es bei der Manifestation. Wenn du schon länger in der Szene unterwegs bist, fragst du dich vielleicht: „Wieso funktioniert es immer wieder bei anderen, aber nicht bei mir? Wieso bekomme ich es einfach nicht hin?“ Hast du dir daraus schon einmal Selbstvorwürfe gemacht? Hast du dir deshalb erzählt, dass du es einfach nicht wert bist, es nicht verdient hast und sowieso nur die anderen immer Glück haben, nur du nicht? Es liegt nicht daran, dass die anderen es besser machen, mehr Glück haben oder mehr Erfahrung haben. Zu 99% liegt an diesen versteckten Anteilen in dir, die dich blockieren, aber auch beschützen wollen. Sie wollen, dass du sicher bist, dass du gesund bist und nicht stirbst (großes Problem, denn wir werden sicher sterben). Und dennoch: Diese Anteile gilt es, nicht zu verteufeln oder gar „weg machen“ zu wollen. Es geht darum, sie zu integrieren, mit ihnen zu sprechen (ja, genau das wirst du tun) und sie auf deine Seite zu ziehen, anstatt sie aus einem fahrenden Wagen werfen zu wollen.

Jeder Mensch hat eine andere Geschichte, hat andere Dinge erlebt und Erfahrungen gemacht. Jetzt musst du allerdings wissen, dass es nicht nur deine eigene Geschichte ist, aus der sich diese Anteile ergeben. Es können sich auch Anteile aus Personen deiner Ursprungsfamilie entwickeln. Nachweislich wissen wir heute, dass wir Themen aus bis zu sieben Generationen in uns tragen. Ich glaube, es sind noch weitaus mehr.

Du wirst lernen, wie du diesen Anteil erkennst, ihn integrierst und somit das Fundament legst, um deinen Wunsch Realität werden zu lassen. Der Prozess ist jedes Mal derselbe. Ich empfehle dir, ihn jedes Mal wieder anzuwenden, wenn du dich auf ein neues Ziel fokussierst und etwas Neues manifestieren möchtest. Denn nicht jeder Anteil, den du entdecken wirst, hat dieselbe Aufgabe.

Im Beispiel weiter vorn ging es bei meiner Klientin um die Angst vorm Reichsein. Stellen wir uns vor, es wäre bei ihr nicht um monetären Erfolg gegangen. Stellen wir uns vor, sie wünschte sich einen Partner, der sie genau so liebt und akzeptiert, wie sie ist. Bei dem sie sie selbst sein kann, der sie unterstützt und feiert. Wenn wir hier angefangen hätten, mit den Anteilen zu arbeiten, wäre mit hoher Wahrscheinlichkeit ein anderer Anteil zum Vorschein gekommen. Hier wäre es möglicherweise um alte Verletzungen gegangen, die sie selbst erlebt hat. Vielleicht hätte sie die Mauer um ihr Herz gespürt und festgestellt, dass sie einen alten Betrug niemals loslassen konnte. Dass es sicherer für sie ist, allein zu bleiben, denn so würde sie ja niemals wieder verletzt werden. Auch dieser Anteil hätte wieder die Aufgabe von Schutz gehabt. Das ist die größte Aufgabe dieser Anteile. Egal, worum es geht, eigentlich will dich dieser Anteil immer beschützen, dich in Sicherheit wissen und dafür sorgen, dass du so lange lebst wie möglich. Auch das erklärt sich logisch. In unserem Gehirn ist Gefahr (auch nur die Vorstellung davon) immer noch mit Lebensgefahr verbunden. Auch wenn wir wissen, dass unser*e Chef*in kein Säbelzahntiger ist, schüttet unser Gehirn dieselben Stresshormone wie damals in der Steinzeit aus, wenn wir vor versammelter Mannschaft im Büro zurechtgewiesen werden. Kampf oder Flucht nennt sich dieser Prozess in deinem Gehirn. Dieser Mechanismus versetzt dich in eine erhöhte Abwehr- und Flucht-Bereitschaft. In deinem Gehirn wird der Sympathikus aktiviert, zum Beispiel nach dem Unterschreiten einer Distanz, die du früher zur Flucht vor dem Säbelzahntiger gebraucht hättest. Nach dieser Aktivierung wird dein Körper in den Kampf- oder Fluchtmodus geschaltet. Ein Signal aus deinem Gehirn setzt einen Adrenalinstoß aus deiner Nebennierenrinde frei, der innerhalb kürzester Zeit dein gesamtes Körpersystem auf die physiologischen Bedürfnisse in Alarmbereitschaft versetzt. Ab dann sind körperliche Reaktionen messbar, zum Beispiel die vermehrte Ausschüttung von Hormonen wie Cortisol, Adrenalin oder dem adrenocorticotropen Hormon. Deine Herzfrequenz beschleunigt sich, dein Puls und deine Atemfrequenz verändern sich. Deine Pupillen erweitern sich, deine Muskeln spannen sich an, deine Immunabwehr sinkt ab. Kurz nach der ersten Schrecksekunde schaltet dein gesamtes System entweder auf Kampf oder Flucht um. Dazu schaltet der Körper alle nicht notwendigen Funktionen fast gänzlich ab (wie die Verdauung oder den Sexualtrieb). Nach dieser Hauptphase folgt eine Erholungsphase, um dem Körper die Gelegenheit zu geben, sich wieder auf den aufbauenden Stoffwechsel einzustellen. Oft ist es aber so, dass wir gar nicht mehr aus diesem Zustand von Kampf oder Flucht heraus kommen, weil dauernd weitere Stressoren und Ängste auf uns einprasseln. So verwundert es dann auch nicht, dass wir gerade in stressigen Zeiten, in denen wir es eigentlich gar nicht gebrauchen können, krank zu werden, mit einer Grippe flach liegen.

Ich hoffe, damit ist klar geworden, wie wichtig es ist, diese Vorarbeit zu leisten. Wenn du diesen wichtigen Schritt überspringst, ist die Wahrscheinlichkeit sehr hoch, dass du das, was du wirklich willst, nicht in deine 3D-Realität ziehen kannst.

Finde die Saboteure in dir

Ehrlicherweise sind diese Anteile kleine Saboteure. Ich möchte das Wort aber nicht zu negativ konnotiert lassen. Denn du weißt bereits, dass jeder Anteil, der dich davon abhalten will, zu bekommen, was du willst, eine Art Security-Typ darstellt. Sie sind deine Leibgarde, deine Bodyguards. Sie wollen, dass es dir gut geht. Aber manchmal sind diese Anteile wie lästiger Herpes oder Scheidenpilz – uns ginge es besser ohne sie.

Lass uns also jetzt das Fundament für die Erfüllung deiner Träume legen, von dem ich seit zehn Seiten spreche. Ich nenne es: die Manifest-as-Fuck-Formel, die MAF-Formel.

Diese universelle Formel gilt für jeden neuen Manifestationsvorgang. Jedes Mal, wenn du etwas Neues manifestieren möchtest, egal, ob ein neues Auto, einen vollen Kontostand oder deine große Liebe, musst du diesen Schritt gehen. Und du wirst sehen, es wird Spaß machen. Wirklich.

Dieser Teil der Manifestationsarbeit kann sehr lustig werden (auch wenn vielleicht Dinge herauskommen, die dich im ersten Moment selbst erschrecken). Generell muss ich dir sagen, dass du hierfür ganz offen sein musst. Es ist kein Hokuspokus wie bei *Harry Potter*. Ich habe mit tausenden von Frauen gearbeitet (inklusive mir selbst) und weiß, dass es gerade für diesen Schritt ein offenes Herz braucht. Neugierig und ergebnisoffen beschreiben die Eigenschaften am besten, die du gerade brauchst. Wenn dein Kopf nämlich jetzt schon jammert und dir erzählen will, was das alles für Blödsinn ist (du merkst schon: hier spricht ein Anteil in dir), sabotierst du dich bereits im ersten Schritt selbst.

Sei wie ein Kind, das zum ersten Mal versucht, zu laufen. Das Kind macht sich keinen Stress. Es will etwas Neues lernen, weil alle anderen es auch können. Sei neugierig auf den Prozess. Lass dich darauf ein. Gib dir selbst die Erlaubnis, mit Spaß etwas Neues auszuprobieren. Vielleicht klappt alles gleich beim ersten Mal (das ist meistens so, weil es sehr einfach ist), vielleicht auch erst beim dritten. Das ist egal. Du bist sowieso 'ne geile Sau. Punkt. Also los, hab' keine Angst, lass es uns tun (nicht das, was du schon wieder denkst).

Ich bitte dich jetzt zum ersten Mal um dein Vertrauen (auch wenn wir uns vielleicht nicht kennen). Vertrau mir, dass ich das Beste für dich will. Dass ich genau weiß, wie es funktioniert und dir auf dieser Reise nichts passieren kann. Vertrau darauf, dass es bereits für so viele andere Menschen funktioniert hat (und keiner davon war etwas Besonderes, mich eingeschlossen).

Ready or not – los geht's!

Schritt Nummer 1 – Schaffe dir Raum

Das Erste, was du brauchst, sind Zeit und eine gemütliche Atmosphäre. Gerade wenn du dies zum ersten Mal tust, wird es dir helfen, wenn du dich nicht ablenken lässt im Außen. Wenn du den Prozess öfter gemacht hast, kannst du ihn theoretisch auch durchführen, wenn du bei *Aldi* an der Kasse stehst oder auf deinen Chai Latte wartest.

Nimm dir also circa 20 Minuten Zeit und schaffe dir ein Umfeld, in dem du dich wohl fühlst. Leg dein Handy beiseite (und schalte es auf Flug-Modus). Zünde dir ein paar Kerzen an, wenn du magst. Halte Stift und Zettel bereit, damit du deine Erkenntnisse im Anschluss direkt notieren kannst. Finde einen bequemen Sitz und mache es dir gemütlich. Natürlich kannst du auch mit allerlei Kristallen, Räucherwerk und so weiter arbeiten (musst du aber nicht!).

Wenn du dir diesen Raum geschaffen hast, können wir direkt loslegen.

Schritt Nummer 2 – Was willst du wirklich?

Jetzt darfst du konkret werden. Was ist gerade das, was du dir manifestieren möchtest? Welchen Wunsch hast du? Spür in dich hinein und halte diesen Wunsch direkt in deinem Journal oder Notizbuch fest. Im weiteren Verlauf des Buches wirst du lernen, wie du groß träumst und einen Wunsch so formulierst, dass er sich wirklich manifestieren kann. Für diesen Schritt braucht es das noch nicht. Wir wollen herausfinden, welche Anteile und Saboteure sich in dir versteckt halten und das wirst du auch so direkt herausfinden können.

Notiere nun also deinen Wunsch.

Wenn du das getan hast, geht es ans Eingemachte (leider keine Marmelade).

Schritt Nummer 3 – Entdecke deinen inneren Anteil

Welche Gedanken kommen sofort hoch, wenn du an deinen Wunsch denkst? Was ist das Thema dahinter? Lass es uns an einem Beispiel gemeinsam durchgehen.

Als ich mir meinen Traummann manifestiert habe (und er ist noch so viel toller, als ich es mir vorgestellt habe), kamen bei mir folgende Gedanken:

- Ich bin dann nicht mehr unabhängig. Ich muss mich einschränken und kann mich nicht mehr auf mein Business fokussieren.
- Ich muss dann Rechenschaft ablegen. Meine Morgenroutine wird leiden.
- Ich habe weniger Zeit und Energie für die anderen Dinge, die mir wichtig sind.

Das Thema dahinter wurde immer klarer: Es ging bei allen Gedanken um das Oberthema der Freiheit. Ich hatte Angst, nicht mehr so leben zu können, wie ich es als Single gewohnt war, und hatte Angst, dass es ähnlich werden könnte wie in meiner Beziehung zuvor. Damit ist klar: Der Anteil, um den es geht, hat mit Freiheit zu tun.

Jetzt bist du dran: Schreib dir deine Gedanken zu deinem Wunsch auf. Halte nichts zurück. Sei ganz ungeniert und hau' auf die Kacke. Nach jedem Gedanken notierst du dir dann das Thema, um das es eigentlich geht. Das kann so etwas sein wie: Freiheit, Lebendigkeit, Sicherheit, Verbundenheit, Liebe, Stabilität, Familie, Angst, Freundschaft, Selbstbewusstsein oder Selbstwert, Wohlstand oder Reichtum, Anerkennung, Lust, Gesundheit, Harmonie, Kontrolle oder etwas ganz anderes. Egal, was hochkommt, bewerte es nicht. Es ist wichtig, dass du hier nicht anfängst, dich selbst fertig zu machen oder abzuwerten. Vielleicht kamen Gedanken hoch, die du schon so oft hattest und an denen du vielleicht schon gearbeitet hast. Das ist ok. Du bist ok! Next Level, next Devil. Wir werden nie mit der inneren Arbeit fertig sein. Es werden immer wieder Ängste, Glaubenssätze und sabotierende Gedanken hochkommen – weil wir Menschen sind. Du hast dich für eine menschliche

Erfahrung entschieden. Deshalb ist es ganz normal, dass du diese Gedanken und Themen hast. Du bist damit nicht allein, glaub mir! So viele von uns kämpfen mit diesen Themen. Bleib neugierig und ergebnisoffen. Der große Spaß kommt gleich, versprochen.

Schritt Nummer 4 – Gib dem Anteil einen Namen

Nachdem du dir deine Gedanken und das Thema dazu notiert hast, hast du schon mehr gemacht als die meisten Menschen. Also Zeit für das erste Sich-selbst-feiern! Ich mein's ernst! Du machst das mega gut – gönne dir was Schönes!

Nachdem du dich für deine Leistung anerkannt hast (ein Glas Champagner geht immer), machen wir direkt weiter. Jetzt kommt der lustige Teil. Denn du hast bereits erkannt, welcher Anteil dafür verantwortlich ist, dass du dich bisher selbst sabotiert hast. Wie hast du das gemacht? Das Thema, das du aufgedeckt hast, ist die Aufgabe deines Anteils. In meinem Beispiel war das Thema Freiheit. Das heißt, der betreffende Anteil kümmert sich um meine Freiheit. Er sorgt dafür, dass dieser Wert immer genug Beachtung bekommt und ich mich nicht auf Dinge einlasse, die mich in meiner persönlichen Freiheit einschränken.

Um weiter zu arbeiten, überlegst du dir jetzt einen Namen für diesen Anteil. Denn du wirst gleich mit ihm sprechen und das geht viel leichter, wenn du weißt, mit wem du da eigentlich redest.

Lass uns bei meinem Beispiel von vorhin bleiben. Der Anteil in mir heißt „die Ungezähmte". Die Ungezähmte in mir will Freiheit und Unabhängigkeit. Sie will Spiel und Spaß und Erfolg. Sie ist wie ein Wildpferd. Sie lässt sich nicht einsperren, nicht kontrollieren, nicht fesseln oder binden.

All das ist ein Problem, wenn du wie ich eine gesunde Partnerschaft willst. Denn hier bindet man sich, man geht aufeinander ein. Manchmal braucht es einen Kompromiss. Es geht nicht mehr nur um dich, sondern auch um den anderen Menschen.

Jetzt bist du dran: Finde einen Namen für diesen Anteil in dir. Du kannst hier ganz frei sein. Du darfst auch auf klassische Vornamen zurückgreifen, wenn du möchtest. Ich nutze gern themenbezogene Namen, da ich so weniger durcheinander komme. Denn im Durchschnitt hat jeder Mensch fünf bis sieben größere Anteile in sich, die alle eine unterschiedliche Rolle und Aufgabe haben.

Notiere den Namen deines Anteils in dein Journal oder Notizbuch.

Schritt Nummer 5 – Let's talk!

Nachdem du den Namen deines Anteils notiert hast, gehst du jetzt in den direkten Dialog mit diesem Anteil.

„Jetzt spinnt sie komplett!", denkst du dir vielleicht. Ich bin auf jeden Fall verrückt, aber vertrau mir, es klappt. Jeder Mensch ist in der Lage, mit seinen inneren Anteilen und Saboteuren ins Gespräch zu gehen. Es geht viel einfacher als du denkst. Das ist wie das erste Kondom benutzen. Am Anfang bist du überfordert, aber wenn du erst einmal den richtigen Dreh raus hast, ist es ein Kinderspiel. Genauso ist es auch hier.

Dafür empfehle ich dir, deine Augen zu schließen (sobald du Schritt Nummer 5 fertig gelesen hast). Wenn du die Augen geschlossen hast, stellst du dir einen coolen Ort vor. Dein Lieblingscafe, eine leere Strandpromenade, ein Platz im Wald (you get the point). Finde in deiner Vorstellungskraft deinen Lieblingsort.

Wenn du dann dort bist, kannst du laut oder in deinen Gedanken (in Gedanken fühlt sich am Anfang weniger irre an, also tu das gern) den Anteil einladen, zu dir zu kommen, indem du den Namen nutzt, den du vorhin genannt hast. Tu so als wäre es ein ganz normales Gespräch und du stellst jemanden deiner besten Freundin vor.

In meinem Beispiel habe ich so etwas gesagt: „Liebe Ungezähmte, toll, dass du hier bist und dir Zeit nimmst, mit mir zu sprechen." Und just in dem Moment hat sich vor mir eine Gestalt gezeigt. Die Ungezähmte trägt Lederjacke, Biker Boots, hat rote Haare und ist einfach nur cool.

Dein Anteil kann aussehen wie ein Mensch oder wie eine undefinierte Gestalt. Manchmal ist es auch gar nicht greifbar, sondern eher ein Gefühl. Lass dich davon nicht verunsichern. Es ist egal, wie dein Anteil aussieht.

Wenn du den Anteil dann vor dir siehst oder spürst, dass er da ist, beginnt der ganze Spaß.

Stell dir jetzt vor, dass du Karla Kolumna, die rasende Reporterin bist (ich hoffe, du kennst *Benjamin Blümchen* oder *Bibi Blocksberg*). Du stellst jetzt die besten Fragen, um herauszufinden, warum dein Anteil so einen Stress macht. Du bist auf einer geheimen Mission mit dem Ziel, alles herauszufinden, was du kannst.

Folgende Fragen können dir zu Beginn als Leitfaden dienen, falls du unsicher bist, was du fragen sollst. Wenn du dieses Interview öfter geführt hast, kannst du natürlich auch ganz frei sein und deine eigenen Fragen stellen.

- Warum bist du Teil meiner inneren Welt?
- Was ist deine Aufgabe?
- Wieso machst du das alles?
- Wovor hast du Angst?
- Was würde passieren, wenn sich dieser Traum wirklich manifestiert?
- Woher kommst du? Aus meinem eigenen Leben oder aus dem einer meiner Ahn*innen?
- Wie lange bist du schon Teil von mir?
- Was würde passieren, wenn ich nicht auf dich höre?
- Worum geht es wirklich?

Stell deinem Anteil all diese Fragen und sei dabei sehr aufmerksam. Wenn du das Gefühl hast, du hast alle Antworten bekommen, die du brauchst, verabschiede dich bei deinem Anteil und bedanke dich für diese Informationen. Danach kannst du deine Augen wieder öffnen und direkt notieren, was du herausgefunden hast, Karla!

Gut gemacht!

Schritt Nummer 6 – Boss Up!

Das war lustig, oder? Alle meine Klientinnen lieben diese Übung. Sie macht Spaß und sie gibt dir unheimlich geniale Antworten. Diese Übung hat immenses Potenzial. Du erfährst nicht nur neue Dinge über dich selbst, sondern hast jetzt gleich die Möglichkeit, dich neu zu entscheiden. Denn das Problem beim Aufspüren von Saboteuren ist, dass es beim Aufspüren bleibt. Die wenigsten gehen (oder kennen) den nächsten Schritt überhaupt. Denn was hilft es dir, wenn du deine Anteile zwar kennst und mehr über deine Ängste erfahren hast, aber daraus keine Ableitung erfolgt?

Und weil wir smarte Manifestation-Babes sind, gehen wir jetzt weiter im Prozess und zeigen deinen Saboteuren, wer wirklich der Boss ist. Dazu begibst du dich gleich noch einmal an denselben Ort, an dem du dich bereits das erste Mal mit deinem Anteil getroffen hast. Diesmal wirst du aber vorab etwas anders machen.

Du wirst gleich als der Boss dieses Anteils auftreten und neue Spielregeln verkünden. Warum?

Stell dir eine Basketballmannschaft vor. Stell dir vor, sie spielt in einer der oberen Ligen und ist kurz davor, die deutsche Meisterschaft zu gewinnen (für diese Metapher kannst du natürlich auch jede andere Mannschaftssportart nehmen, wenn du keinerlei Bezug zu Basketball hast). Diese Mannschaft besteht aus mehreren Spieler*innen und einem Trainer. Genau dieser Trainer macht die Ansagen. Er legt fest, wer ins Spiel eingewechselt wird, welcher Spielzug drankommt und so weiter. Nehmen wir jetzt an, die Mannschaft entscheidet sich in einer Nacht- und Nebel-Aktion, dass sie keinen Bock mehr auf diesen Trainer hat und das nächste Spiel ohne ihn spielen will. Am nächsten Tag und dem großen Spiel tritt die Mannschaft ohne ihren Trainer an. Sie versucht, selbst zu entscheiden, wer raus und rein muss, wer zuerst spielt, welcher Spielzug drankommt et cetera. Die Mannschaft wird sich sehr schnell in eine Horde Kindergartenkinder verwandeln. Denn plötzlich wollen alle mitbestimmen. Es kommt zu Streit und einem ewigen Hin und Her, wer jetzt was machen soll. Am Ende wird sich eine Person als der neue Leitwolf herauskristallisieren (wir funktionieren als Menschen so), der dann bestimmt, was zu tun. Nur dass diese*r neue Chef*in nicht unbedingt das große Ganze sieht, sondern wahrscheinlich sehr auf seinen oder ihren eigenen Vorteil bedacht ist (das ist unser Ego und jede*r hat es). Dieser Anteil des Teams entscheidet nun mehr oder weniger allein, was gespielt wird (im wahrsten Sinne des Wortes). Damit hat sich der stärkste Anteil durchgesetzt, der nur sich und seine eigenen Ideen verfolgt. Die Mannschaft spielt nun also so, wie der oder die neue Chef*in es bestimmt. Allerdings mit weniger Teamgeist, mit weniger Elan, mit weniger Motivation. Weil genau dieser Anteil das große Ganze nicht sehen kann. Das ist auch einfach nicht seine Aufgabe. Die Mannschaft verliert leider in diesem wichtigen Spiel der Meisterschaft und wird nicht deutscher Meister, weil es vor allem am Überblick und ganzheitlichen Entscheidungen gefehlt hat.

Die Trainerin bist du. Irgendwann hat sich dein Team dafür entschieden, dich rauszukicken und du hast es nicht einmal bemerkt. Heute steuern verschiedene Anteile dein Leben. Wenn es um deinen aktuellen Wunsch geht, triffst gerade nicht du die Entscheidungen, sondern der Hauptakteur, den du zuvor herausgearbeitet hast. Dieser Anteil entscheidet gerade, was und wie gespielt wird. Nicht du! Und das, my Love, ist ein fuckin' großes Problem. Denn alle anderen Anteile in dir wollen mitreden. Du fühlst dich hin- und hergerissen und weißt am Ende gar nicht, was du machen sollst. So entscheidet dann wieder der Leitwolf in dir, eben dieser Anteil, der gerade das Sagen hat.

Wir beide wissen, dass eine gute Mannschaft eine*n gute*n Trainer*in braucht. Einen Coach, eine*n Chef*in, einen Boss (Bossin :D). Welches Wort dir auch belieben mag. Deshalb müssen wir dich jetzt wieder zu diesem „Leitwolf" machen. Du musst das Sagen haben, denn du hast den Überblick. Dein innerer Saboteur ist egoistisch, ja fast schon egozentrisch. Ihn interessiert überhaupt nicht, was es noch für andere Optionen gäbe, dass du nicht sterben wirst, wenn du zum Beispiel deinen Job kündigst, um deine Weltreise zu machen. Es geht ihm nur um sich selbst.

Now is your turn!

Wir machen dich jetzt wieder zum Leitwolf, zur Chef*in, Trainer*in, Coach*in dieses Anteils. Dafür findest du jetzt bitte im ersten Schritt eine Bezeichnung für dich, die gut zu dir passt.

Wenn du das Wort Boss total ätzend findest, wie ist es mit Coach, Trainerin, Chef, Direktorin, Leiter …? Welches Wort ist deins? Notiere es jetzt in deinem Journal und mache eine kleine Mindmap daraus. In der Mitte der Mindmap stehst du beziehungsweise deine Bezeichnung für dich. Zeichne einen Kreis um deinen Namen und lass einzelne Linien davon abgehen.

Jetzt stellst du dir bitte folgende Fragen:

- Wie agiert eine gute Führungskraft, Coach, Trainerin wirklich?
- Welche Aufgaben hat er oder sie?
- Wie möchte ich mich als Coach, Trainerin, Boss fühlen?
- Wie entscheide ich mich jetzt, nachdem ich mir zu 100% bewusst bin, dass das meine Aufgabe ist?

All diese Antworten schreibst du rund um deine Bezeichnung auf der Mindmap. Damit erkennst du dich selbst in dieser neuen Position automatisch an.

Wenn du dir deine Antworten notiert hast, möchte ich, dass du deine Augen für einen Moment schließt und tief in deinen Bauch atmest. Lass zu, dass du dich wirklich wie der oder die Anführer*in fühlst. Wenn du magst, kannst du dazu auch richtig gute Musik anmachen, die dieses starke Gefühl noch unterstreicht. Zieh deine Schultern zurück, Brust raus, atme tief ein und aus und dann trommele dir wie ein Gorilla auf deinen Brustkorb (bitte tu dir nicht weh im Eifer des Gefechts) und lass einen tiefen kehligen Laut aus deiner Kehle entspringen. Egal, wie affig (diese Wortwitzte immer) dir das gerade vorkommt, es ist so wichtig, mit einem gefestigten und sehr selbstbewussten Gefühl in das gleich folgende Gespräch mit deinem Saboteur zu gehen.

Nachdem du dich affenstark fühlst (ok, ich hör auf) überlegst du dir vorab, was du deinem Anteil gleich sagen möchtest. Du weißt ja, welche Aufgaben er hat und du kannst immer wieder neu entscheiden: Du bist der Boss!

Also, wie soll eure Zusammenarbeit weitergehen? Willst du, dass alles so bleibt, wie es ist (empfehle ich dir nicht, denn dann wird sich nichts verändern für dich)? Willst du, dass der Anteil eine neue Position übernimmt (zum Beispiel von der Buchhaltung in die Beratung)? Willst du ihn vielleicht erst einmal in den Urlaub schicken oder ihm direkt kündigen? Du hast die Wahl. Nachdem du für dich eine Entscheidung getroffen hast, kannst du – wie es auch im realen Leben ist – nach der Meinung deines Anteils fragen (aber er darf nicht entscheiden, du bist der Boss). Meist haben diese Anteile aber auch sehr kluge Ideen, was zu tun ist und was sie eigentlich wirklich wollen.

Wichtig: Wenn du etwas nicht willst, was dir dein Saboteur vorschlägt, erinnerst du dich wieder daran, dass du das Sagen hast! Brust raus und so! Du entscheidest. Nach all den Jahren entscheidest du endlich, wie der Hase läuft.

Also atme noch einmal tief ein und aus. Klopf dir noch einmal auf die Brust wie ein Gorilla und lass uns weitermachen.

Schritt Nummer 7 – Verkünde deine Entscheidung!

Nun ist es an der Zeit, dich wieder mit deinem Anteil zu treffen und ihm deine Entscheidung zu verkünden. Wie gesagt, du kannst – wenn du möchtest (du musst nicht!) – nach der Meinung des Anteils fragen und welchen Vorschlag er hat. Wichtig ist, dass du diesem Anteil klar machst, dass du hier das Sagen hast, dass du die Entscheidungen triffst und nicht er. Solltest du wollen, dass dieser Anteil Teil deiner Mannschaft bleibt (weil er in einer anderen Funktion zum Beispiel als Berater sehr gut dienen kann), lege vorab für dich klare Regeln fest. Was sind die Dos und Don'ts? Was wird ab jetzt gespielt? Was geht gar nicht mehr? Das kann so etwas sein wie: „Lieber Anteil, du darfst mir in Zukunft sehr gern deine Meinung mitteilen, aber die Entscheidung, ob und wie wir es tun, obliegt mir. Ich werde nicht mehr diskutieren und verhandeln. Hältst du dich nicht an diese Abmachung, werde ich jemand anderen finden, der deine Position übernehmen wird." Setze ein klares Statement wie damals der Hashtag #metoo.

Noch etwas: Ich habe schon die unterschiedlichsten Reaktionen bei mir selbst und in meinen Coachings erlebt. Ein Anteil von mir (meine innere Domina, ja, kein Scheiß, eine wahre Domina) ist total ausgerastet und ich musste mich in dem Moment sehr zusammenreißen, um nicht etwas in der Realität kaputt zu machen, so wütend war ich (das war die Wut des Anteils in mir, als ich ihr ihre Kündigung gegeben habe). Eine Kundin brach einmal in Tränen aus, weil sie sich so befreit gefühlt hat. Damit will ich dir sagen, dass Emotionen normal sind. Wenn sie kommen, betrachte sie aus der Vogelperspektive, mit kindlicher Neugier. Vielleicht passiert auch weniger und du fühlst dich danach einfach nur klar und sicher in dir. Alles kann, nichts muss, wie bei einem Swinger Club-Besuch.

Schließe also wieder deine Augen, nimm ein paar tiefe, ruhige Atemzüge und stell dir wieder den Ort vor, an dem du bereits das erste Mal mit deinem Anteil warst. Sitz oder steh ihm wieder gegenüber und verkünde ihm deine Entscheidung. Zeig dich dort als die Person, die weiß, dass sie der Boss ist. Lass dich nicht einschüchtern und auch nicht auf einen faulen Kompromiss ein.

Sobald du ihm mitgeteilt hast, dass du in Zukunft die Entscheidungen treffen wirst, weil du hier das Sagen hast und nicht mehr dieser Saboteur, teile ihm die neuen Spielregeln mit. Solltest du diesen Anteil feuern, teile ihm auch das mit und ab wann die Kündigung gilt (ich hoffe für dich, mit sofortiger Wirkung).

Warte die Reaktion deines Anteils ab. Solltest du ihm tatsächlich gekündigt haben, stell sicher, dass er den Ort, an dem du gerade mit ihm bist, auch wirklich verlässt. In anderen Fällen vereinbare ein Weekly Check-In mit diesem Anteil. In diesem Meeting überprüfst du dann, ob eure Vereinbarung(en) eingehalten wurden und kannst als Boss wieder agieren.

Komme danach langsam wieder zurück ins Hier und Jetzt und notiere dir alles aus dem Dialog und die Entscheidung, zu der du letztendlich gekommen bist.

Schritt Nummer 8 – Hier kommt deine neue Identität

Wow, what a ride! Kannst du bitte für einen Moment wahrnehmen und ankern, was du hier gerade erlebt und getan hast? Egal, ob dein innerer Saboteur eine neue Position in deinem Team hat oder vielleicht sogar von dir die Kündigung erhalten hat – you did it!

Was du gerade vollbracht hast, will nicht jede*r. Jeder Mensch kann es, aber nicht jeder Mensch geht diesen Weg. Nicht jeder Mensch will wirklich das geilste Leben kreieren und sich seine Träume in der Realität manifestieren.

But you, my Love – Wow!

Nachdem du die Entscheidung (mit oder ohne deinen Anteil) getroffen hast, kommt jetzt der finale Abschluss – das Grand Finale.

Stell dir bitte folgende Fragen und beantworte sie wieder in deinem Journal: Wer bist du jetzt? Was ist jetzt für dich möglich? Welcher Mensch kannst du jetzt sein? Welche Realität ist jetzt für dich möglich? Was wirst du in Zukunft nicht mehr tun?

Hier beginnt bereits ein weiterer wichtiger Teil der Manifestations-Arbeit: Identity Work.

Deine Identität bestimmt einfach alles. Wie du dich fühlst, was du über dich selbst und die Welt denkst, was du für möglich hältst und so weiter. Deine aktuelle Realität hat zu deinem aktuellen Leben geführt. Die Frage ist also nur: Welche Identität musst du in Zukunft annehmen und leben, um ein neue Realität zu erleben? Darum geht es im nächsten Kapitel.

Was du bis jetzt gelernt hast:

- Manifestation ist kinderleicht – wenn wir uns wieder daran erinnern, wie wir uns als Kinder verhalten und über uns und die Welt gedacht haben.

- Manifestation bedeutet, etwas, das bereits in deiner Vorstellung oder im energetischen Feld existiert, in deine 3D-Realität zu ziehen und erlebbar zu machen.

- Du weißt jetzt, wie alles im Universum aufgebaut ist und wie die Quantas funktionieren.

- Viele Menschen manifestieren sich ihr Traumleben nicht, weil es innere Saboteure und Ängste gibt, die das Ganze blockieren.

- Deine inneren Saboteure sind Teile deines inneren Teams und wollen dich beschützen. Jeder Saboteur hat eine positive Absicht.

- Jeder Anteil hat ein eigenes Ziel und versucht, sich durchzusetzen. Deshalb musst du dich wieder als Boss in deinem Team etablieren und für Ordnung sorgen.

- Du kennst jetzt den Prozess, wie du diese Anteile erkennst, mit ihnen arbeitest und dadurch den Weg frei machst, um deine größten Wünsche und Träume in der Realität erlebbar zu machen.

Die „Manifest-as-Fuck-Formel" – MAF

Herzlichen Glückwunsch, du bist endlich am Ziel angekommen. Die meist trockenen Einleitungen und das Vorgeplänkel in Sachbüchern (not this one!) hast du überlebt. High Five, Bitch!

Jetzt geht es ans Eingemachte, um die Wurst. Mach dir eine Flasche Schampus auf und lerne endlich, wie du manifestieren kannst (as fuck natürlich). „Nur ein bisschen" oder „Ich versuch's mal." gibt es hier nicht. Du hast dich mit dem Kauf dieses Buches dafür angemeldet, so richtig geilen Scheiß zu kreieren und ein Leben zu erschaffen, bei dem deine Mudda vor Neid erblassen wird (so jetzt ist es aber genug mit den Wortwitzen – Anmerkung des Verlags).

Wie versprochen werden wir in den nächsten Kapiteln daran arbeiten, wie du es möglich machst, dein Traumleben zu kreieren, auch wenn dich gerade persönliche Krisen wie eine Trennung, eine Kündigung, eine Depression oder die Miesen auf deinem Konto stressen. Oder aber auch die ganz weltlichen Krisen, die uns alle betreffen. Sei es der Klimawandel, Krieg in Europa, Corona oder die Flüchtlingskrise. So oft gibt es Momente, in denen wir uns wieder neu entscheiden können. Lass mich dir das hier schon sagen: Du kannst dich in jedem Moment deines Lebens neu entscheiden. Wie du das machst, erkläre ich dir in den nächsten Kapiteln.

Ich konnte jahrelang nichts mit dem Begriff Manifestieren anfangen. In meiner Vorstellung waren Menschen seltsam, die sich mit dem Thema Spiritualität, Manifestation oder sogar dem Mond auseinandersetzten. Wobei seltsam da noch ein sehr harmloses Wort ist. Ich konnte nie nachvollziehen, warum man sich irgendwo zum Meditieren hinsetzt, dabei einen Kristall in der Hand hält und darauf hofft (so glaubte ich damals), dass sich etwas im Leben verändert.

Für mich kam Veränderung immer nur dann, wenn ich etwas dafür getan habe. Wenn ich hart dafür gearbeitet habe, wenn ich mich angestrengt habe und die Beste war. Egal, ob es damals meine Zeit als Au Pair in Irland war, das Einser-Abi, das Auslandssemester in Jordanien, mein gut bezahlter Job in einer Digitalagentur oder mein erstes Buch, das ich selbst verlegt habe. Ich habe immer nur gerödelt. Stand immer unter Strom, war immer am Limit. Keine Pausen, tausend Projekte gleichzeitig. Vollgas. Ich habe mein Leben einmal einer Freundin mit folgenden Worten beschrieben: Ich fahre auf der linken Spur mit 220 km/h und gebe Lichthupe, wenn sich mir ein Hindernis in den Weg stellt. Ich glaubte, dass das Leben genauso funktioniert. Ich war stark geprägt von einem Elternhaus, das in der ehemaligen DDR liegt. Einer Mama, die immer alles geschafft hat und dabei noch Zeit hatte, um tausend Plätzchen (kein Witz) in der Weihnachtszeit zu backen. Ich kannte nur den Hustle & Die-Modus. Wenn ich etwas wollte, habe ich es bekommen. Aber es war mit so viel Anstrengung, Kampf, schlaflosen Nächten, Verzicht, Burnout und Angstzuständen verbunden.

Wie sollte es also funktionieren, dass man sich in „die Stille“ begibt und darauf hofft, dass das Universum oder God herself den *Porsche* oder die *Jimmy Choo*-Schuhe vor die Tür stellt? Spoiler: Das passiert auch nicht (bitte nicht enttäuscht sein, Babe!). Aber das geile Leben, das ich gerade lebe (und ja, es ist mit großem Abstand die beste Zeit, die ich jemals hatte), kam nicht (nur) von meinem alten antrainierten Muster, das ich liebevoll Hustle & Die genannt habe. Ich habe 2021 so wenig gearbeitet wie noch nie und habe damit ein riesiges Online Unternehmen aufgebaut, das über eine Million Euro Umsatz gemacht hat (in weniger als 2 Jahren). Ich habe mir nach 72 Tagen Singlesein meinen Traummann manifestiert (für meinen Ex-Partner hat es dafür 50 *Tinder*-Dates gebraucht). Ich lebe dort, wo es mir gefällt. Gerade verbrachte ich einen Monat in Kapstadt. Ich bin mit 32 Jahren finanziell frei, kann meine Familie unterstützen, mir endlich den *Porsche* holen, den ich immer wollte, und auch dieses Buch ist Manifested Perfection.

Was heute anders ist als damals mit Mitte Zwanzig (oder auch Anfang Dreißig), ist die Formel, die ich dir gleich näher bringen werde. Heute weiß ich, dass ich alles (und noch viel mehr) haben kann. Dass ich immer mehr wollen darf, dass ich dafür nicht in die Hölle komme, eine arrogante Bitch oder abgehoben bin. Das Universum ist Fülle. Du bist das Universum. Du kannst alles haben und es muss nicht anstrengend sein. Es darf in Leichtigkeit, Entspannung, mit Freude und in Balance entstehen. Das Leben, der Traum, der Wunsch, den du hast, ist nicht zu viel! Du darfst immer nach Mehr verlangen, immer danach streben.

Auch dann, eigentlich gerade dann, wenn die Krise an deine Tür klopft, ohne zu fragen eintritt und ihre gesamte Familie mitbringt. Vielleicht kennst du die Influencer, die immer nur das tolle Leben zeigen, die Urlaube, den Spaß, den tollen Mann oder die tolle Frau, die perfekten Kinder et cetera. Wir sind oft sehr geblendet von diesem Leben und auch ich habe viele Momente, in denen mein Leben dem eines Influencers gleicht. Was die wenigsten zeigen oder gar darüber sprechen, sind die richtigen Scheiß-Momente. Die Momente, in denen dir der Boden unter den Füßen weggezogen wird und du das Gefühl hast, nicht mehr atmen zu können. In dem selbst stundenlanges Weinen keine Erleichterung bringt und du dich wie der größte Loser auf Erden fühlst. Wenn du nicht mehr weißt, wie du morgens aus dem Bett kommen sollst, ohne Kaffee intravenös gespritzt zu bekommen. Ich hatte dutzende dieser Momente, so viele, dass ich sie nicht mehr zählen kann. Aber was ich weiß, ist folgendes: Jede Krise, jeder fuckin' Breakdown hat mich neu geformt und mir Türen und Tore zu einer neuen Welt eröffnet. Ohne diese Tiefs gäbe es keine Hochs. Ohne Schatten kein Licht. Ohne Angst keine Liebe. Wir leben in einer dualen Welt und müssen endlich lernen, wie wir trotz dieser Krisen in unserem Leben für uns losgehen. Für unsere Träume, für unser bestes Leben. Dazu will ich dich mit jedem meiner Worte ermutigen. Ich möchte es dir gern als neuen Glaubenssatz einpflanzen: Du hast das beste Leben verdient! Und zwar das allerbeste!

Lass mich dir ein Beispiel geben, wie das Universum Fülle definiert. Vielleicht hast du oder haben deine Freunde oder deine Familie einen Garten und ihr baut im Sommer Obst und Gemüse an. Der Opa meines Ex-Freundes hatte einen solchen Garten. Im Sommer gab es immer Zucchini, Tomaten, Gurken und Äpfel. Im Herbst Walnüsse, Kürbisse und auch noch Salat. Jedes Mal, wenn wir dort zu Besuch waren, mussten wir körbeweise (auch das ist kein Witz!) Obst und Gemüse mitnehmen. Die Familie meines Ex-Freundes konnte es gar nicht alleine essen. Sie verschenkten es an Nachbarn, Freunde und uns. Und immer noch hatten sie mehr als genug. Das ist Fülle. So wurde das Universum angelegt. Wie ein riesiger Garten, in dem jederzeit alles zur Verfügung steht – in Hülle und Fülle. Das gesellschaftliche Bild, das stark durch eine patriarchale Kirchenkultur geprägt wurde, vermittelt uns das nicht. Wir beide haben sicher gelernt, dass man eben nicht alles haben kann. Dass das Leben kein Ponyhof ist und man (oder Frau) hart arbeiten muss, um zu bekommen, was er oder sie will. Kein Zuckerschlecken. Wenn es zu einfach ist, ist etwas faul. Genau durch diese Prägung fiel es mir (und dir jetzt vielleicht auch noch) so schwer, mir vorzustellen, dass ich mehr verdient habe. Dass ich mit einer Sache, die ich mehr liebe als alles andere (Schreiben) mein Leben finanzieren kann. In meinem Coaching Business kamen immer wieder Frauen zu mir, die so geprägt waren wie ich. Der erste Schritt in unserer Zusammenarbeit war meistens, sie zu dekonditionieren. Das Erlernte musste wieder vergessen werden. Abtrainiert wie der Winterspeck, wenn die Mama zu viele Plätzchen gebacken hatte. Diese Frauen konnten sich nicht vorstellen, dass sie mit weniger Arbeit mehr Geld verdienen konnten. Es lag außerhalb ihrer Vorstellungskraft, dass sie mit einfachen Tools und innerer Arbeit ihr eigenes Fundament legen konnten, um ein sechs- oder siebenstelliges Business aufzubauen und das in Leichtigkeit. Du glaubst mir nicht?

Eine Frau, die ich sehr schätze und die noch in ihren Zwanzigern ist, kam Ende 2020 in meine Welt. Sie begann mit einem 1:1 Coaching über drei Monate. Ihr Ziel war ein fünfstelliger Launch ihres ersten Online-Kurses, also eine Veröffentlichung des Kurses mit sofortigem Umsatz von mindestens 10.000 Euro. Dieser Wunsch erschien ihr damals wie ein ferner Traum. Noch nie hatte sie etwas wie einen eigenen Online-Kurs gelauncht. Solche Umsätze waren für sie absolut undenkbar, ja gar utopisch. Sie war selbst aus der Marketing Branche, kannte die Corporate Firmenwelt mit Kostümchen, High Heels und schlechter Bezahlung für Menschen mit Vaginas. Ein paar Monate zuvor hatte sie gekündigt, ihr Coaching Business gestartet und war, als wir anfingen zu arbeiten, an einem Punkt, an dem sie selbst nicht mehr weiter wusste. Die Anfragen für persönliche Readings oder 1:1 Container kamen spärlich. Ihr Einkommen belief sich auf monatlich um die 2.000 Euro bis 3.000 Euro, brutto! Wir begannen, zu arbeiten, und mit der Zwiebelschale, die wir ihr abpellten, wurde es für sie immer greifbarer, dass dieses Ziel nicht mehr weit weg oder gar schwachsinnig sei. Diese Frau war zu 100% committed. Sie wollte es wirklich. Sie träumte immer größer. Wo es am Anfang gar utopisch war, sich vorzustellen, dass sie 10.000 Euro mit einem einzigen Launch ihres Kurses machen könnte, spielten wir mit immer größeren Zahlen. Irgendwann waren es 20.000 Euro, dann 28.000 Euro und am Ende war es für sie sogar vorstellbar, über 30.000 Euro damit zu verdienen. Der Launch stand an und in dieser einen Woche hat meine Kundin ihren ersten Launch mit über 50.000 Euro gemacht. Dieser Erfolg war nur möglich, weil sie damals die Manifest-as-Fuck-Formel befolgte und dafür losgegangen ist. Dieses Ergebnis entstand in Leichtigkeit. Kein Ausbrennen,

Überfordern, keine Nachtschichten oder Panikattacken. Heute ist sie erfolgreiche Online-Unternehmerin, betreut mehrere hunderte Menschen jährlich und gibt ihr Wissen in ihrer eigens kreierten Ausbildung weiter. Das ist nur eines von vielen Beispielen, bei denen ich Frauen geholfen habe, ihre Vorstellungskraft zu erweitern und das Unmögliche möglich zu machen.

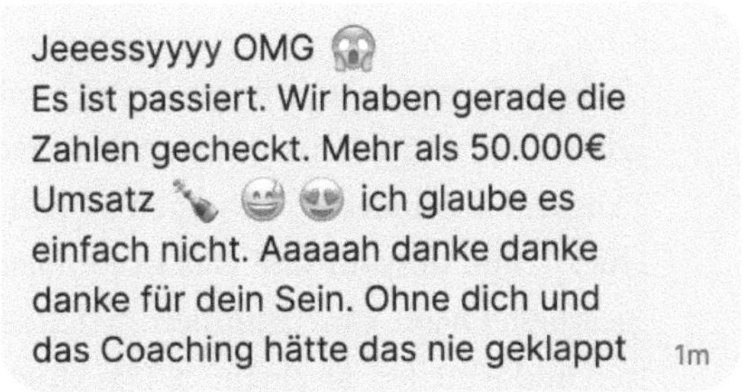

Jeeessyyyy OMG 😱
Es ist passiert. Wir haben gerade die Zahlen gecheckt. Mehr als 50.000€ Umsatz 🍾 😅 😍 ich glaube es einfach nicht. Aaaaah danke danke danke für dein Sein. Ohne dich und das Coaching hätte das nie geklappt 1m

Ich habe diese Formel bei mir selbst und bei hunderten von Frauen angewendet erlebt. Egal, ob es finanzielle Freiheit, ein erfolgreiches Business, die ersehnte Gehaltserhöhung, der Luxus Urlaub oder gar der Traumpartner war. Das Thema des Wunsches ist prinzipiell egal. Das Universum ist Fülle, du erinnerst dich an die Metapher mit dem Obstgarten. In jedem Bereich gibt es kleine Feinheiten und Ängste, die anders betrachtet werden müssen, aber die grundsätzliche Formel bleibt dieselbe.

Als ich mir vornahm, das erste Mal in einem fünf Sterne Superior Hotel (es geht einfach nichts über einen Whirlpool im Zimmer) Urlaub zu machen, nutzte ich diese Formel. Als ich mir meinen Traummann gebacken habe und heute jeden Tag neben ihm aufwache, nutzte ich diese Formel. Ob es meine Innenarchitektin ist, die gerade das Ankleidezimmer neu für uns designt oder meine Putzfrau, alles beruht auf dieser Formel. Wenn ich auf die letzten sechs Monate zurückblicke, ist alles von dem, was auf meinen Wunschzettel ans Universum (an den Weihnachtsmann glaube ich leider nicht mehr, seit ich sechs Jahre alt bin) hatte, wahr geworden. Jeder kleine und große Wunsch. Gerade steht an oberster Stelle, dass dieses Buch ein *Spiegel* Bestseller ist. Ich habe keinerlei Zweifel, dass es genauso kommt. Denn das Universum hat meine Bestellung aufgenommen wie *Amazon*. Ich brauche mir keine Sorgen mehr zu machen, dass es geliefert wird – mache ich bei *Amazon* ja auch nicht.

Eine wichtige Sache will ich dir noch mit auf den Weg geben, bevor wir hier gleich tief in die Formel eintauchen: Do the Prework! Setz dich mit deinen Ängsten auseinander. Geh noch einmal zum Kapitel *Finde die Saboteure* zurück – and do your job! Das ist Fundament-Arbeit. Keine Frau, mit der ich gearbeitet habe, kam drumherum. Ich setze mich jedes Mal mit diesen Ängsten und Anteilen auseinander. Das ist sonst so, als würdest du ein neues Haus auf einem Matschhügel bauen und hoffen, dass es beim nächsten längeren Regen weiterhin sicher stehen bleibt.

Ich werde dir in jedem weiteren Kapitel Hintergrundwissen mitgeben (damit dein Kopf die Klappe hält, während du dir dein Traumleben kreierst), von meinen eigenen Erfahrungen und den Erfahrungen meiner Kundinnen berichten. Denn wenn ich eines in den letzten 18 Monaten gelernt habe, ist es, dass wir Vorbilder brauchen. Wir brauchen reale Geschichten, anhand derer wir erkennen können, dass es auch für uns möglich ist. Genau dafür dienen diese Geschichten auch. Sie sollen dir zeigen, dass alles möglich ist. Nichts läge mir ferner, als dich damit triggern zu wollen (außer dadurch kommst du endlich in die Bewegung) oder absichtlich Gefühle wie Neid oder Missgunst auszulösen. All meine Kundinnen und auch ich haben die Manifest-as-Fuck-Formel genutzt. That's it! Wir sind nichts Besonderes. Niemand von den Frauen, von denen du gleich mehr erfahren wirst, hatte bessere Voraussetzungen als du. Keine wusste unbedingt mehr als du, ist schlauer, schöner oder was auch immer dir dein Kopf erzählt, warum du es nicht verdient hast, das schönste Leben zu leben. Außerdem findest du eine Zusammenfassung am Ende jedes Kapitels, damit du schneller nachlesen kannst, solltest du etwas vergessen haben.

So, und jetzt: Rock'n Roll.

1. Was zur Hölle willst du wirklich?

Oder: What do you really, really want?

Stell dir bitte folgendes Bild vor: Ein Showwettbewerb wie zum Beispiel das *Super Talent* hat einen vierbeinigen Gast. Ein super Hund. Dieser Hund ist in der Lage, aus 100 verschiedenen Dingen immer genau das zu apportieren, was seine Trainerin ihm sagt. Wenn sie also sagt: „Hol' mir die Quietscheente!", holt sie der Hund. Wenn sie sagt: „Bringe mir den Knochen!", bringt er den Knochen und so weiter. Der Hund bringt immer genau das, was sein Frauchen ihm sagt. Er weiß genau, was sie will, und bringt es mit wedelndem Schwanz zu ihr. Toll, oder? Stell dir vor, dass das Universum dieser Hund ist. Stell dir vor, dass das Universum so richtig gut trainiert ist, genau zu verstehen, was du willst, und es dir in Höchstgeschwindigkeit zu liefern (da kann sich selbst *DHL Express* eine Scheibe abschneiden). Jetzt ist das einzige Problem bei der Lieferung: Du. Denn wenn du deine Bestellung nicht konkret aufgibst und dir wirklich sicher bist, dass du genau dieses Auto, den Job, diesen Mann oder diese Frau willst, kommt es zu Lieferschwierigkeiten. Das Universum-Call-Center ist dann heillos überlastet mit Retouren und Beschwerden. Einer der Gründe, warum du bisher vielleicht die Waschmaschine anstatt den Traumurlaub manifestiert hast, sind deine unbewussten Gedanken, die wie Zaubersprüche wirken. Jeder deiner Gedanken, und davon gibt es ungefähr 70.000 Stück am Tag, sendet eine Frequenz an das Universum. Mit jedem Gedanken sagst du dem Universum, was du willst. Wenn du den ganzen Tag denkst, wie schwer es wäre, wenn deine Tochter zum Beispiel wegen Corona diese Woche zu Hause bleiben müsste, da du diese Woche das große Meeting mit deinem Kunden hast und dir Tag und Nacht dieses Szenario ausmalst und nur daran denken kannst, dass es nicht passieren darf, wird genau das mit sehr hoher Wahrscheinlichkeit eintreten. Jeder deiner Gedanken ist ein Wunsch an das Universum – wie du mit ihnen umgehst, lernst du in einem späteren Kapitel.

Wenn die Hundetrainerin ihrem süßen Wauzi nicht genau gesagt hätte, was sie will, wäre er verloren auf der Bühne gestanden, hätte zwar immer noch mit dem Schwanz gewedelt, wäre aber schon in der Vorrunde rausgeflogen. Nicht das Universum oder Gott ist das Problem, Darling, you are!

Ich weiß, wir leben in einer Welt, in der immer weniger Menschen gern die Verantwortung für sich und ihr Leben übernehmen. Aber diesen fauligen Zahn ziehe ich dir lieber jetzt als erst in 50 Seiten. Ich hatte einmal eine Kundin, die einen größeren fünfstelligen Betrag in meinen 1:1 Coaching Container investiert hat. Sie ist eine absolute Granate, war bereits erfolgreich und wollte ihr Business jetzt skalieren und sechsstellige Monatsumsätze machen. Wir begannen unsere Zusammenarbeit und nach jeder Session gab es ein oder zwei Commitments, die sie bis zu unserer nächsten Session zu erledigen hatte. Wir begannen jede Session mit der Frage, wie es mit ihrem Commitment läuft, wie weit sie gekommen ist und ob für sie an einem Punkt Ängste oder Trigger hochkamen. Sie sagte jedes Mal, dass alles geklappt hätte und es ihr super damit ginge. Als sie dasselbe nach der dritten Session sagte, gingen bei mir die Alarmglocken an. Denn diese Art der Commitments lassen Ängste und alte Glaubenssätze hochkommen, ob du willst oder nicht (I know my shit). Daraufhin sprach ich sie an und fragte, ob sie bereits den Invest des Coachings drin hätte (was der Fall hätte sein müssen, wenn sie ihre Commitments wirklich eingegangen wäre). Nein, sie wäre auch nicht wirklich zufrieden mit dem Coaching. Es hätte sich bisher nicht wirklich viel verändert und auch der letzte Launch ihres Online-Programms lief nicht so wie gewollt. Daraufhin zog ich die Grenze und sprach sie ganz deutlich darauf an: „Darling, hast du die Commitments wirklich gemacht?" Mit so einer direkten Frage hatte sie nicht gerechnet. Ihre Gesichtszüge entgleisten für einen Moment, ihre Lüge war damit enttarnt. Ich stellte ihr ein Ultimatum (eigentlich nicht mein Stil mit meinen Kundinnen, aber hier war es notwendig) und schlug ihr vor, drei Wochen Pause zu machen. In dieser Zeit könnte sie von vorn beginnen und sich wirklich zu 100% auf ihre Commitments einlassen und sie umsetzen. Auf umsetzen liegt die Betonung. Sollte sie danach immer noch keine Ergebnisse erzielt haben, könnten wir unseren Vertrag auflösen, war mein Vorschlag. So hielten wir es. Drei Wochen später trafen wir uns wieder via Zoom und siehe da … die Erfolge hatten sich eingestellt. Neue Kund*innen kamen aus dem Nichts, sie konnte sich von einer Kundin lösen und somit Platz machen für neue Traumkund*innen. Sie übernahm die Verantwortung für sich und ihr Leben. Das Gleiche gilt für dich. Du kannst das Buch lesen und dir auf die Schulter klopfen, dass du dieses Jahr das 23. Buch zur Persönlichkeitsentwicklung gelesen hast – oder dein geilstes Leben leben. Es ist deine Entscheidung. Und: Du allein bist für deinen Erfolg verantwortlich, nicht ich und auch nicht dieses Buch! Zieh deine Big Girl Panties an (so nenne ich den Zustand, in dem wir uns ganz bewusst auf unsere Erwachsenen-Ich-Ebene begeben und niemand anders für irgendetwas in unserem Leben verantwortlich machen) and do your work!

Der erste Schritt in der Erfolgsformel lautet also: Leg endlich fest, was du wirklich willst. Und ich meine wirklich, wirklich. Wenn du zum Beispiel ein neues Auto willst, was für ein Auto soll es denn genau sein? Eins mit vier Rädern, nehme ich an … werde spezifisch! Du musst so genau wissen, was du willst, dass ich dich morgens um 3 Uhr wecken könnte und du sofort eine Antwort darauf hättest. Denn wenn der Hund aka das Universum nicht weiß, was du genau bestellst, bekommst du entweder gar nichts oder das Falsche. Wie viel Geld willst du dieses Jahr machen? Welchen Urlaub willst du? Wie ist dein Traumpartner*in? Vielleicht willst du auch deinen 9-to-5-Job kündigen und als Unternehmerin selbst tausenden von Menschen helfen. Dein eigenes Buch schreiben, die eine Weiterbildung machen, alleine eine Weltreise machen oder, oder, oder. Egal, was es ist, das du willst: Get clear about it!

Denk an das Beispiel mit dem „mehr Geld wollen". Die zwei Euro, die du auf der Straße findest, sind zwar mehr Geld, aber sicherlich nicht das, was du dir wirklich vorgestellt hast. So viele Menschen fragen mich immer wieder, was sie falsch machen und warum es so wirkt, als würde Manifestieren nur für einen ausgewählten Kreis an Menschen funktionieren. Genau diese Menschen, bei denen alles immer läuft und jeder Wunsch in Erfüllung geht, haben diesen Step gemeistert. Sie wissen, was sie wirklich wollen und haben keine Angst davor, groß zu träumen.[2]

Ich dachte immer, dass dies der einfachste Schritt im ganzen Prozess sei. Aber aus der Erfahrung mit vielen Frauen weiß ich, dass es hier sehr tricky werden kann. Denn vielleicht gehörst du auch zu den Menschen, die glauben,

2 Genau hier komme ich ins Spiel. Ich will nicht, dass du groß träumst! Bleib lieber ganz klein. – Mit freundlichen Grüßen, deine Angst

wenn sie sich festlegen, bekommen sie sonst gar nichts anderes mehr. Einige glauben, dass wenn sie wirklich spezifisch werden, alles andere hinten runter fällt und nur ein Wunsch wirklich in Erfüllung geht. Das Gegenteil ist der Fall. Das ist so wie bei Restaurants. Stell dir vor, du willst richtig gutes indisches Essen. Ein wunderbares Curry mit Zutaten wie in Indien. Du hast die Wahl zwischen zwei Restaurants. Das erste ist ein reiner Inder und für seine Spezialitäten bekannt. Das zweite Restaurant bietet neben Indisch auch noch Burger und Pizza an. Was glaubst du, wo du mit hoher Wahrscheinlichkeit das geilere Curry bekommst? Jemand, der auf etwas spezialisiert ist, kann es besser, weil er oder sie es schon tausende Male gemacht hat und Erfahrungen in seinem Expert*innen-Feld gesammelt hat. Wenn du zum Beispiel Scheidenpilz hast, gehst du doch auch nicht zur HNO-Praxis, oder (oh Gott, ich hoffe nicht)?

Vielleicht ist es bei dir aber auch die Angst, nicht so viel verdient zu haben, nicht gut genug zu sein, um deinen Traum wirklich zu verdienen (dass „Verdienen" nicht existiert, weißt du ja eigentlich schon). So viele Frauen halten sich absichtlich und unbewusst klein. Um nicht aufzufallen, nicht anzuecken, nicht als bitchy oder arrogant zu gelten. Sie wollen nicht wie etwas Besonderes wirken und sich über andere Menschen erheben. Aber Babe, eine Sache musst du spätestens jetzt akzeptieren: Genau diese Einstellung ist der Grund dafür, dass du bisher nicht bekommen hast, was du willst. Wenn du gerade merkst, dass die Angst dir mal wieder ordentlich in die Quere kommt, geh noch einmal ein Kapitel zurück und schau dir deinen inneren Saboteur an. Zieh eine Grenze und beende dieses morbide Spiel zwischen deiner Angst und dir selbst. Dann erinnerst du dich wieder daran, who the fuck you are, nimmst ein Schluck Champagner und entscheidest neu.

Übrigens: Egal, ob du für deine Träume und Ziele losgehst, eine Manifestationsqueen wirst oder nicht: Menschen werden dich nicht mögen. Sie werden dich ausschließen, über dich lästern, dich belächeln oder sogar verachten. Die Frage ist nur, ob du währenddessen dein Traumleben lebst oder weiterhin vor dich hindümpelst. Ich bin lieber reich und lebe meinen Traum, während andere über mich herziehen und über mich lachen. Das haben sie nämlich auch schon gemacht, als ich noch broke as fuck war, Single und Dildos auf Tupperparties verkauft habe. Du entscheidest.

Viele Menschen wissen heute einfach nicht mehr, was sie wirklich wollen. Wir leben in einer Welt, die von kurzen Aufmerksamkeitsspannen, Videos, Stories auf *Instagram* und Werbeanzeigen vollgeballert ist. Jede*r will deine Aufmerksamkeit. Jede*r will dich für sich begeistern. Heute müssen wir alle multitaskingfähig sein, viele Interessen haben und Stress ist sowieso das neue Statussymbol. Da erscheint so eine einfache Aufgabe wie sich festzulegen die Meisten einfach zu überfordern. Das erinnert mich tatsächlich an meine *Tinder*-Zeit. Damals wollten viele in ihren Zwanzigern einfach nur eine Freundschaft Plus oder etwas noch Unverbindlicheres. Niemand wollte sich wirklich festlegen. Man könnte ja etwas verpassen, eine klassische FoMo (Fear of Missing out). Sollte das bei dir Thema sein, möchte ich dir hier direkt die Angst nehmen. Du wirst im Gegenteil dafür belohnt werden, dich festzulegen. Denn nur so weiß das Universum, was du wirklich willst und kann es dir bringen (denke an den Hund beim *Supertalent*). Menschen, die wissen, was sie wollen, kommen immer schneller und mit weniger Stolpersteinen ans Ziel. Wenn ein Flugzeug in L.A. startet und sich auf den Weg nach Perth in Australien macht und nur um einen Grad den Kurs falsch eingibt, verfehlt das Flugzeug den gesamten Kontinent! Like, what the fuck?! Ich hoffe, bis hierhin hat es bei dir Klick gemacht, warum dieser Schritt so unfassbar wichtig ist.

Dieses Buch soll dich unterstützen, dich wohler dabei zu fühlen, über deine Wünsche und Träume zu sprechen. Groß zu träumen, dich aus deiner Corona-Homeoffice- und *Netflix*-Komfortzone heraus zu holen und dir zeigen, dass es für jede Frau (und jeden Mann) möglich ist, das Universum zu deiner Delivery Bitch zu machen. Deshalb habe ich dich vorhin nach deinem konkreten Wunsch gefragt: Was willst du wirklich? Du kannst dich nicht für deine Träume schämen und hoffen, dass sie dennoch wahr werden. Ich habe es in meinen Coachings und Kursen so oft gehört: „Jessy, es ist mir fast peinlich, das zu sagen!" Don't be embarrassed! Es ist ein Ziel, ein Traum, ein Wunsch, mehr nicht. Wir sprechen nicht vom dritten Weltkrieg (ich hoffe, das ist von niemanden der Wunsch), nicht von einer Apokalypse. Es kann nichts passieren. Es ist ein Wunsch, aber du musst ihn mit voller Inbrunst über alle Dächer der Stadt schreien können, ohne dabei peinlich im Boden versinken zu wollen. Soll ich dir ein paar meiner Träume verraten? Ich möchte dir zeigen, dass es total ok ist, darüber zu sprechen (und das den Manifestationsprozess noch beschleunigt), dich hineinzufühlen, es schon zu leben, auch wenn es noch nicht da ist.

Ok, folgender Deal: Ich lege dir jetzt meine Traumwelt zu Füßen, öffne mein Herz und zeig dir, was gerade auf meinem Wunschzettel an das Universum steht. Im Gegenzug versprichst du mir, dass du all deinen Mut zusammen nimmst, deine Eierstöcke auf den Tisch packst und dem Universum endlich sagst, was du wirklich willst.

Meine Wünsche, Ziele und Träume aus den letzten Jahren:

- Nie wieder werde ich mit einem Wecker wach werden. (erledigt)
- Ich begleite tausende von Frauen auf ihrem Weg und verhelfe ihnen zu mehr Wohlstand, Zufriedenheit und Lebendigkeit. (erledigt)
- Ich habe mehr als eine Million Euro Umsatz in einem Jahr gemacht. (erledigt)
- Ich reise mit meinem Traummann um die Welt. (Ongoing, gerade waren wir für einen Monat in Kapstadt, nächster Spot ist Kroatien.)
- Dieses Buch hier ist ein Bestseller. (offen)
- Meine Organisation für Frauen in Afrika unterstützt tausende von Frauen in ihrer Unabhängigkeit. (offen)
- Ich fahre einen brandneuen *BMW X6*. (offen)
- Laura Seiler lädt mich in ihren Podcast ein. (offen)

Bei keinem dieser Wünsche hatte ich gerade ein schambehaftetes Gefühl. Ganz im Gegenteil. Ich weiß, dass ich jetzt dadurch, dass es in diesem Buch festgehalten ist, noch eine viel höhere Priorisierung beim Universum bekomme. Ich schwinge höher. Meine Energie hat sich nur dadurch verändert, mir voller Stolz zu erlauben, dir zu zeigen, was ich wirklich, wirklich will.[3]

3 Du hast seit deiner Kindheit gelernt, dass Wünsche geheim bleiben müssen, daran erinnere dich immer wieder. Was würde wohl deine Mutter von dir denken, wenn du so groß träumst, meine Kleine? – Mit freundlichen Grüßen, deine Angst

Kannst du dich noch an Kindergeburtstage erinnern? Vielleicht hast du selbst Kinder und richtest heute eigene Parties für dein Kind aus. Kennst du den Moment, als du als Kind selbst vor der Torte oder dem Kuchen voller Kerzen standest, tief eingeatmet hast und alle Kerzen auf einmal ausgepustet hast, damit sich dein Wunsch erfüllt? Kannst du dich noch daran erinnern, dass man nie jemandem verraten sollte, was man sich gewünscht hat? Gleiches Prinzip, wenn man eine Sternschnuppe sieht. Wunsch-Shaming nenne ich das. Wir sind von klein auf darauf getrimmt worden, unsere Wünsche für uns zu behalten. Wehe, du verrätst sie jemandem, dann gehen sie nicht in Erfüllung. Was für ein Bullshit! Sogar in dem *Disney*-Film *Cinderella* sagt sie zu Beginn des Filmes: „Oh, das darf ich nicht sagen, sonst geht es nicht in Erfüllung." Genau das Gegenteil ist der Fall. Ehrliche Frage an dich: Wie viele deiner Wünsche, die du als Kind beim Auspusten deiner Kerzen im Kopf hattest, sind jemals in Erfüllung gegangen? Die Wahrscheinlichkeit dafür dürfte sehr gering sein. Deshalb legen wir jetzt auch los und ich verrate dir, wie du ganz leicht herausfindest, was du wirklich willst und welche Tools du nutzen solltest, um diesen Wunsch in deiner 3D-Realität manifestiert zu sehen.

1. Was willst du wirklich?

Stell dir vor, es gäbe keine Regeln und niemanden, der dich auslachen oder dich für deinen Wunsch oder Traum belächeln oder für verrückt erklären würde. Stell dir vor, alles wäre möglich und du kannst dir wie damals beim Weihnachtsmann einfach alles wünschen. Was wäre das? Was wäre es wirklich? Schreibe alle deine Träume auf, alle Ziele. Limitiere dich im ersten Schritt nicht. Erlaube dir, wirklich groß zu träumen. Egal, ob es ein First Class Flug nach New York, deine eigene Galerie, ein großer SUV mit 500 PS, 50.000 Euro Umsatz im Monat oder die Liebe deines Lebens ist. Dem Universum ist nichts zu groß. Du darfst dir wirklich (wirklich!) alles wünschen, was du begehrst. Die einzige Limitierung sitzt in deinem Kopf. Stell dir vor, Mark Zuckerberg hätte damals gedacht: „Ach, so ein Netzwerk will sowieso keiner haben, ich lass es lieber …", es gäbe heute so viele Apps und Soziale Netzwerke nicht, die unser Leben erleichtern und es uns erlauben, miteinander verbunden zu sein. Ohne ihn hätte ich kein klassisches Online Coaching Business aufbauen können. Stell dir vor, Marie Curie hätte es sich nicht zum Ziel gemacht, Radioaktivität zu erforschen. Viele Menschen könnten heute nicht ihr Krebsleiden behandeln lassen. So viele Menschen vor dir haben Dinge möglich gemacht, die eigentlich unmöglich waren, bis sie es eben doch waren.

Dazu eine Geschichte einer Kundin von mir. Sie ist Künstlerin und malt die schönsten Gemälde, die sie dann wiederum über Social Media verkauft. Als sie eine Session mit mir buchte, war ihr Ziel, innerlich so frei zu sein, dass sie in einem Jahr ihren ersten sechsstelligen Umsatz machen würde. Wir arbeiteten 60 Minuten an ihren inneren Saboteuren. Sie entschied sich dafür, dass ihre alten Geschichten nicht mehr weiter ihre Zukunft bestimmen würden und committete sich dazu, täglich genau dieses Ziel mindestens einmal aufzuschreiben. Sie meldete sich zwei Monate später mit folgender Nachricht bei mir:

> Ok Jessie!
> Fuck
> First Time EVER!!! 100k
> Jahresumsatz geknackt 😭 😭 😭 😭 🎉 🥂 🥂 🥂 🥂
> Danke DIR!!!
> Und weist du was das geilste ist????? Das Jahr hat noch 3 Monate 🤪 🤪 🤪 🤯 🥰 😍 😍
> Danke Danke Danke Danke Danke 😭
> Für alles was du bist und alles was du tust 🖤

Hier noch ein paar Journaling Prompts für dich, solltest du dich beim groß Träumen doch noch etwas schwer tun:

1. Wenn ich keine Angst hätte, was andere von mir denken, was würde ich mir sofort kaufen / besitzen / wünschen?

2. Wenn ich jetzt und heute entscheiden könnte (was ich kann), dass ich unendliche Fülle und Reichtum in Leichtigkeit verdient habe (was ich habe), was würde ich dann wirklich vom Leben wollen?
3. Wenn ich mir erlauben würde, mich zu feiern, was will ich dann in 12 Monaten alles gefeiert haben? Was will ich mir erfüllt haben? Was will ich erlebt und erfahren haben? Welche Abenteuer waren Teil dieser Reise?
4. Wenn ich jetzt einen Schalter umlegen könnte, zu welcher Energie / Frequenz würde ich mich sofort kalibrieren?
5. Und wenn ich jetzt noch einmal eine Schippe auf all das drauflegen könnte (was ich kann), wie sähe mein Leben dann aus?
6. Für welche Ziele committe ich mich mit allem, was ich habe? Was wird in den nächsten 12 Monaten wirklich geschehen? Was werde ich erschaffen? Welchen Standard werde ich leben?
7. Was kann ich in Auszügen und oder kleineren Teilen davon bereits jetzt leben? (Vielleicht willst du seit Ewigkeiten eine Putzfrau, aber hattest Angst, super dekadent rüber zu kommen …?)

Es ist wichtig, in diesem Schritt wirklich konkret zu werden. Also nicht einfach nur „ein neues Auto“ sondern: Ich fahre einen brandneuen *Mercedes Benz C Klasse* von 2022 mit Lederausstattung und 150 PS in weiß.

Träume noch größer. Immer, immer noch größer. Erlaube dir, über dich selbst hinaus zu wachsen. Mach dir keine Gedanken darüber, wie du diese Ziele erreichen wirst. Das Universum, die Quanta und noch ganz andere Kräfte, von denen wir heute immer noch nichts verstehen, werden dich unterstützen. Lass alle anderen negativen Gedanken zu deinen Zielen los. Lass sie so vorbeiziehen wie Sushi auf einem Running Sushi Band. Du erinnerst dich noch an den Satz im Kapitel *Dein Unterbewusstsein ist sieben Jahre alt*, oder? Jeder Gedanke und jedes Wort ist ein Zauberspruch.

2. Schreib es auf

Ich weiß, dass du jetzt vielleicht denkst: „Oh Jessy, ist das dein super duper Tipp, um zu bekommen, was ich wirklich will?! Da hätte ich mit mehr gerechnet." But Babe, what if it is that simple? Wieso darf es nicht einfach sein? Deine Wünsche und Ziele jeden Tag in dein Journal zu schreiben, kann sehr hilfreich sein. (Falls du auf der Suche nach einem tollen Journal bist, um deine Träume festzuhalten, schau doch mal in den QR-Code am Rand)

Mein Journal für dich:

Es ist einfach. Aber wie viele tun es wirklich? Jeden Tag! Ich habe einmal gelesen, dass der Unterschied zwischen Millionären und Milliardären der ist, dass Milliardäre ihre Ziele zweimal am Tag aufschreiben. Was glaubst du, tue ich seitdem? Morgens und abends schreibe ich mir meine Ziele und Wünsche auf. Du musst daraus keine Wissenschaft machen. Nimm dir einen Zettel, der in deiner Küche liegt, und schreib deine Ziele und Wünsche auf. Ich finde dauernd irgendwo Post-Its von mir, auf denen ich meine Ziele festgehalten habe. Aber tu es. Wie beim Pupsen, besser raus als rein. Gilt für Ziele gleichermaßen. Hör auf, sie zurück zu halten, entlasse sie in die weite Welt. Die Magie entsteht durch die Wiederholung. Erinnere dich daran, wie dein Unterbewusstsein funktioniert. Wir lernen durch Wiederholungen. Einem Kind musst du am Anfang tausendmal sagen, dass es zweimal am Tag Zähne putzen soll, bis dieser Prozess zur täglichen Routine gehört.

Das Geschriebene muss nicht super schön aussehen, in einer besonderen rituellen Stimmung verfasst oder auf goldenem Pergament geschrieben werden. Wenn dir nicht gefällt, was du geschrieben hast, schmeiß' den Zettel weg oder reiße die Seite aus deinem Journal. No big Deal! Niemand ist gestorben. Es ist ok, immer wieder an deiner Liste zu arbeiten, sie zu verfeinern, zu verbessern oder dich ganz und gar neu zu entscheiden.

Folgende Dinge sind wichtig, wenn du deine Ziele und Wünsche aufschreibst:

- Sei so spezifisch wie möglich. Denke an die 2-Euro-Geschichte. Wenn du eine Villa willst, schreib auf, wo sie stehen wird, wie sie von außen und innen aussieht, wie viele Zimmer sie haben soll, wie es riecht, wenn du

reinkommst, welche Möbel du dort sehen wirst. Damit du es später noch besser visualisieren und dir vorstellen kannst, musst du in diesem Punkt sehr spezifisch sein.
- Lege einen Zeitraum fest, bis wann deine Ziele erreicht sein sollen (und sei großzügig mit dir, wenn es dann einen Monat später Realität wurde).
- Nachdem du am besten zweimal am Tag deine Ziele und Träume aufgeschrieben hast, stell sie dir vor. Lebe diese Realität bereits. Mehr dazu kommt im Kapitel *Feel it, Baby, feel it!*
- Hab Spaß dabei! Weißt du noch, wie es war, als Kind in die Sterne zu schauen, eine Sternschnuppe zu sehen und so fest an deinen Wunsch zu glauben? Erlaube Wundern, wieder Teil deiner Realität zu werden.
- Nimm dein Journal überall hin mit. Habe es immer griffbereit. Denn je öfter du aufschreibst, desto öfter hört dein Unterbewusstsein die Anweisung, was wirklich zu tun ist und was du haben willst.
- Schreibe deine Ziele in der Gegenwartsform auf. Am besten geht das mit I am-Statements oder zu deutsch Ich bin / habe-Statements. Schreibe sie so auf, als wären sie bereits Gegenwart, als wäre es schon geschehen. Der Satz „Ich bin Millionärin." hat eine ganz andere Schlagkraft im Universum als „In fünf Jahren möchte ich gern Millionärin sein."
- Ändere deine Meinung nicht ständig. Das Universum ist auf der Suche nach Möglichkeiten, um dir deine Wünsche zu erfüllen. Du wirst deine eigene Arbeit immer wieder zerstören, wenn du dich jeden Tag umentscheidest (egal, ob aus Angst oder Langeweile), was du jetzt wirklich haben willst. Bleibe bei deinen Gedanken und Träumen, bis sie Realität werden.

Hier ein Beispiel von mir aus meinem Journal von November 2021:

Ich wache jeden Morgen auf mit dem Wissen, dass ich Bestsellerautorin bin. Jeden Morgen werde ich ohne Wecker wach und lebe an unterschiedlichen Orten, um neue Inspiration für mein Buch zu bekommen. Ich schreibe zwei Tage die Woche mit voller Konzentration und erschaffe mit jedem Wort ein Geschenk für die Welt. Ich spüre mit jedem Mal, wenn ich meinen Laptop in der Sonne öffne und mich meiner Kreativität hingebe, dass ich es bereits geschafft habe. Mein zweites Buch „Ach du scheiße, ich bin glücklich!" ist ein Spiegel Bestseller geworden, nicht einmal ein Jahr, nachdem ich diese Zeilen geschrieben habe. Ich liebe das Gefühl, meine Message mit der Welt zu teilen. Ich lebe jeden Tag als diese Autorin. Ich bin eine großartige Geschichtenerzählerin und berühre mit meinen Worten tausende von Menschen. Mein Leben ist die schönste Geschichte und ich teile sie mit der Welt. Ich bringe die Worte in die Welt, die gebraucht werden, um Menschen daran zu erinnern, für sich und ihre Träume loszugehen, egal, wie ihre aktuelle Realität aussieht. Danke Universum für dieses Geschenk. Ich bin Spiegel Bestseller Autorin.

Zwei Tage nachdem ich diese Zeilen in mein Journal schrieb, meldete sich der Verlag bei mir. Zufall? Ich denke nicht. Gib deinen Träumen Raum und zelebriere diese Worte jeden Tag. Wenn du deine Träume das erste Mal so groß und detailliert aufgeschrieben hast, kannst du an den darauffolgenden Tagen mit Stichpunkten arbeiten. In meinem Beispiel oben sind das:

- Ich bin *Spiegel* Bestseller Autorin.
- Ich lebe an verschiedenen Orten, um kreativ schreiben zu können.
- Ich bin inspiriert und schreibe an zwei Tagen konzentriert an meinem Bestseller.
- Ich bin ein Magnet für Erfolg.

Diese kleinen Stichpunkte werden dich immer wieder an deine großen Träume erinnern, die du zuerst aufgeschrieben hast. Sie werden Emotionen und Gefühle in dir hervorrufen und dich jeden Tag wieder daran erinnern, wofür du losgehst, wofür du aufstehst und warum dich keine Krise dieser Welt davon abhalten kann, deine Träume zu leben.

Denn es ist so einfach, uns immer wieder zu erzählen, warum wir nicht haben können, was wir wollen. Dass wir es nicht verdient haben, nicht gut genug sind und dieser ganze Blödsinn mit Ziele aufschreiben ja sowieso nicht funktioniert. Ich kenne das von mir selbst so gut. Wie oft habe ich mich klein gehalten, hatte Angst, ausgelacht oder ausgeschlossen zu werden? Spürte wie peinlich es mir war, als ich meiner Familie offenbarte, dass ich bereits seit

1,5 Jahren selbständig war, ohne es ihnen zu sagen. Ich hatte Angst davor, was sie zu meinem Traum sagen würden, wie sehr ich ihnen glauben würde und dass ich deshalb aufgeben würde. Auch dann, wenn mich Krisen wie der Todeskampf meines Papas, die Trennung meines Ex-Freundes, die kurzzeitige Obdachlosigkeit meiner Schwester und ihrer Kinder, die Kündigung einer Mitarbeiterin von mir oder meine beiden Burnouts in ein tiefes Loch gerissen hatten, wusste ich, dass meine Träume weiterhin auf mich warteten. Dass ich es mir selbst schuldig war und meinen Träumen, gerade jetzt für sie loszugehen.

Alle Gründe, die du findest, warum du nicht für dich losgehen kannst, sind Ausreden! Ausreden, um da zu bleiben, wo du gerade bist, um eben nicht ausgelacht, verdammt oder gelyncht zu werden.[4] Bevor ich mich selbständig machte mit meinem ersten Unternehmen, habe ich mir über ein Jahr lang eingeredet, dass ich zu fett wäre, um über *Instagram* erfolgreich zu sein. Dass ich erst einen tollen Körper bräuchte (wobei Body Positivity und Female Empowerment genau meine Themen waren), um ernst genommen zu werden. Außerdem fühlte ich mich dumm, denn ich hatte weder Ahnung von Online-Entrepreneurship, digitalen Produkten, Launchen oder Verkaufen auf Social Media. But I did it. And I failed.

Mein erstes Business lief überhaupt nicht. In den 1,5 Jahren, in denen ich meine Brand #femaleasfuck aufbaute, machte ich weniger als 10.000€ Umsatz. In der gesamten Zeit! Ich war überfordert, erlitt einen Burnout und war absolut frustriert. Es wollte einfach nicht funktionieren. Niemand buchte meine Kurse und Programme, es gab lächerlich wenig Anfragen für mein 1:1 Coaching und auch auf *Instagram* stellte sich nicht die Follower-Zahl ein, die ich für erfolgsentscheidend hielt. Weißt du, was das Problem war? Ich erlaubte mir den Erfolg nicht! Ich hatte Angst davor, was passieren würde, wenn meine Familie herausfände, wie viel Geld ich eigentlich machen wollte (Millionen!). Ich hielt mich selbst zurück.

4 Ich lasse mir hier immer extra geile Horrorszenarien für dich einfallen. Es macht großen Spaß, dich so zurückzuhalten. – Mit freundlichen Grüßen, deine Angst

Im April 2020 legte ich eine Pause ein. Ich hörte mit allem auf, was ich bis dahin tat. Kein Social Media mehr, keine Online-Kurse, keine Stories, keine Blog Artikel et cetera. Ich nahm mir Raum für mich selbst. Ich hinterfragte, was ich wirklich tun wollte. Ich erkannte, was mich in den letzten Monaten so sehr blockiert hatte und entschied mich neu. Ich entschied mich dafür, anderen Frauen zu zeigen, wie man ein Online-Coaching Business *nicht* starten sollte. Denn darin war ich nun Expertin. Ich wusste, welche Saboteure und Ängste dafür sorgten, dass Frauen – obwohl sie eine geniale Idee hatten – kein Geld verdienten. Ich startete komplett neu, I burned my old business. Löschte *Facebook*-Gruppen, Email-Adressen und veränderte meinen *Instagram* Account. Im Juni 2020 machte ich dann über 10.000€ in einem Monat!

War ich bis dahin eine größere IT-Expertin geworden? Nein. War ich schlanker oder klüger? Nein! War meine Angst zu scheitern weniger geworden? Nein!

Was war also anders? Wie konnte ich es schaffen, in sechs Monaten einen sechsstelligen Umsatz mit meinem neuen Unternehmen zu generieren? Warum fand ich erst im Oktober 2020 meine Traumwohnung, die ich seit über einem Jahr verzweifelt suchte? Wieso wurde es so einfach, neue Kund*innen zu gewinnen? Wieso war ich auf einmal so ein Magnet für Wunder und unfassbar schöne Momente? Warum wurden meine Träume auf einmal Realität?

Weil ich entschied, dass es Ausreden waren, die mich abgehalten hatten. Weil ich endlich mit allem, was ich hatte, nach außen ging. Weil ich mich nicht mehr zurückhielt, weil ich endlich das tat, was ich wirklich wollte. Ich hörte auf, mich klein zu halten. Ich entschied mich neu.

Was mich zum dritten Punkt bringt:

3. It only gets better and better

Das ist mein Mantra. Es wird immer nur besser und besser werden. Wenn es nicht das ist, ist es etwas anderes. Ich glaube mit jeder Faser meines Körper daran, dass, selbst wenn ein Ziel nicht in Erfüllung geht, dies nur passiert, weil etwas noch viel Besseres auf mich wartet. Ich bin davon überzeugt, dass ich nur das Beste verdient habe und mir das Universum immer genau das bringt, was richtig für mich ist. Sollte sich also einmal ein Wunsch von dir nicht direkt einstellen (Mehr dazu im Kapitel: *Was tun, wenn es so aussieht, als würde es nicht funktionieren?*), weiß ich, dass es nur besser werden kann. Ich habe dir wunderschöne und bestärkende Mantras aufgenommen, die du hören kannst, während du kochst, auf dem Klo sitzt, Auto fährst, Sex hast (just kidding) oder in der Sonne einen Kaffee trinkst. Du findest sie wieder über den QR-Code am Rand.

Bestärkende Mantras:

Als mein erstes Business so beschissen lief und ich kurz davor war, bei *Alnatura* an der Kasse anzufangen, entschied ich mich für eine Pause, um herauszufinden, was ich wirklich, wirklich wollte. Ich hatte damals noch Geld für zwei Monate Miete und Essen auf meinem Konto. Kein großes Back-up. Wir waren im ersten Corona Lockdown. Niemand wollte online Geld ausgeben, alle hatten Angst, das Klopapier war ausverkauft. Und dennoch habe ich nicht einmal zwei Monate später mehr eingenommen, als in anderthalb Jahren davor zusammengerechnet. Diese Krise damals hat mir gezeigt, dass ich mir Zeit nehmen kann, um herauszufinden, was ich wirklich, wirklich will. Anstatt immer nur blind drauf loszurennen, umzusetzen und zu arbeiten, damit ich mich gut genug, liebenswert und wichtig fühle. Krisen sind der perfekte Zeitpunkt, um neu zu entscheiden und für die eigenen Wünsche ganz ungezähmt loszugehen.

Wenn also mal wieder die Angst und alte Glaubenssätze aus deinem Unterbewusstsein ans Licht kommen, work through it, zeig ihnen deinen Mittelfinger und tu es trotzdem. Dein Weg wird sich vor dir entfalten. Du wirst die magischsten Erlebnisse haben und kannst einfach immer wieder neu entscheiden.

4. Deine Ziele und Wünsche dürfen sich verändern

Egal, wie oft du ein Ziel oder einen Wunsch aufgeschrieben hast, egal, wie oft du geglaubt hast, dass das genau die Sache ist, die du willst – Du darfst immer wieder neu entscheiden. Denn du veränderst dich jede Sekunde. Jede Sekunde entwickeln sich Millionen von Zellen neu in deinem Körper. Du bist jetzt schon nicht mehr der Mensch, der du vor zehn Minuten warst. Das bedeutet also auch, dass sich deine Ziele und Träume immer mit dir verändern dürfen. Dazu möchte ich dir zwei Geschichten erzählen.

An dem Tag, an dem ich mir das erste Mal erlaubt habe, aufzuschreiben, dass ich Millionärin bin, hatten mein Team und ich einen 36.000 Euro Umsatz-Tag. Am 30.06.2021 war ich in einem Fünf Sterne Wellnesshotel, bekam eine Massage, trank zu meinem veganen Mittagessen ein Glas Champagner, ging in die Sauna und lag am Pool. Genau an diesem Tag knackten wir alle bisher dagewesenen Rekorde und machten an einem Tag so viel Umsatz wie bis dato in einem Monat. Das war der Tag, an dem ich mir das erste Mal erlaubt hatte, aufzuschreiben, dass ich Millionärin bin. Glaubst du, das ist Zufall? Ich nicht. Ich habe mich in eine neue energetische Frequenz begeben, habe das Ziel gefühlt und war mir sicher, das ist die absolute Wahrheit. Ich bin Millionärin.

Zu Ende 2021 schloss ich mein Business, das in gut anderthalb Jahren einen siebenstelligen Umsatz gemacht hat. Wieso? Weil ich gemerkt habe, dass ich Autorin bin. Ich bin hier, um zu schreiben, Geschichten zu erzählen und tausende von Menschen über meine Bücher zu erreichen. Ich habe mich so oft neu erfunden und werde genau das auch weiterhin tun. Ich höre niemals auf. Kein Ziel ist mir zu groß. So lange ich es mir vorstellen kann, ist es auch möglich und faktisch schon in meinem Feld.

Dasselbe gilt natürlich auch für dich. Erstens darfst du dich immer wieder neu erfinden. Du darfst immer größer träumen und darauf vertrauen, dass du genau das bekommen wirst. Das Universum ist Fülle. Denke an den Obst- und Gemüsegarten im Sommer.

Im selben Jahr wollte ich einen Kurs für Frauen launchen, die am Anfang ihrer Selbstständigkeit stehen. Ich hatte so viele Frauen 1:1 genau zu diesem Thema betreut, ich hatte das Verkaufen gemastert, ich wusste, welche Bausteine notwendig sind, um Frauen von Anfang an erfolgreich zu machen. Ich begann also, den Kurs im Detail auszuarbeiten und ihn zu verkaufen. In wenigen Tagen hatten wir bereits 20 Teilnehmerinnen und mehr als 40.000 Euro Umsatz damit gemacht. Ich war guter Dinge, dass dieser Kurs eines meiner damaligen Ziele (100.000 Euro Umsatz mit einem Launch) getrost erfüllen würde.

Für den Kurs galt es, noch einige Inhalte wie Audio Trainings und Workbooks vorzubereiten. Alle Details waren auf meinem White Board in meinem Arbeitszimmer festgehalten. Ich stellte allerdings fest, dass ich begann, zu prokrastinieren. Ich schob To Dos auf die lange Bank und jedes Mal, wenn ich auf dieses White Board blickte, überkam mich keine Vorfreude, sondern Ekel. Ich war absolut genervt von diesem Produkt. Ich wollte es eigentlich gar nicht mehr. Ich spürte tief in mir drin, dass ich zwar wahnsinnig erfolgreich damit sein würde und ich mein Ziel locker erreichen würde, und dennoch. Ich war einfach nur angepisst, besser kann ich es nicht beschreiben.

Zu diesem Zeitpunkt hatte ich zwei Möglichkeiten: es durchzuziehen oder es sein zu lassen. Eine große und schwierige Entscheidung. Denn es war schon sehr viel Geld reingekommen, ich hatte in naher Zukunft keine weiteren Kurse geplant und dadurch auch keine neuen Einnahmequellen. Aber tief in mir spürte ich, dass dieser Kurs alles ruinieren würde, auch wenn ich mein Ziel dadurch erreichen würde.

Ich ließ mir etwas Zeit mit der Entscheidung, fragte meine Seele und Gott um Rat. Und kam immer wieder zur selben Eingebung. Lass los. Gib auf. It's not yours. Something better is coming. Ich weiß noch ganz genau, wie gut es sich anfühlte, diese Entscheidung zu treffen und den Kurs wirklich abzusagen. Ich eröffnete ein Zoom Meeting mit allen Käuferinnen und teilte ihnen unter Tränen mit (kein Witz), dass ich diesen Kurs nicht machen würde. Dass es einfach nicht das Richtige für mich wäre. Ich war geplagt von einem schlechten Gewissen und von Angst. Angst, dass ich nie wieder so schnell so viel Umsatz machen würde, dass diese Frauen, die bereits in mich vertraut und gekauft hatten, auf Social Media schlecht über mich sprechen würden. Dass ich zur Witzfigur der Business Coaches werden würde und nie wieder Geld verdienen würde. Anders als erwartet reagierten die Frauen nicht nur mit Verständnis, sondern feierten meine Entscheidung sogar. Sie fanden es mutig, wie ich für mich und meine Grenzen einstand, dass ich nichts einfach nur tat, weil man es halt so macht, mich neu entschieden hatte und selbstbewusst genug war, für meinen Weg einzustehen.

Was ein paar Wochen danach geschah, ist allerdings das wahre Wunder. Im Juli 2021, während ich in Mailand meine erste teure Handtasche kaufte und ein Glas Champagner trank, hatte ich den starken Impuls, eine Mastermind Gruppe anzubieten. Ich vertraute dem Impuls und nahm vor dem Mailänder Dom eine Story für *Instagram* auf. Es war zu laut um mich herum, das Licht war nicht gut und ich wusste eigentlich gar nicht, was ich hier genau verkaufen wollte. Aber ich hatte diesen Impuls und sprach einfach los. Ich erzählte von meinem Wunsch, eine Gruppe von Frauen zusammenzubringen, die sich gegenseitig unterstützen würden, von mir Speed Coaching bekommen würden und an allen meiner Programme für den Rest des Jahres teilnehmen könnten. That was basically it. In nicht einmal vier Tagen waren alle Plätze verkauft. Und siehe da, wir haben über 120.000 Euro Umsatz gemacht. Das alte Ziel hatte sich einen neuen Weg gesucht, ein Weg, der sich kinderleicht anfühlte. Der aus voller Liebe entstand und nicht aus dem Gefühl der Angst.

Du kannst jederzeit neu entscheiden. Immer wieder. Das ist sogar essenziell. Denn wenn du einem Wunsch entwachsen bist, warum auch immer, wird sich dieser in deiner 3D-Realität auch nicht zeigen. Denn das Universum arbeitet immer zu deinem höchsten und besten Wohl. Wichtig ist folgender Punkt: Du darfst dein Ziel nicht aus Angst, es nicht zu schaffen, aufgeben. In einem früheren Kapitel erklärte ich dir, warum es so wichtig ist, nicht dauernd seine Meinung zu ändern. Das mag sich jetzt komplett paradox anhören, aber das Aufgeben und das neu Entscheiden ist ein kleiner, aber feiner Unterschied. Eigentlich ein super großer. Wenn du aufgibst aus Angst oder dich nicht festlegst oder sich deine Meinung immer wieder verändert wie ein Fähnchen im Wind, kann dir der süße Labrador (aka das Universum) nicht helfen. Ja, du darfst dich neu entscheiden, aber aus einem Gefühl der Liebe heraus. Aus dem tiefen inneren Wissen, dass dieser Traum zwar wahr werden würde, dir aber nicht mehr dienlich ist.

Was du bis jetzt gelernt hast:

- Das Universum ist wie ein Hund: perfekt trainiert, um dir genau das zu bringen, was du dir wünschst.
- Dafür muss dieser Hund aber genaue und spezifische Anweisungen bekommen, sonst bringt er dir am Ende rein gar nichts.
- Es ist deine Verantwortung! Ob du bekommst, was du willst oder nicht, hängt von deinem Commitment ab! Niemand anders ist für dich und dein Leben verantwortlich als du!
- Du brauchst keine Angst davor zu haben, dich festzulegen. Werde spezifisch und profitiere von diesem einfachen Trick.
- Menschen werden dich verachten, auslachen, ausgrenzen, über dich lästern und dich nicht mögen – egal, ob du groß träumst oder weiterhin lieb, nett, brav und angepasst in das gesellschaftliche Schema F passt.
- Du kannst dich nicht für deine Träume und Wünsche schämen und dabei hoffen, dass sie dennoch in Erfüllung gehen! No Goal Shaming anymore!
- Träume wollen ausgesprochen werden, Cinderella war eine Lüge!
- Was willst du wirklich? Werde spezifisch, erlaube dir große Träume! So groß wie noch nie zuvor! Keine Regeln oder falsche Zurückhaltung mehr.
- Der Unterschied zwischen Millionären und Milliardären ist der: Milliardäre schreiben ihre Ziele zweimal am Tag auf.
- Die Gründe aus deinem Kopf, warum es für dich nicht klappen sollte, sind Bullshit und Ausreden. Jede*r hat sie, aber du kannst neu entscheiden und sie loslassen.

- It only gets better and better – Falls du ein Ziel nicht direkt erreichst, mache dir keinen Stress. Das Universum arbeitet bereits an einem besseren Ergebnis für dich.

- Du darfst dich immer wieder neu entscheiden. Deine Ziele dürfen sich verändern.

2. Shift your Identity

Ok Babe, nachdem du jetzt weißt, was du wirklich, wirklich willst, kommen wir zu Schritt Nummer zwei. Und eines kann ich dir verraten: Ich habe gefühlt alles an Content, Büchern und Kursen zum Thema Manifestation konsumiert, aber bisher hat dieser essenzielle Punkt immer gefehlt. Kaum Jemand hat in all den tollen Step by Step-Anleitungen und dem Vision Board-Bullshit über die Identität gesprochen. So gut wie nie habe ich es erlebt, dass jemand in einem Kurs gesagt hätte: „Du musst jemand anders sein, um deine Ziele erreichen zu können." Einer der wenigen, die über dieses Thema sprechen, ist Dr. Joe aka Dr. Joe Dispenza, Neurowissenschaftler und ein absoluter Freak (super positiv gemeint). Dieser Mann hat es immer wieder geschafft, durch Hilfe von Meditationen die Gehirnwellen und das energetische Feld eines Menschen so zu verändern, dass wahre Wunder dabei entstanden sind. Er ist das beste Beispiel: Nach einem Unfall konnte er für mehrere Monate nicht mehr laufen und hatte auch keine guten Aussichten, jemals wieder laufen zu können. Wenige Monate später ging er wieder spazieren. Ich möchte hier nicht zu tief in diese Thematik einsteigen, dich aber wissen lassen, dass er einen Satz sagte, der für mich absolut klar machte, warum bis dahin Manifestation für mich so ein Problem war und eigentlich nie funktionierte. Ich erinnere mich nicht an den genauen Wortlaut von ihm, aber er ging in etwa so: „Wenn du nicht willst, dass deine Vergangenheit deine Zukunft bestimmt, musst du heute zu jemand anderen werden." Dieser Satz hat bei mir eingeschlagen wie eine Bombe. Es hat Klick gemacht und mir wurde plötzlich klar, dass ich niemals meine Träume leben werde, wenn ich weiterhin die Frau bin, die ich gerade bin. Denn wie könnte ich ein Million Dollar-Business haben als die Frau (2019), die eigentlich noch Angst davor hat, etwas zu verkaufen? Wie hätte ich meinen ersten sechsstelligen Monatsumsatz (2021) machen können, wenn ich noch die Frau wäre, die glaubt, dass Geld etwas Schlechtes ist? Wie hätte ich es mir erlauben können, meinen ersten Business Class-Flug nach Kapstadt zu buchen, wenn ich noch die Frau wäre, die kein Geld in Luxus investieren möchte? Wie hätte ich meinen Traummann finden können, wenn ich die Frau geblieben wäre, die mit gebrochenem Herzen dachte, dass sie so enden würde wie die Katzenfrau der *Simpsons*? Wie hätte ich 25.000 Euro in ein dreimonatiges Coaching mit einer Amerikanerin investieren können, wenn ich noch die Frau gewesen wäre, die denkt, dass sie dieses Geld nie wieder zurückbekommt (nach 6 Wochen war der Invest wieder drin). Wie hätte ich meine erste Immobilie kaufen können (2021), wenn ich noch die Frau wäre, die Angst vor einer geplatzten Immobilienblase hat und sich viel zu dumm fühlt, um eine Immobilie zum reinen Investment kaufen zu können?

Diese Liste könnte ich jetzt unendlich weiterführen. Der Mensch, der du heute bist, wirst du nicht mehr sein, wenn du deinen Traum lebst. Die Lady, die sich eine Flasche Champagner an den Pool in ihrem Chalet auf den Malediven liefern lässt und 50 Euro Trinkgeld gibt, ist sicherlich eine andere als die Frau, die gerade noch jeden Cent bei *Aldi* an der Kasse umdreht und sich nie etwas gönnt.

Eine meiner Kundinnen hat ihren 34. Geburtstag auf einer Safari in Afrika verbracht, obwohl sie drei Kinder zu Hause hat und es ihr immer schwer fiel, lange von zu Hause weg zu sein. Sie musste jemand anderes sein, um sich diesen Trip finanziell und emotional ermöglichen zu können.

Jetzt wird es langsam interessant, oder? Hattest du gerade einen ersten Aha-Moment? Ist dir gerade ein Licht aufgegangen? Wenn ja, mache ein Foto von dieser Stelle im Buch, lade es in deine *Instagram* Story und tagge mich unter @jessicagoschala. Ich kann es kaum erwarten, all diese Aha-Momente zu teilen. Die Frau, die finanziell unabhängig ist, eine gesunde und tolle Beziehung führt, frei ist und jeden Tag das tut, was sie wirklich will, ist jemand anders als du jetzt!

Lass mich dir dazu eine Geschichte erzählen, die ich in einem meiner Online-Kurse 2021 geteilt habe: „Ich bin gerade in einem super schönen Hotel im Bayerischen Wald. Leider ist bei der Buchung ein Fehler passiert und es gab Kommunikationsprobleme zum Thema veganes Essen. Heute Morgen gab es keine Milchalternative wie abgesprochen und ansonsten auch keine Möglichkeit, wirklich ein geiles Frühstück zu erleben. Ich bin daraufhin zur Rezeption und habe meine Enttäuschung kundgetan. Die Ladies an der Rezeption haben angefangen, sich zu rechtfertigen. Warfen mir vor, E-Mails nicht gesehen zu haben und meinten dann, dass sie jetzt auch nichts daran ändern könnten. In dem Moment bin ich mir so scheiße vorgekommen. Ich hatte das Gefühl, ich verlange zu viel (obwohl wir das vorher per Mail besprochen hatten und dies intern nicht weitergeleitet wurde). Ich habe mich von den Ladies verabschiedet, bin auf mein Zimmer und habe mich echt mies gefühlt. Und auf einmal macht es Klick!

Fuck, no!

Ich verdiene den besten Service der Welt. Ich bin hier, weil ich geile Tage haben wollte und ich werde mich nicht auf das Level dieser Menschen im Opfer-Modus begeben. Ich wollte gerade meine Sachen packen und frühzeitig abreisen, als das Hotel-Telefon klingelte: „Hallo, Frau Goschala, mein Name ist Toni. Ich bin der Geschäftsführer und ich habe von Ihrem Problem gehört. Es tut mir sehr leid, dass es hier Schwierigkeiten gab. Was dürfen wir ihnen für ihr morgiges Frühstück besorgen?"

Like what?

Später war ich für einen Snack unten. Es gab vegane (!!!) Nusssplitter. Als die Bedienung auf die Terrasse kam und mich fragte, was ich gern trinken möchte, fragte ich nach, ob es schon die vegane Milch gäbe.

Sie kam kurze Zeit später wieder und strahlte mich an: Ja, die vegane Milch sei da, aaaaaaber (Gesichtsausdruck verändert sich dramatisch), es würde 7 Minuten dauern, um die Kaffee Maschine zu spülen und für die vegane Milch zu reinigen. Diese Frau machte mir ein schlechtes Gewissen für einen Wunsch, der verdammt nochmal nicht zu hoch war, ohne sich selbst wahrscheinlich darüber bewusst zu sein. Und wieder das Gefühl wie am Morgen. In diesem Moment spürte ich, wie ich antworten wollte: Ok, nein dann lassen sie es lieber … But fuck, no! Ich bin Premium und ich verdiene einen geilen Latte mit Hafermilch. Also lächelte ich sie an und bat sie darum, den Latte vorzubereiten.

Die Moral von der Geschicht? Entweder du levelst dich up oder down. Du wirst immer versuchen wollen, dich an die Menschen in deiner Umgebung anzupassen, damit du nicht herausstichst und ja nur niemandem auf die Nerven gehst. Nicht dass noch jemand denkt, was du für eine Bitch bist, weil du Wünsche hast. Wir wollen ja nicht, dass andere uns für eine Diva halten? Ja nicht zu extravagant. Ja nicht zu viel. Ja nicht zu sehr hervorstechen!

Fuck, I KNOW THAT FEELING!

Und ich sage dir eines: Heute war der letzte Tag, an dem ich mich jemals auf eine Ebene unter mir kalibrierte, damit sich die anderen nicht schlecht fühlen! Deshalb denke ich noch lange nicht, dass ich etwas Besseres bin, sondern kenne meinen fuckin' Wert und meine Wünsche. Ich habe Ansprüche an das Leben und Scheiße, yes, ich gebe alles für meinen Traum. Ich bin nicht hier, damit andere „wenig Scherereien" mit mir haben. Ich bin Deluxe! Meine Kund*innen sind Deluxe! Ich will königlich behandelt werden, weil genau das der Vibe ist, den ich (wir alle!) verdienen.

Diese Geschichte hat damals bei vielen meiner Kund*innen für offene Münder gesorgt, für Erstaunen, beschämtes Grinsen, und vor allen Dingen zu der Erkenntnis: Fuck yes, genau dasselbe will ich auch. Ich will nicht mehr Standard, nicht mehr den gesellschaftlichen Vorgaben einer guten Frau entsprechen. Ich will mehr!

Dein Standard entscheidet darüber, was du dir manifestieren kannst.

Dein neues Normal aka dein Standard für dein Leben ist maßgeblich daran beteiligt, ob du dir dein geilstes Leben manifestieren kannst oder eben auch nicht. Wie ich in meinen vorherigen Beispielen beschrieben habe, lebe ich heute das Leben, das ich lebe, weil ich mich bewusst dafür entschieden habe (ungefähr 10.000 Mal), dass mein Standard im Leben ein anderer ist. Ich habe mich bewusst dafür entschieden, dass ich in Zukunft keine ausgewaschenen Unterhosen von *H&M* tragen werde, sondern fairtrade produzierte von *Armed Angels*. Ich habe mich bewusst dazu entschieden, dass ich, wenn ich fliege, nur noch Business Class fliege.

Ich habe mich bewusst dafür entschieden, …

- dass ich jedes Mal Geld zu mir ziehe, wenn ich mich dafür entscheide (funktioniert jedes verdammte Mal).
- dass eine Home Queen zu mir kommt und dafür sorgt, dass meine Wohnung immer sauber ist.
- mich nicht mehr zurückzuhalten, damit sich jemand anderes besser fühlt.
- die beste Beziehung zu verdienen und mich aus meiner langjährigen Partnerschaft zu lösen, nur um 72 Tage später aus dem „Nichts" meinen wirklichen Mr. Right zu finden.
- dass meine Kund*innen mir zu Weihnachten und zum Geburtstag Geschenke machen (du kannst dir nicht vorstellen, was ich schon für geile Sachen bekommen habe).
- Geld in eine Personal Trainerin zu investieren, die zweimal die Woche zu mir nach Hause kommt.
- dass ich das Beste vom Besten verdient habe – einfach nur, weil ich lebe.

Diese Aussagen triggern dich vielleicht. Möglicherweise denkst du dir: „Ja, für dich ist das ja jetzt alles leicht als Millionärin und Bestseller Autorin". Das war ich nicht immer! Mein Weg war nicht einfach, aber leicht. Ich habe mich auch hier bewusst entschieden, dass das Universum immer für mich ist, dass es leicht sein darf und ich mich nicht anstrengen muss, um erfolgreich zu sein. All das sind bewusste Entscheidungen – und die triffst du wahrscheinlich noch nicht oft genug oder gar nicht.

So oft denken Frauen immer noch (Männer vielleicht auch), dass sie hier sind, um sich um andere zu kümmern. Sich aufzuopfern, für andere da zu sein und ja nicht zu viel vom Leben zu wollen. So viele Frauen habe ich begleitet, die ein schlechtes Gewissen, Schuld- und Schamgefühle hatten, weil sie sich erlaubt haben, groß zu träumen und ihren Lebensstandard zu erhöhen. Einfach so! Ohne etwas dafür geleistet zu haben, etwas Besonderes zu sein oder ein braves Mädchen. Das System von Frauen ist voll mit diesen alten Geschichten, denn die meisten von uns wurden von einer Nachkriegsgeneration groß gezogen, bei denen noch ganz andere Maßstäbe und Regeln galten. Hier hatte man sich als Frau anzupassen, auf den Mann zu hören, man kochte, kümmerte sich um die Familie, opferte die eigenen Träume für die der Kinder und so weiter. Dass dich meine Aussagen weiter vorne also vielleicht triggern, liegt an der energetischen DNA, die du mit dir herumträgst. So nenne ich all die alten Verhaltensweisen, Glaubenssätze und Denkweisen, die von Generation zu Generation weitergegeben wurden, ohne sie zu hinterfragen.

Ich weiß, dass die nächste Aufgabe möglicherweise eine Herausforderung für dich werden könnte, deshalb will ich dir vorweg schon etwas dazu sagen: Das Gefühl, dass du es nicht verdient hast, ein besseres, leichteres, erfolgreicheres, luxuriöseres, entspannteres Leben zu führen, kommt aus deiner *energetischen DNA*. Du wurdest wahrscheinlich nicht so erzogen, dass du dir als Frau alles erlauben kannst. Dir nimmst, was du willst (wo kämen wir da hin?) oder einfach mal nur Geld für dich ausgibst, weil du Bock drauf hast. Es könnte sich wie ein Verrat an deiner Mutter, deiner Oma oder deiner Familie generell anfühlen, wenn du neue Standards in deinem Leben setzt. Du wirst im ersten Moment in deinem Umfeld vielleicht sogar Widerstand erfahren. Freund*innen werden dich möglicherweise fragen, warum du jetzt dies oder das tust. „Das passt doch gar nicht zu dir." Glaub mir, ich habe so viel Bullshit von meiner Familie und Freund*innen zu Beginn meiner Manifestationsreise gehört, das kannst du dir nicht vorstellen. Der Grund ist zumeist folgender: Diese Menschen wollen, dass du da bleibst, wo du bist. Denn wenn du dich aus diesem System, in dem du mit diesen Menschen lebst, entfernst, weil du neue Entscheidungen triffst und dir das Universum via *DHL Express* einfach immer genau liefert, was du willst, werden Andere Angst bekommen. Deine Familie und Freund*innen fragen sich dann: „Verlässt sie mich? Bin ich nicht mehr gut genug für sie?" Es werden absolute Urängste bei deinem Gegenüber getriggert. Es geht nicht um dich, sondern um sie. Es ist nur eine Projektion ihrer Ängste, die sie auf dich legen wollen.

Jeder Mensch lebt in Systemen. Du mit deiner Familie, deinen Freund*innen, Kolleg*innen, Mitarbeiter*innen, der oder dem Partner*in et cetera. Sobald sich das System auch nur im Kleinsten verändert, versucht es alles, um sich selbst zu erhalten. Lass es mich an einem meiner Beispiele verdeutlichen: Als ich 2020 meine zweite Firma gründete und auf einmal Geld im Überfluss verdiente, hinterfragten Freundinnen von mir, ob ich denn jetzt immer noch dieselbe Frau sei. Es gab Diskussionen, komische Gespräche bis irgendwann gar nicht mehr gesprochen wurde. Das Gleiche erlebte ich mit meinem Ex-Partner. Auf einmal war ich ein schlechter Mensch, weil ich nicht mehr in einem abgefuckten Airbnb im Urlaub wohnen wollte, sondern in einem Fünf Sterne Hotel (das ich für ihn mitbezahlte). Ähnliche Themen und Diskussionen gab es mit meiner Familie. Ich glaube, bis heute weiß noch niemand wirklich, was ich mit meinem zweiten Unternehmen getan habe. Nur, dass ich damit viel Geld verdient habe. Wenn ich meiner Mama sage, dass ich Business Class fliege, weiß sie einfach nicht, was das ist (und wenn sie es wüsste, würde sie beide Hände über den Kopf zusammenschlagen und sagen, was ich doch mit dem Geld hätte machen können).

Menschen haben Angst um sich selbst. Sie haben Angst davor, auch etwas verändern zu müssen, wenn es bei einem Menschen, der ihnen nahe steht, so einfach geht. Die meisten wollen aber bleiben, wo sie sind. Sie wollen sich und ihr Leben nicht verändern. Also ist zumeist jede*r, der oder die es tut, eine potenzielle Gefahr. Du wirst mit Projektionen deiner Liebsten zu kämpfen haben, bescheuerte Diskussionen führen (wenn du das willst, denn *Nein* ist ein vollständiger Satz, just sayin') und in Gefahr geraten, dich zu rechtfertigen oder gar zu entschuldigen. Dazu neigen Frauen ja sowieso. Wie oft am Tag entschuldigst du dich für Dinge, die ganz selbstverständlich sind, wie zum Beispiel eine*n Mitarbeiter*in in einem Supermarkt um Hilfe zu fragen ... „Entschuldigung, könnten Sie mir sagen, wo die Kondome sind?“

Mir ist wichtig, dass du jetzt schon weißt, dass niemand in deinem Umfeld wirklich will, dass du dich veränderst, zumindest im ersten Schritt. Das steht nämlich auch in keinem Buch über Manifestation und Vision Board-Bullshit. Keiner sagt dir vorher: „Wenn du das Leben lebst, das du wirklich wolltest, wird es vielleicht Menschen nicht mehr geben, die du vorher zu engen Freund*innen gezählt hast. Dass du dich von deinen Eltern abgrenzen musst, um endlich „Hell Yes!“ zu deinem eigenen Leben und zu deinen eigenen Regeln zu sagen. Vielleicht wirst du einer Beziehung entwachsen, von der du dachtest, ihr werdet alt miteinander. Menschen werden überfordert sein mit deinem neuen sexy, erfolgreichen, Business-Class fliegendem Ich. But Bitch, we don't care! Das ist es wert! Glaub mir. Wenn ich heute noch einmal zurückreisen könnte, um neue Entscheidungen zu treffen, ich würde alles genauso wieder machen. Du brauchst es dir nicht zu verdienen! Deine Existenz allein ist genug, um zu bekommen, was du willst. Du musst dich nicht anstrengen, hustlen, brav, lieb, nett, angepasst, over-caring, selbstaufgebend, schön, schlank, intelligent, sexy, erfolgreich, in einer Beziehung sein, um vom Universum geliefert zu bekommen, was du willst. Das Einzige, was es braucht, ist dein Commitment und eine Entscheidung. As simple as that.

Lass uns also den ersten Schritt machen, um deiner Identität mal ein fettes First Class Upgrade zu bereiten und deine Standards im Leben neu definieren. Dafür haben wir dir auch ein schönes Worksheet vorbereitet, das du online bearbeiten oder ausdrucken kannst (siehe QR-Code am Rand).

Worksheet zu deinen Standards:

Deine Standards sind wie dein Nordstern. Hierauf beruht deine Identität. Ein Mensch, für den es ok ist, in einer Partnerschaft Gewalt zu ertragen, hat irgendwann (bewusst oder unbewusst) entschieden, dass der Standard einer Beziehung ist, geschlagen zu werden. Eine Frau, die sich für die Familie aufopfert und sich dabei selbst vergisst, hat für ihr Familienleben als Standard gesetzt, dass alle anderen zuerst kommen. Jemand, der nur billige Lebensmittel voll von Glutamat und Ersatzstoffen konsumiert (did it, jahrelang!), hat den Standard für seine Gesundheit sehr weit heruntergeschraubt. Do you get the point? Dein Leben ist das Ergebnis der unbewussten oder bewussten Standards und Entscheidungen, die du getroffen hast. Und das ist ok. Du willst ja jetzt etwas verändern. Also

Lady, keine falschen Vorwürfe oder Bullshit im Kopf! Du bist keine Versagerin, kein Loser, nicht dumm, oder oder oder!

Solltest du unsere Vorlage gerade nicht nutzen können, hier noch einmal für dich zusammengefasst, wie du deine neuen Standards festlegst und diese auch wirklich in deinen Alltag einbinden und verkörpern kannst. Denn nur aufschreiben wird dein Leben leider nicht verändern, but I guess you know that already, hm?

1. Finde fünf neue Standards für dich und dein Leben

Es ist ganz einfach. Was sollen neue Standards in deinem Leben werden? Was ist ab heute nicht mehr verhandelbar? Was soll sich ab heute ändern und sich sofort in deinem Alltag als neue Verhaltensweise zeigen? Du kannst prinzipiell jeden Lebensbereich anschauen und dir überlegen: Wo braucht es am dringendsten ein Update, um meine Ziele und Wünsche in meine 3D-Realität zu ziehen? Wenn du beispielsweise endlich eine harmonische und glückliche Beziehung willst, aber gerade Single bist, wäre ein guter Standard vielleicht, dich nicht mehr unter Wert zu verkaufen und dich nicht mehr mit Männern oder Frauen zu treffen, von denen du schon im vornherein weißt, dass sie nicht mal ansatzweise zu dir passen werden. Möchtest du in Zukunft nur noch in Fünf Sterne Hotels Urlaub machen? Geil, lass das deinen Standard werden. Willst du endlich einen neuen Job und dich nicht mehr von deinem jetzigen Chef kleinmachen lassen? Lege fest, dass dein Standard ein Job ist, in dem du wertgeschätzt wirst. You make the rules, Baby!

Als ich die Übung das erste Mal 2020 machte, schrieb ich die folgenden fünf Standards auf:

- Ich habe genug Zeit und Geld für meine Bedürfnisse.
- Ich lebe in einer erfüllenden Beziehung voller deep Talks und gutem Sex.
- Ich lebe in einer Wohnung mit einer Schaukel in der Küche, umgeben von Natur und einer geilen Energie.
- Ich mache jeden Monat mindestens 15.000 Euro in Leichtigkeit mit meinen absoluten Wunschkund*innen.
- Ich habe wahre Freund*innen, die meinem energetischen Level entsprechen und das Beste aus ihrem Leben machen.

Unten drunter schrieb ich: I am not a bitch for wanting these things!

Du siehst also: Es ist egal, welche Lebensbereiche du dir rausnimmst und veränderst. Für mich waren zu diesem Zeitpunkt einfach alle extrem wichtig. Indem ich im August 2020 diese Standards für mich setzte, veränderte sich alles. Meine damalige Beziehung hat sich aufgelöst und nur kurze Zeit später bin ich mit einem Mann verbunden, der meine Bedürfnisse erspüren kann, der groß träumt und mit dem tiefe Gespräche über Gott und das Leben an der Tagesordnung sind. In meiner Küche hängt eine Schaukel (danach habe die Wohnung im Oktober 2020 ausgesucht), ein großer Pool ist im Garten und der Wald fünf Minuten zu Fuß weg. Seit August 2020 habe ich jeden Monat mindestens 15.000 Euro gemacht, Ende 2021 waren das standardmäßige Umsatztage. Ich habe mich von einigen Freund*innen getrennt und seitdem nur die tollsten und aufgeschlossensten Menschen in mein Leben gezogen. Ich erfülle mir jeden Tag meine Bedürfnisse, achte auf mich, investiere in mich und mein Leben und kann es zu 100% genießen.

Heute sehen meine Standards schon wieder ganz anders aus – und das ist gut so. Deine Standards dürfen und sollen sich sogar verändern. Mach dir am besten heute in drei Monaten eine Erinnerung in deinen Kalender, um deine Standards wieder zu überprüfen. Wo darfst du noch größer denken? Was willst du außerdem noch? Was ist für dich nicht mehr verhandelbar? Einer meiner wichtigsten Standards heute ist, dass ich ohne Wecker aufstehe und keine Termine vor 10 Uhr habe. Dieser Standard bedeutet pure Freiheit für mich und war schon oft Grundlage für zündenden Gesprächsstoff bei Bekannten in meinem Umfeld: „Wie, keine Termine vor 10 Uhr? Du erlaubst dir ja einiges … !"

Yes, I do! Ich erlaube mir alles! Keine fuckin' Kleinhalteritis mehr, um anderen zu gefallen oder nicht. Denn glaube mir: Menschen werden dich verurteilen, so oder so. Egal, ob du dein geilstes oder beschissenstes Leben führst. Also lass lieber upgraden und in Zukunft Champagner anstatt billigen *Rotkäppchen* trinken.

2. Grenzen setzen – aufbauend auf deinen neuen Standards

Well done, my dear! Wie schaffst du es jetzt, deine neuen Standards in dein Leben zu integrieren? Du musst aufbauend auf deinen Standards Grenzen setzen. Deine Grenzen sind wie eine Teflonschicht für deine Standards. Ein Schutz, der sie davon abhält, von anderen (oder dir selbst) nicht gelebt zu werden. Deine Grenzen können zu Beginn noch etwas weiter sein als meine zum Beispiel heute sind. Witzige Geschichte dazu? Mein Mann hatte, als ich ihn kennenlernte, nur einen kaputten Geschirrspüler und spülte alles per Hand. Als ich Ende 2020 in meine Wohnung mit Schaukel gezogen bin, habe ich mir geschworen, nie wieder per Hand abzuspülen. Denn meine alte Wohnung war nur 50 qm groß, dort lebten wir zu zweit und hatten nur eine Kochnische. Dort war einfach kein Platz für einen Geschirrspüler. Also spülten mein Ex-Partner und ich alles per Hand. Es war eine Qual. Damals schwor ich mir, nie wieder meine kostbare Lebenszeit mit Abspülen zu vergeuden. So wurde mein Standard *Nie wieder abspülen* jetzt also auf die Probe gestellt. Wir verbrachten die ersten Tage bei meinem Mann und als es das erste Mal um das Abspülen ging, war es an mir, meine Standards einzuhalten und meine Grenzen klar zu kommunizieren. Ich sagte ihm, dass ich nicht mehr abspülen würde, ihm aber gern das gewaschene Geschirr einräumen kann oder dabei helfe, eine*n Klempner*in zu finden, der oder die den Geschirrspüler repariert. Du kannst dir wahrscheinlich vorstellen, dass er am Anfang überhaupt nicht begeistert war. Mittlerweile bewundert er mich für meine Boldness und meine klaren Regeln, die mit meinem Lebensstandard zu tun haben und nicht damit, dass ich eine dumme Kuh bin, die faul ist und nicht helfen will.

Auch deine Grenzen und Standards werden getestet werden. Es werden immer wieder (gerade am Anfang) Situationen kommen, in denen dich das Universum fragt: Willst du es wirklich? Hier musst du Ja sagen, es machen und nicht mit dir verhandeln. Keine Ausnahmen, keine faulen Kompromisse! Du bleibst in deiner Lane. Bleibe freundlich, aber bestimmt, wenn du dazu aufgefordert wirst, deine Grenzen über Bord zu werfen. You don't give a fuck!

Aufbauend auf meinen fünf Standards ein paar Seiten zuvor teile ich jetzt auch meine Grenzen mit dir, die auf diesen Standards beruhen:

- Ich arbeite nur noch vier Tage die Woche und erlaube nur noch wahren Wunschkund*innen, mit mir zu arbeiten: Frauen, die bereit sind, zu investieren. Ich baue mein Team weiter auf und erarbeite Strukturen, mit denen ich noch mehr Freiheit genießen kann.
- Wenn mein Partner sich dafür entscheidet, meinen Weg nicht mitzugehen, löse ich mich von dem Gedanken, das Problem zu sein, und befreie mich aus meinem alten Muster, allein nicht glücklich sein zu können – und beende die Beziehung.
- Ich suche nach einem solchen Haus, in dem es ohne Probleme möglich sein wird, alle meine Wünsche erfüllt zu sehen. Wenn ich dafür mehr ausgeben muss, werde ich es tun.
- Ich akzeptiere keine Kund*innen mehr, die nicht meine Wunschkund*innen sind und nicht bereit sind, Geld in sich selbst zu investieren. Ich werde weder meine Preise verringern noch Payment Plans erweitern, nur um Kund*innen zu haben.
- Ich werde mich von alten Freund*innen lösen, die nicht mehr meinen Standards entsprechen und dadurch Platz schaffen für die Freund*innen, die ein energetischer Match für mich sind, die ich liebe und bewundere.

So oder besser möge es sein!

Jetzt ist es an dir: Welche Grenzen und logische Konsequenzen ergeben sich aus deinen neuen Standards? Schreib auch diese auf und nutze dafür gern unsere Vorlage, die wir für dich vorbereitet haben. Du gelangst wieder direkt über den QR-Code am Rand zur ihr.[5]

Vorlage zu deinen neuen Standards:

5 Als wenn das so einfach möglich wäre! Du wirst ganz schön viel verlieren, wenn du für dich losgehst. Was glaubst du eigentlich, wer du bist? – Mit freundlichen Grüßen, deine Angst

Was glaubst du eigentlich, wer du bist?
Du hast die Angst ja gerade schon gehört: Was glaubst du eigentlich, wer du bist? Diesen Satz höre ich immer wieder von meinen Kundinnen, egal, ob 1:1 oder in einem meiner Manifestations- oder Business-Kurse. Die große Angst, die du hast, hat jede*r! Ich kenne niemanden, mich eingeschlossen, der keine Angst davor hätte, ausgeschlossen, gehasst, ausgelacht oder verarscht zu werden, wenn man seine Identität verändert. Ich habe 2021 mal einen Post auf *Instagram* geschrieben, der lautete: „Wenn ich geglaubt hätte, dass mein aktueller Kontostand mein Maximum ist, wäre ich heute immer noch broke as fuck."

Die größte Hürde beim Manifestieren ist die, deine Identität wirklich radikal zu verändern. Festzulegen, was für dich nicht mehr verhandelbar ist, für dich loszugehen, neue Grenzen zu setzen, Nein zu sagen und dich immer wieder – tagtäglich – daran zu erinnern, wer du bist. Du und ich, wir sind Wunder! Wir sind aus Sternenstaub gemacht, werden von aber und aber Milliarden von Zellen zusammengehalten, in denen zu 99% leerer Raum herrscht. Wir leben auf einem Planeten, der sich um die Sonne dreht, auf dem es Ebbe und Flut gibt, die wiederum vom Mond gesteuert werden. Wir sind umgeben von Wundern und sind selbst eines. Aber das haben wir nicht gelernt, das hat uns niemand verraten.

Als Mädchen haben wir vor allem gelernt, dass es sich nicht gehört, wenn wir zu laut oder zu wild sind. Dass es Grenzen und Regeln gibt, die unwiderruflich sind und uns in unserer Vorstellungskraft einschränken. Wir haben gelernt, dass es als Frau nicht sicher ist, zu zeigen, was man hat. Wir haben gelernt, was die Worte Schlampe, Hure und Fotze bedeuten. Was es bedeutet, zu schön, zu fett, zu groß, zu hässlich, zu dünn, zu klein zu sein. Du hast alles Mögliche gelernt. Vielleicht auch so wie ich, dass du es allein schaffen musst, dass man es eben durchziehen muss, dass man sich nicht dauernd in den Vordergrund drängen darf, dass das, was du geglaubt hast, nicht wahr ist. Du hast viel über dich gelernt, aber das Wichtigste hast du vergessen: Du hast nur das Beste verdient. Du kannst alles haben, was du möchtest. Das Leben ist ein verdammter Ponyhof und einfach alles ist möglich. Niemand muss dir die Erlaubnis geben, du musst niemanden fragen oder um Erlaubnis bitten, außer dich selbst.

Eines kann ich dir verraten: Egal, ob du tust, was du willst, lebst, wie du willst, vögelst, wen du möchtest, dein Geld ausgibst, wonach es dir auch immer dir gelüstet … People will judge you! Menschen werden über dich urteilen! Save! Egal, ob du dein bestes Leben lebst oder nicht. Deine Angst wird da sein, sobald du nur einen winzigen Schritt aus deiner Komfortzone gehst.[6] Wieso also nicht gleich einen ganzen Meilenstiefel? Befreie dich selbst – und das kannst nur du! Du bist die Einzige, die dazu in der Lage ist. Ich kann dich anfeuern, dir sagen, dass es nicht so schlimm ist, wie du denkst, dir mit meinen und den Geschichten meiner Kund*innen Mut machen, aber befreien musst du dich selbst! Du musst dich aus diesen starren Verstrickungen lösen, die sich anfühlen wie die Normalität. Früher war es für Frauen selbstverständlich, dass sie nicht wählen dürfen, in einer Ehe vergewaltigt werden können und sie dafür Sorge tragen, sich um die Kinder zu kümmern. Wenn es damals keine kollektive Revolte gegeben hätte und die Frauen weiterhin akzeptiert hätten, dass das *Normal* normal bleibt, glaubst du, du könntest heute so ein freies und selbstbestimmtes Leben leben? Alles scheint unmöglich, bis es getan ist.

Jetzt kennen wir zwei uns ja auch schon ein bisschen, also verrate mir doch eines:

Wer glaubst du eigentlich, wer du bist?

Das ist keine Fangfrage, ich meine es ernst. Wer bist du wirklich?

Weisst du, was ich glaube, wer ich bin?

Ich bin eine Frau die, …

- jedes Mal, wenn sie Bock hat, Geld macht (viel Geld).
- weiß, dass sie das beste und schönste Leben verdient hat.
- für sich und ihre Ziele losgeht und sich Support beim Universum bestellen kann.
- frei über ihr Leben bestimmt.
- es liebt, in der ersten Reihe zu stehen und andere Frauen dabei zu unterstützen, mit nach vorn zu ihr zu kommen.

6 Da hat sie recht. – Mit freundlichen Grüßen, deine Angst

- weiß, dass Fülle und Wohlstand ihr Geburtsrecht sind.
- niemals aufgibt, wenn sie etwas wirklich will.
- Bestseller Autorin ist.
- sich selbst mehr liebt als jeden anderen Menschen auf der Welt.
- nie aufhören wird, an sich und ihrer Vision zu arbeiten.
- hinterfragt, ob die Systeme, in denen wir leben, noch n*ormal* sind.
- andere triggert, damit sie sich selbst aus ihrer vollgepupsten Komfortzone befreien können.
- glaubt, dass alles für sie möglich ist.
- nie etwas von sich zurückhält, um anderen zu gefallen.
- ich selbst gern zur Mutter gehabt hätte (I love you, Mum).
- weiß, dass es keine Limits gibt, außer die in meinem Kopf.
- Millionen macht und ihre eigene Hilfsorganisation für Frauen gründet.
- sein kann, wer auch immer sie will.

to be continued …

Dass diese Liste heute so aussieht, liegt an meiner inneren Arbeit. Es liegt daran, dass ich mich meinen Ängsten und meinem Ego gestellt habe. Die Angst vor deiner Angst lähmt dich, neu zu entscheiden und noch größer zu träumen. Damit deine Liste auch so aussehen kann, bedarf es noch eines wichtigen Schrittes.

Was denkst du gerade noch über dich?

Wage doch das Experiment mal und sei zu 100% ehrlich mit dir. Schreib auf, was du gerade noch über dich denkst. Radikal ehrlich, niemand außer dir muss es lesen. Spiel ein Spiel, wie Poker Texas Holdem, und sag deinem Ego und deiner Angst, dass die beiden mal alle Karten auf den Tisch legen sollen. Kein Raten mehr, kein unterbewusstes Manipulieren mehr von ihnen. Setz dich hin, nimm dir Zettel und Stift und schreib alles auf. Jede Angst, jeden Zweifel, jedes Zögern und Zaudern. Frag dich immer wieder, was noch. Hör nicht auf, bis du mindestens 20 Punkte gefunden hast. Wenn du glaubst, 20 nicht zu schaffen, schreib gleich 30 auf. Glaub mir, es können auch gern mal 150 werden. Ich gab diese Übung mal einer Kundin, die mir am nächsten Tag eine *WhatsApp*-Nachricht schrieb und mir verriet, dass sie über 10 Seiten geschrieben hätte und mehr als 150 Punkte gefunden hätte, warum sie nicht die Frau sein kann, die sie sein will. Jede Angst, jeden komischen Blick, den sie überinterpretierte, hielt sie fest. Genau das zeigte ihr dann ganz deutlich, wo sie noch Wachstumspotenzial hat und wo sie sich immer wieder von ihrer Angst zurückhalten ließ, ohne dass sie es wollte.

> Also ehrlich Jessy, was soll ich sagen?! Ich hab grad die Übung mit dem Pokerspiel gemacht und einfach 10 Seiten geschrieben 😳 das sind sicher mehr als 150 Punkte auf der Liste 😵 danke danke danke dass ich das jetzt so sehen und dadurch loslassen kann 😘 jetzt gehts ab 🎉

Lass mich hier sehr deutlich werden: You decide! Du entscheidest dich entweder für dich und das Leben, das DU leben willst, oder jemand anders tut es für dich. In solchen Situationen sage ich immer wieder zu meinen 1:1 Ladies: Time to put on your big girl panties! Ziehe deine Ich-kann-alles-Unterhose an! Hör auf, dich abzufucken, dich selbst klein zu reden oder es anderen zu erlauben, dich kleiner zu machen als du bist! Remember who the fuck you are!

Wage das Experiment. Es wird dich 20 Schritte näher an deinen Traum bringen!

I AM-Statements

Nachdem du jetzt hoffentlich die Übung zuvor gemacht hast und dir klar ist, welche Ängste und alten Zweifel dich noch immer an dir und an deiner großartigsten Version von dir selbst zweifeln lassen, kommt jetzt der sexy Teil des Identity Shifts! Ich habe dir vorher bereits erzählt, wer ich glaube zu sein. Erinnerst du dich, *Ich bin eine Frau, die …* Genau das ist Teil meiner täglichen Manifestationspraxis und hat mir dazu verholfen, meine Identität in Hyper Speed zu verändern. Denn der einzige Grund, warum ich heute voller

Leichtigkeit und Stolz sagen kann, wer ich bin und was ich mir vom Universum wünsche, ist meine Identität! Yes, I love her! Ich finde sie ehrlich gesagt richtig sexy. Sie ist einer der Hauptgründe, warum mir gerade beim Schreiben dieser Passage im Februar die Sonne in Kapstadt ins Gesicht scheint, während ich auf unserer 360 Grad-Terrasse sitze und mir mein Mann gerade ein Glas Champagner gebracht hat. Yes, I really love her!

Und dasselbe wünsche ich mir für dich. Ich will, dass du deine neue Identität am liebsten zu einem teuren Essen einladen würdest, sie mit deinen Blicken beim Aperitivo vernaschst und es kaum erwarten kannst, sie mit dir nach Hause zu nehmen und heftigst Liebe zu machen. So wie bei einem richtig guten Date, bei dem du dich Hals über Kopf verliebst, es keine blöden Fragezeichen gibt, sondern ihr euch beide aufeinander einlasst und feststellt, dass es einfach perfekt passt. Genauso hab ich mich beim ersten Date mit meinem Mann gefühlt und jeden Tag, wenn ich mich mit meiner Identität verbinde.

Manifestationsmeditation:

Dafür nutze ich jeden Tag (ist nicht verhandelbar) diese Übung. Jeden Morgen nach meiner Manifestationsmeditation (bekommst du hier über den QR-Code) schreibe ich auf, wer ich heute bin.

Ich spiele mit dem Universum, I make it my bitch. Denn neben der Visualisierung (dazu kommen wir noch) ist dieser Schritt einfach essenziell. Du schreibst jeden Tag, welche Frau du sein willst beziehungsweise musst, um die Dinge, die du dir wünschst, in die Realität zu ziehen. Ich schreibe meine Statements immer auf Englisch, das ist dir aber natürlich komplett freigestellt. Ich nehme mir dazu eine neue Seite in meinem Journal, verbinde mich vorab noch einmal mit meinen großen Wünschen und erschaffe dann durch das Aufschreiben die Identität – also die Frau, die ich sein werde beziehungsweise die ich sein muss, um diese Träume in meine 3D-Realität zu ziehen.

Ich mache es dir wieder deutlicher anhand meiner Wünsche, die gerade bei mir offen sind (habe ich dir weiter vorne schon verraten):

- Dieses Buch hier ist ein Bestseller (offen).
- Meine Organisation für Frauen in Afrika unterstützt tausende von Frauen in ihrer Unabhängigkeit (offen).
- Ich fahre einen brandneuen *BMW X6* (offen).
- Laura Seiler lädt mich in ihren Podcast ein (offen).

Ich beginne immer folgendermaßen
I am someone who … (oder auf deutsch: Ich bin eine Frau, die …)

Dieses Buch hier ist ein Bestseller (offen).
Ich bin eine Frau, die …

- … mit Leichtigkeit in drei Monaten einen Spiegel Bestseller schreibt, den tausende von Menschen lesen werden.
- … einen Bestseller geschrieben hat, der in mehrere Sprachen übersetzt wird und den deutschen Buchmarkt so richtig aufmischt, because I don't care.
- … mit Leichtigkeit an allen Schreibtagen mehrere tausend Wörter schreibt, die später so viele tausende Menschen bewegen wird.

Das waren jetzt nur Statements für das Ziel, dass dieses Buch ein Bestseller wird. Morgens schreibe ich hier fünf bis zehn Statements zu jedem Punkt, hier im Buch zur Veranschaulichung zeige ich dir drei.

Meine Organisation für Frauen in Afrika unterstützt tausende von Frauen in ihrer Unabhängigkeit (offen).
Ich bin eine Frau, die …

- … die richtigen Menschen kennenlernt, die ihr dabei helfen werden, diese Organisation zu gründen.
- … weiß, dass sie während ihres Aufenthalts in Kapstadt herausfinden wird, warum die Organisation in Afrika gegründet werden muss.
- … aus dem Nichts Millionen von Euro zu sich ziehen wird, damit die Organisation gegründet werden kann.

Ich fahre einen brandneuen BMW X6 (offen).
Ich bin eine Frau, die …

- … es liebt, mit diesem großen Auto durch die Straßen zu fahren und weiß, dass dieses Auto genau das Richtige für sie ist.
- … es sich zutraut, sicher und mit Spaß dieses Auto zu fahren.
- … das beste Angebot vom Universum geliefert bekommt, bei dem sie mehrere tausend Euro sparen wird.

Laura Seiler lädt mich in ihren Podcast ein (offen).
Ich bin eine Frau, die …

- … für Aufruhr in der deutschen spirituellen Szene sorgen wird, wodurch Laura auf mich aufmerksam werden wird.
- … viel zu sagen hat und weiß, dass Lauras Hörer so sehr von meiner Sicht der Dinge profitieren können.
- … sehr gefragt ist und mit der alle großen deutschen und internationalen Speaker und Online-Entrepreneure sprechen wollen.

Das ist eine meiner täglichen Routinen. Ich passe meine I am-Statments immer auf meine aktuellen Bedürfnisse und Wünsche an. So schlagen wir zwei Fliegen mit einer Klappe. Du schreibst jeden Tag deine Ziele auf und du ankerst damit automatisch deine neue Identität. Und beides brauchen wir für unsere Träume.

Du kannst die Übung folgendermaßen für dich anpassen, solltest du ein eher kinetischer Mensch sein, also jemand, der eher über Sprechen und Hören Dinge für sich ankern kann: Wenn du oft Sätze benutzt wie: „Das hört sich gut an“, „Das klingt nach Spaß.“ et cetera, kannst du dich in diese Kategorie einordnen. Sollte das bei dir der Fall sein, sprich dir deine I AM-Statements jeden Tag als Sprachnachricht auf. Jedes Handy hat mittlerweile eine Funktion dafür. Wenn du sie aufgesprochen hast, hör sie dir mindestens einmal danach an. Du kannst sie auch beim Schlafengehen anhören und damit in den Schlaf driften. Funktioniert extrem gut und beschleunigt den Prozess noch mehr, weil dein Unterbewusstsein zu dieser Zeit besonders aufnahmefähig ist.

Ein Upgrade für dein Leben – jeden Tag ein wenig mehr

Für mich war es 2020 vollkommen unvorstellbar, an einem Tag einen sechsstelligen Umsatz zu machen oder Business Class Flüge zu buchen, geschweige denn Designer Handtaschen für mehrere tausend Euro zu kaufen. Erstens hätte das mein Bankkonto damals einfach noch nicht zugelassen und zweitens war dieser Sprung einfach zu groß für mich. Deshalb habe ich angefangen, mein Leben in kleinen, aber stetigen Schritten upzugraden. Wenn du heute noch bei *Aldi* an der Kasse arbeitest und dein Ziel ist, vier Wochen auf den Malediven in einem Fünf Sterne Chalet zu leben, ist das oft so unvorstellbar, dass wir aufgeben, bevor wir richtig angefangen haben. Sollte es dir gerade ähnlich mit deinen Wünschen gehen, empfehle ich dir, in kleinen, aber stetigen Schritten upzugraden. Denn am Anfang fühlt es sich absolut verrückt an, für seine Wünsche und Träume Geld auszugeben oder für sich loszugehen. Sobald du anfängst, kleine Upgrades zu machen, wirst du auch anfangen, in einer neuen Frequenz zu schwingen. Du wirst dich anders fühlen, anders über dich sprechen, eine neue Sicht auf das Leben selbst haben, was alles wieder zu einem schnelleren Manifestationsergebnis führen wird. Vielleicht ist es für dich total cool, beim Shoppen 500 Euro auszugeben, aber wenn du 50 Euro in ETFs anlegen sollst, flippst du total aus. Oder vielleicht bist du mega gut darin, für deine beste Freundin den extravagantesten Geburtstag zu organisieren, bekommst aber Panik, wenn du dir selbst ein Wochenende im Spa Hotel gönnen willst. Alles ist ok. Mit den kleinen Upgrades überforderst du dich nicht selbst und deine Selbstsabotage-Muster haben gar keine Chance, wirklich in Action zu kommen.[7] Wenn du anfängst, deinem Leben klitzekleine Upgrades zu verpassen, trainierst du deinen Manifestationsmuskel, wie Kim Kardashian ihren Poppes, jeden Tag.

2020 lebte ich in einer winzigen 2-Zimmer Wohnung mit meinem Ex-Partner. Die Küche war nur eine Kochnische, unsere Stühle waren 15 Jahre alt, die *IKEA* Couch durchgesessen, die Wände waren vergilbt, die Spülung im Klo funktionierte nicht richtig und mein altes Bett aus Studienzeiten hat-

7 Dont worry, ich bin immer noch da. Aber leider hast du jetzt schon Tools, um mir meine Arbeit sehr zu erschweren. Das langweilt mich. – Mit freundlichen Grüßen, deine Angst

te echt die beste Zeit hinter sich. Alles war irgendwie abgeranzt und cheap. Ich hörte Podcasts hoch und runter, las Bücher über Geld und Manifestation und dachte mir immer wieder: „Fuck you all! Das kann bei mir nicht funktionieren." Also fing ich an, kleine Schritte zu machen. Das passt eigentlich überhaupt nicht zu meiner Natur, aber damals hat es mich in die richtige Richtung geschoben. Ich hörte auf, mich immer weiter selbst zu sabotieren, sondern begann, mir jeden Tag zu erlauben, einen winzigen Teil upzugraden. Level by Level sitze ich heute hier in Kapstadt …

Delete the Cheap Chick in you!

Das Cheap Chick in dir ist der Teil, der es dir nicht erlauben will, größer zu träumen, mehr vom Leben zu wollen und Geld für dich auszugeben. Der Teil, der sagt: „Ne, für den Typen oder die Frau bist du nicht gut genug. Niemals wirst du dein eigenes Unternehmen haben, du hast ja sowieso keine Ahnung. Eine Reise auf die Malediven? Du spinnst wohl!" Genau diesem Teil werden wir jetzt einen dicken Fucker zeigen, indem du folgenden, sehr einfachen Plan befolgst:

1. **Was in deinem Leben fühlt sich billig an? In welchen Momenten rutscht dein Selbstwert sofort in den Keller?**

Ein absoluter Aha-Moment-Garant! Ich habe es so geliebt, als ich kapiert habe, in welchen Momenten ich mich selbst scheiße behandelt habe und nicht so, als hätte ich das beste Leben verdient. Schreib alle Dinge auf, die nicht mehr existieren werden, wenn du dein bestes Leben lebst und dir die Dinge manifestiert hast, die du im ersten Kapitel aufgeschrieben hast. Vielleicht trägt die beste Version von dir jeden Tag Lippenstift, um sich selbst einen Wow-Effekt zu verpassen. In der Realität denkst du aber, dass das viel zu viel wäre und benutzt diesen Lippenstift nur für ganz besondere Anlässe. Oder es ist der Vibrator, der nur noch funktioniert wenn *er* Lust hat und nicht du. Anstatt dir endlich das neueste Modell zuzulegen, hältst du es aus und begnügst dich mit dem, was da ist. Nicht für alle Dinge gilt „Was lange währt, wird endlich gut." Meine Mama benutzt seit 45 Jahren (!!!) dasselbe Handrührgerät, das einfach noch aus der ehemaligen DDR stammt. Sie liebt es heiß und innig, obwohl es nur sehr selten funktioniert. Es wäre schon lange an der Zeit für ein neuen Handmixer gewesen, aber sie bleibt dabei. I think you got the point. Liste all die Dinge auf, die dich in deinem Selbstwert beeinträchtigen und die dich cheap fühlen lassen.

2. **Nimm dir davon einen Happen, der sofort ein Upgrade bekommen soll.**

Ich dachte damals, dass die Version von mir, die ein Millionen-Unternehmen hat, sicherlich nicht mehr auf einem 15 Jahre alten Esszimmerstuhl sitzt, mit nichts weiter als einem alten 13 Zoll *MacBook* von 2015 (das offiziell nicht mal mir, sondern meinem alten Arbeitgeber gehörte). Also arbeitete ich immer öfter in einem Co-Working Space oder ging in tolle Cafes, in denen ich bequem sitzen konnte. Bis ich mir meinen neuen *iMac* leisten konnte, vergingen noch einmal 8 Monate. Bis dahin habe ich mir aber wenigstens eine externe Tastatur, eine Maus und eine Halterung gekauft, auf dem das *MacBook* stehen konnte (alles für insgesamt 30 Euro). So hatte ich auch zu Hause bereits ein besseres Arbeitserlebnis und weniger Rückenschmerzen.

Nach unserem 1:1 hab ich alle Unterhosen aussortiert 🤣 und ich hab aufgehört look a like gefakte Sachen zu kaufen!! Gamechanger! Because I'm worth it!!!!

Es geht hier nicht darum, sofort das mega Upgrade in die erste Klasse klar zu machen, sondern mit kleinen Upgrades dafür zu sorgen, dass deine inneren Saboteure nicht anfangen, auszurasten. Und es geht darum, dass du merkst, dass du mehr „verdient" hast. Vielleicht hast du auch die Vorstellung, dass du, während du dein bestes Leben lebst, nur noch Unterwäsche von *La Perla* trägst. Als ich vor zwei Jahren das erste Mal nach dieser Marke gegoogelt habe, bin ich fast umgefallen. Hier zahlt man mehrere hundert Euro für einen Slip … That was too deluxe for me. Aber meine alten *H&M* Unterhosen waren auch keine Option mehr. Also kaufte ich mir jeden Monat (kein

Witz) zwei neue Unterhosen von *Armed Angels* und füllte so langsam meine Unterwäscheschublade mit sehr bequemen, schönen und Fairtrade produzierten Kleidungsstücken auf. Heute kaufe ich immer mal wieder bei *La Perla* ein und genieße das Gefühl, das ich habe, wenn ich die Unterwäsche trage. Vielleicht bedeutet das für dich in Zukunft, anstatt Unterwäsche bei *Aldi* & Co. lieber bei *Armed Angels* zu kaufen. Kleine Upgrades in der Größenordnung, in der du dich wohl fühlst. Vielleicht ist es für dich auch ein größerer Schritt, der in einem Punkt direkt möglich ist. Hauptsache, du tust es.

Beginne mit den Dingen, die den größten Impact auf dich und dein Leben haben. Und nur um das noch einmal klarzustellen: Es sagt überhaupt nichts über dich aus, wo du einkaufst. Selbst Oprah shoppt in der Supermarktkette *Target*, die in Deutschland mit *Kaufland* vergleichbar ist. Hauptsache, du fängst an.

Für mich waren es damals mein Arbeitsplatz, mein PC, die Unterwäsche und tatsächlich ein *GHD* Glätteisen. Ich wollte so aussehen wie die Version von mir, die in Leichtigkeit sechsstellige Monate oder Tage hat. In dieser Vorstellung hatte ich toll gemachte Locken, die mit meinem Glätteisen aber einfach nicht funktionieren wollten (war auch schon 12 Jahre alt …) Also gönnte ich mir das neue Glätteisen und benutzte es jeden Tag. Jeden Tag fühlte ich mich immer mehr wie die Version von mir, die ein solches Leben lebt. Genauso schaffst du es, ganz spielerisch neue Standards und dadurch auch eine neue Identität zu etablieren und direkt in deiner 3D-Realität erlebbar zu machen. So ist heute *Armed Angels*-Unterwäsche mein absolutes Normal, genauso wie Business Class Flüge und Essen in Sterne Restaurants. Das Universum wird diese Aligned Action von dir direkt verstehen und dich mit immer mehr Dingen beschenken, die zu dieser neuen Version von dir passen. Dafür musst du keine tausende von Euro ausgeben, manchmal liegt zwischen der Cheap Chick-Variante und dem nächsten Level gerade einmal ein Euro. Dieser Euro wird sich aber exponentiell auf dein eigenes Selbstwertgefühl auswirken.

3. Fang von vorne an.

Over and over again. Challenge dich jeden Tag. Einer Kundin riet ich, bevor sie sich ihren geliebten *Burberry* Mantel leisten konnte, ihn im Geschäft anzuprobieren und auch Fotos in ihm zu machen. Vielleicht ist es auch so etwas wie anstatt immer ganz weit hinten im Parkhaus zu parken, in Zukunft Valet Parken zu nutzen und zu schauen, wie du dich damit fühlst. Oder am Flughafen direkt den Parkplatz am Gate zu nehmen, anstatt den auf einem Bauernhof 50 km weit weg, wenn du für das nächste Wochenende wegfliegst. Diese 150 Euro werden dir wieder zeigen, wo du noch Wachstumspotenzial hast. Spiele das Ganze wie ein Spiel. Du kannst nichts falsch machen, du kannst nicht verlieren. Du bist verdammt großartig, auch wenn du vor Aufregung fast kotzen musst, wenn du dir endlich das Parfum kaufst, dass du immer wolltest anstatt das billig Eau de Toilet vom *Müller* oder *Rossmann*. Wenn du so wie ich früher nur Scheiße in dich reingestopft hast, könntest du damit anfangen, nur dein Obst oder Gemüse bei einem Bio Markt zu kaufen (oder dir überhaupt welches zu kaufen). Wenn du dich schon vegan ernähren solltest, ist das nächste Upgrade, vielleicht unter der Woche auf Zucker zu verzichten, weil in deiner Vorstellung deines geilen Lebens ein gesunder Körper absolute Priorität hat. Gehe öfter zur Maniküre, wenn du magst, verschreibe dir selbst eine Massage pro Monat, dann alle zwei Wochen, dann jede Woche. Irgendwann kommt vielleicht jemand zu dir nach Hause. Mach das, was du willst, zu deiner Priorität und du wirst sehen, wie sich innerhalb kürzester Zeit dein Leben von Cheap Chick zu Deluxe Queen verändert. Denke daran: Du kannst alles haben. Du verdienst nur das Beste. Alles ist möglich und du bist ein Wunder! Aber zeige dir und dem Universum, welche Frau du wirklich bist und welche Identität für dich absolutes Minimum ist. Gib dich nicht mehr zufrieden mit dem, was du hast, wenn du es nicht mehr willst. Du kannst immer mehr wollen, ohne eine arrogante Diva zu sein.[8]

---

8 Ich finde diese Übung scheiße! So lernst du in kleinen Schritten, dass mehr für dich möglich ist und ich habe nicht mehr so viel Macht über dich. – Mit freundlichen Grüßen, deine Angst

Booste deinen Selbstwert.

Du weißt, dass jeder Gedanke und jedes Wort ein Zauberspruch ist. Wenn wir das als Prämisse nehmen, was würde dann passieren, wenn du dir in Zukunft jeden Tag mehrmals sagen könntest, wie …

- … großartig du bist?
- … wunderschön du aussiehst?
- … klug du bist?
- … sehr dich andere lieben und bewundern?
- … glücklich du mit dir selbst bist?
- … sehr du es liebst, erfolgreich zu sein?

Was glaubst du, würde sich in deiner Realität nur deshalb verändern? Dein Selbstwert ist ein unterschätzter Teil der Wunsch-Gleichung. Die Gleichung lautet:

EW (erfüllter Wunsch) = Z (Ziel) + I (Identität) – S&A (Selbstsabotage und Angst)

Deine Identität wird von deinem Selbstwert genährt. Deine Identität entscheidet wiederum darüber, wie schnell und leicht du dir deine Wünsche und Ziele in deine 3D-Realität exportieren kannst. So viele Menschen haben die schlimmsten Gedanken über sich selbst, tagein, tagaus. Sie erzählen sich immer wieder, was sie nicht können, anstatt das, was sie können. So viele Menschen sind von derselben Krankheit befallen: Kleinhalteritis. Ein Virus, das schon so viel länger als Corona sein Unwesen treibt und noch viel subtiler. Fast nicht zu erkennen, weil wir alle damit infiziert sind. Kleinhalteritis ist der Tod deiner Träume. Wenn dem nicht so wäre, hättest du bereits alles, was du dir wünschst.

Der Selbstwert wird oft mit dem Selbstbewusstsein verwechselt. Viele Menschen kennen den Unterschied nicht. Ich habe von hunderten von Frauen gehört: „Ich will nicht arrogant oder überheblich wirken.“ Die Angst, als so ein Mensch wahrgenommen zu werden (was wäre prinzipiell schlimm daran?) führt zu einer Kettenreaktion an Gedanken und Handlungen, die sich alle wieder im selben Becken der Tristesse sammeln: Kleinhalteritis. Du hältst dich absichtlich zurück! Du bist das! Egal, ob du bereits als Kind gehört hast (so wie ich): „Stell dich nicht so in den Mittelpunkt.", oder ob es später kam. Du entscheidest heute, dass du es immer noch glaubst. Wir alle tun es. Wir alle halten uns zurück. Das ist eine vorwiegende Frauenkrankheit, aber auch Männer leiden darunter. Denn was haben wir über Menschen gehört, die zeigen, was sie können und gern dick Butter auf ihr Brot schmieren: Diese Menschen wären egozentrisch. Sie wären Angeber*innen. Sie wären Scharlatane, Betrüger*innen, Halsabschneider*innen … In keinem Fall wollen wir in den Topf mit diesen Arschlöchern gesteckt werden. Denn du bist nicht so. Du hast gelernt, dass man besser keine Regeln bricht, sich anpasst, nicht zu dick aufträgt, auf dem Boden der Tatsachen bleibt, dass das Leben kein Ponyhof ist und wir uns nicht aussuchen können, wie unser Leben läuft.

Hey Jessy, hoffe, Du genießt noch Italien 🩶 ich merke, ich komme meinem Ziel immer näher. Ich hab die Frau noch nicht mal gefragt. Sie hat einfach sich mein Profil angesehen, kurz ausgetauscht und mir das geschrieben. Das war die Bestätigung, die ich tatsächlich gebraucht habe. Meine Arbeit wird sowas von gebraucht. Ich bin jeden Tag am umsetzen. Ich lerne immer mehr über meine Follower kennen, bin im täglichen Austausch. Heute Abends geht's zu der Premiere im Theater und anschließenden Theaterfeier, wo mich einige Frauen auf instagram grade dafür immens feiern. Ich hab zwar erst eine kundin dazubekommen Anfang November, aber es fühlt sich groß An, was da jetzt alles kommt. Ich bleibe nach wie vor dran und freu mich schon riesig auf unseren call am Donnerstag 🩶 🩶 🩶

Und heute bin ich bei einem speakerevent und ich lass mich nur auf die Intuition ein, Zack, steht ich bei einem Fitnessexperten, der menschen ausbilden will und network starten will mit seinem Produkt. Zielkunde: Frauen.
Er kommt auf mich zurück als Trainer für auftritt 😀
Magic is gonna happen 😍 🩶
Ich bin einfach nur mega happy 😀 1m

Du hast genauso wie ich eine Menge Bullshit gehört. Bullshit, der einzig und allein folgenden Zweck hatte: dich da zu halten, wo du gerade bist. Denn wie würde unsere Welt wohl aussehen, wenn wir endlich alle verstünden, dass wir alles haben können, was wir uns vorstellen können und noch so viel mehr, ohne dass andere dafür leiden müssen oder weniger haben als wir selbst? Ganze Industriezweige würden wegbrechen. Es gäbe eine Weltwirtschaftskrise, bevor wir ein neues System entwickeln könnten, das auf Gerechtigkeit und Gleichberechtigung beruht. Weißt du, was mir bisher jede Frau gesagt hat, die den Wunsch hatte, finanziell frei zu sein? „Ich möchte noch mehr Geld an Organisationen spenden, die etwas in der Welt verändern." In meiner Welt ist mehr Wohlstand nicht die Wurzel allen Übels, sondern der Beginn von neuen Möglichkeiten und einer Welt, die von Liebe und Wertschätzung anstelle von Ausbeutung und Habgier geprägt ist.

Nun gut, lass mich hier nicht zu weit abdriften. Ich denke, du hast den Punkt verstanden. Dein Selbstwert ist die Wurzel deiner Identität. Wenn du dich weiterhin unter Wert „verkaufst", dich herumschubsen lässt, das Schicksal (und somit die anderen) über dein Leben entscheiden lässt, dann wird sich deine Identität nicht nachhaltig zum Positiven verändern. Dabei ist es so einfach. Es ist einfach, wenn du einmal für dich entschieden hast, dass du für dich selbst und deinen Wert (Bitch, du bist unbezahlbar und einzigartig) losgehst, Grenzen setzt und deinem Leben jeden Tag ein kleines Update verpasst. So einfach.

Sobald ich anfange, mit Frauen an ihrem Selbstwert zu arbeiten, passieren die krassesten Dinge in ihrem Leben. Eine Frau, die ich über mehrere Monate 1:1 betreut habe, kam aus einem Angestelltenverhältnis. Sie war im Team eines deutschen Coaches und wurde über Monate hinweg klein gemacht. Sie wurde vor versammelter Mannschaft runtergeputzt, gescholten wie ein kleines Mädchen. Alles, was sie tat, machte sie verkehrt. Sie konnte es ihrem Chef nie recht machen und vergaß sich und ihre Prinzipien dabei total. Als wir begannen, zu arbeiten, war es ihr Ziel, mit ihrem eigenen Business richtig durchzustarten und sich von der Vergangenheit zu lösen. Nachdem recht schnell klar wurde, dass wir am inneren Fundament arbeiten müssen, um ihr diesen Wunsch zu erfüllen, starteten wir eine Selbstwert-Kur. Sie bekam von mir Aufgaben, Tools und Meditationen an die Hand, die ihr dabei helfen sollten, sich wieder daran zu erinnern, wer sie wirklich war. Was in ihr steckte, was sie alles konnte (so viele leiden auch an Kompetenz-Demenz) und wofür sie wirklich hier war. Nach wenigen Wochen taten sich auf einmal Möglichkeiten des Universums für sie auf. Sie wurde in Podcasts eingeladen, konnte ein Theaterstück mit produzieren (ihre größte Leidenschaft) und bekam auch in den sozialen Medien ganz andere Aufmerksamkeit. Die Dinge fügten sich aus dem Nichts zu einem wundervollen Bild zusammen. Ich kann gar nicht mehr zählen, wie viele tolle *WhatsApp*-Nachrichten ich in der Zeit von ihr bekommen habe, in denen sie so viele kleine und große Veränderungen an sich und ihrer Umwelt wahrnahm.

Es beginnt in dir und mit deiner Entscheidung, deinen Ängsten, den Mindfucks und deinen alten Erinnerungen nicht mehr die Kontrolle über deine Zukunft zu überlassen. Weisst du, was ich in vier Jahren als Online-Entrepreneurin gelernt habe? Die Menschen werden immer über dich urteilen, über dich sprechen und sich eine Meinung über dich bilden. Egal, ob du das tust, was dir gefällt oder dich ihnen zuliebe klein hältst und anpasst.

Wenn du gleich Bock auf einen fetten Selbstwert-Booster hast, hör dir unser Audio Training an (über den QR-Code am Rand).

Audiotraining zum Selbstwert-Booster:

Dieses Training stammt aus meinem Online-Kurs und wird dich sofort fünf Level auf der Selbstwertskala nach oben befördern. Gönn dir!

Lebe deine neue Identität!

Eine Sache möchte ich dir noch mitgeben: Veränderung ist kein Prozess. Entweder du veränderst etwas oder du verleugnest Veränderung. Das ist wie in der Natur: eine Pflanze wächst oder stirbt. Es gibt kein Dazwischen. Veränderung kannst du nicht bloß mal versuchen, du musst sie leben. Du weißt bereits, wie sehr dein Unterbewusstsein dein Leben steuert und regiert. 95% deiner Entscheidungen stammen aus deinem Unterbewusstsein. Aus diesen Prägungen haben sich neuronale Netze in deinem Gehirn gebildet. Stell dir das Ganze wie eine Autobahn vor. Jedes Mal, wenn du eine Gewohnheit wiederholst, zum Beispiel abends vor dem Schlafengehen noch durch *Instagram* zu scrollen oder eine Zigarette an der Bushaltestelle zu rauchen, wird diese neuronale Autobahn weiter ausgebaut. Es gibt Autobahnen in deinem Gehirn, die mittlerweile acht- oder neun-spurig sind, weil du sie tausende von Male gefahren bist. Sie sind wie Trampelpfade im Dschungel. Du bist sie schon so oft gegangen, dass du glaubst, sie gehören zu dir oder vielleicht sogar, dass du sie *bist*. Wie viele sagen über sich selbst *„Ich bin Raucher."* anstatt „Ich rauche."? *„Ich bin fett."* anstatt „Ich wiege mehr als ich will." Wir identifizieren uns irgendwann mit unseren Gewohnheiten und glauben, wir wären sie.

Um wirklich deine Identität zu verändern, hilft es nicht, ein paar Mal deine Ziele aufzuschreiben oder einmal neue Grenzen zu setzen. All die Tools, die ich dir in diesem und im letzten Kapitel vorgestellt habe, müssen fester Teil deines Lebens werden. Sie müssen eine neue Gewohnheit werden, die du nicht mehr hinterfragst. Sie müssen so selbstverständlich sein wie morgens und abends Zähne zu putzen oder nach dem Klogang deine Hände zu waschen. Als Corona kam, war es für alle Menschen unvorstellbar, dauerhaft Masken zu tragen. Wie oft hast du deine Maske zu Hause vergessen? Wir haben einige Zeit gebraucht, um uns an diese neue Situation zu gewöhnen. Jetzt, knapp zwei Jahre nach Beginn der Pandemie, finden wir es merkwürdig, wenn wir irgendwo ohne Maske rein können oder gar Club-Besuche wieder möglich sind. Wenn ich heute eine Serie oder einen Film schaue, wundere ich mich immer wieder, warum ich keine Masken sehe oder wie sich Menschen so nahe sein können. Neue Gewohnheiten brauchen vor allem eines: Wiederholung. Es gibt zu diesem Thema tausende Bücher, Podcasts und Filme. Deshalb möchte ich nicht allzu tief eintauchen, sondern dir die wichtigsten Dinge mit auf den Weg geben, die du beachten solltest, wenn du deine Wünsche wirklich in deine 3D-Realität ziehen willst:

1. **Dein Gehirn verbraucht im Verhältnis zum Gewicht die meiste Energie in deinem Körper.**

Deshalb ist es faul. Denn es ist ein fuckin' Energieverschleuderer. So wie eine alte Waschmaschine, die 20 mal mehr Strom braucht als eine Neue. Dein Gehirn will nichts Neues lernen, weil es hierfür sehr viel Energie aufwenden muss, die es sonst für andere Prozesse braucht. Deshalb fällt es uns so schwer, neue Gewohnheiten in unserem Leben zu installieren.

2. **Neue Gewohnheiten brauchen Zeit**

Mittlerweile gibt es die unterschiedlichsten Aussagen darüber, wie lange es dauert, eine neue Gewohnheit zu etablieren. Der Zeitraum reicht von 21 bis 90 Tagen. Unterschiedlichste Universitäten forschen immer wieder an dieser Zahl und kommen immer wieder zu unterschiedlichen Ergebnissen. Denn eines ist bisher gewiss: Die Dauer der Umstellung ist abhängig von der Komplexität der neuen Gewohnheit. Je komplexer die Umstellung, desto länger dauert es, bis sie als unbewusste Gewohnheit abgespeichert wird. Es wird leichter sein, dir anzugewöhnen, dreckiges Geschirr direkt in die Spülmaschine zu räumen als zum Beispiel minimalistisch zu leben oder dich vegan zu ernähren. Egal, wie lange es bei dir dauern sollte, deine neuen Gewohnheiten zu integrieren: Bleibe so lange dran, bis du es aus der Gewohnheit heraus tust, ohne dich aufraffen oder überreden zu müssen.

3. **Eins nach dem anderen!**

Menschen tendieren dazu, sich zu überfordern. Wie oft hast du dir schon als Neujahrsvorsatz vorgenommen, jeden Tag Sport zu machen, dich gesund und vegetarisch/vegan zu ernähren und keine Süßigkeiten mehr zu essen? Wenn du alle drei Dinge auf einmal umstellen willst, wird dein Gehirn mit hoher Wahrscheinlichkeit streiken. Denn dafür braucht es unfassbar viel Willenskraft, um es davon zu überzeugen, so viel Energie für die Umstellung aller Gewohnheiten auf einmal aufzuwenden. Alle oben beschriebenen Dinge sind komplexe Aufgaben. Sie erfordern eine Umstrukturierung deines Alltags. Wahrscheinlich musst du früher aufstehen, um deinen Sport integrieren zu können, vorkochen, damit du dich mittags nicht mit einer Schnitzelsemmel vom Bäcker vollstopfst. Du musst anders einkaufen, um auf Süßigkeiten und Zucker zu verzichten. Du siehst also, je komplexer die Gewohnheit, desto mehr Kapazität braucht dein Gehirn, und umso schneller gibst du wieder auf. Stattdessen empfehle ich dir Folgendes: Beginne mit einer Sache, wenn sie eine hohe Komplexität hat, mit zwei Sachen, wenn die Komplexität mittel ist und auch gern mit drei Sachen, wenn die Umstellung eine sehr niedrige Komplexität hat. Überfordere dich nicht zu sehr, denn dann ist die Wahrscheinlichkeit groß, dass du das, was du verändern willst, niemals nachhaltig umsetzen wirst.

In einem meiner ersten Online-Kurse habe ich über Gewohnheiten und Habits gesprochen und mit den Frauen folgendes Experiment geteilt: Bevor du eine neue Gewohnheit beginnst (wie das tägliche Aufschreiben deiner I AM-Statements), halte für dich fest, warum du das tun willst. Was wird sich in deinem Leben verändern, wenn du es tust? Wie wirst du dich wohl in einem Monat fühlen? Warum willst du das? Diese Antworten sollten die Frauen auf ein Post-It schreiben und immer im Blickfeld haben, wenn sie ihre neue Gewohnheit praktizierten. Ich empfehle dir dasselbe: Schreibe auf, warum du diese Veränderung wirklich willst. Warum du diese Ziele und Wünsche erreichen willst und klebe dir dieses Post-It auf dein Journal, sodass du es immer sehen kannst, wenn dein Journal vor dir liegt. Außerdem ist es eine großartige Idee, sich die Umstellung so leicht wie möglich zu machen. Wenn du deine I AM-Statements am Morgen aufschreiben willst (das ist meine Empfehlung für schnellere Ergebnisse), lege dir dein Journal und einen Stift bereits auf deinen Nachttisch. So musst du morgens nur nach links oder rechts greifen, dich aufsetzen, das Buch aufschlagen und kannst direkt loslegen. Wenn du erst aufstehen musst, um dir dein Journal zu holen, wirst du in diesen Momenten schon wieder von tausenden potenziellen Störern darin aufgehalten, zu tun, was du eigentlich tun wolltest. Dann siehst du den Geschirrspüler, der ausgeräumt werden muss, was dich wieder an den Streit mit deinem Partner oder deiner Partnerin am Vorabend erinnert und die Diskussion, die ihr heute noch weiterführen wolltet. Dann fällt dir wieder ein, dass du vor lauter Streit vergessen hast, die eine E-Mail an deinen Chef zu verschicken. Deshalb setzt du dich sofort an den Laptop, öffnest *Outlook* und wirst mit den nächsten Störern bombardiert … you get the point.

Also mach es dir so leicht wie möglich und bleib dabei. Wenn deine neue Identität jeden Morgen spazieren geht, weil sie weiß, dass sie frische Luft und die Natur erden und sie daran erinnern, wer sie wirklich ist, stell dir deine Sneaker direkt vor das Bett. Ich meine es ernst! Lass dich nicht ablenken, indem du schon morgens deine E-Mails checkst, während du noch im Bett liegst. Stell dein Handy auf Flug-Modus und deaktiviere diesen erst wieder, wenn du bereit bist, dich mit der Außenwelt zu beschäftigen. Und das sollte immer erst dann sein, wenn du dich mit dir und deiner neuen Identität beschäftigt hast.

Sie, diese Next Level-Version von dir, muss Priorität haben. Sie muss dein erster Gedanke sein, wenn du morgens aufwachst und nicht dein Chef, deine Mutter, deine Kinder oder der Streit am Vorabend mit deinem Partner oder deiner Partnerin. Und genau das ist gerade zu Beginn eine Herausforderung. Ja, ich weiß – und ich werde hier nichts schön reden. Die ersten zwei bis drei Wochen mit dieser neuen Lebenseinstellung können eine echte Herausforderung sein, Butter bei die Fische. Du wirst es vergessen. Scheiß' drauf, mach es trotzdem! Du wirst keine Lust haben. Scheiß' drauf, mach es trotzdem! Du wirst zu müde für deine Meditation sein. Scheiß' drauf, mach es trotzdem! Du glaubst, bei dir (und ja, nuuuur bei dir, du armes Ding) klappt das natürlich wieder alles nicht. Scheiß' drauf, mach es trotzdem! Andere Menschen in deinem Umfeld werden es komisch finden oder belächeln. Scheiß' drauf, mach es trotzdem! „Scheiß' drauf, mach es trotzdem!" muss dein neues Mantra werden. Mach es. Hör nicht auf. Egal, wie genervt du am Anfang von dieser Umstellung sein wirst. Scheiß' drauf und mach es trotzdem. Dein Gehirn hasst Veränderungen. Scheiß' drauf, mach es trotzdem. Ziehe es durch und dein Leben wird sich radikal verändern, es wird geiler werden! Du wirst wahre Wunder erleben, wenn du anfängst, diese Next Level-Version immer öfter von dir zu leben.

Als ich begonnen habe, mir täglich aufzuschreiben, dass ich Millionärin bin, hat es ganze sechs Monate gedauert, bis wir die siebenstelligen Umsätze mit meinem Unternehmen geknackt haben. Manche bewerten das jetzt als schnell, andere als langsam. Ich bewerte es gar nicht. Sechs Monate waren der Zeitraum, bis sich meine neue Identität auch in meiner 3D-Realität zeigen konnte. Dafür habe ich jeden Morgen folgendes Spiel gespielt: In meiner Morgenroutine, bestehend aus Sport, einem Spaziergang oder Yoga, meiner Meditation und dem Journaling, habe ich bereits als diese Frau gelebt. Ich war in diesen ein bis zwei Stunden bereits die Millionärin. Ich bin mit dem Gedanken aufgewacht, dass ich Millionärin bin. Ich bin so kacken gegangen, als wäre ich Millionärin. Ich habe auf der Yogamatte als Millionärin gestanden. Ich habe meinen Kaffee auf dem Balkon als Millionärin getrunken. Ich war schon diese Frau. Für einen gewissen Zeitraum meines Alltags habe ich so getan, als ob. *Fake it till you make it!* ist ein bekanntes Sprichwort und oft zu unrecht verpönt. Habe ich jemandem (außer meinem Unterbewusstsein) etwas vorgespielt, das ich nicht war? Nein. Habe ich jemandem mit diesem Spiel geschadet? Nein. *Fake it till you make it!* ist ein genialer Schachzug, um deine neue Identität in deiner Realität zu leben. Dein Unterbewusstsein kennt den Unterschied zwischen Fiktion und Realität nicht. Denk an die Zitrone und du wirst dich wieder daran erinnern. Wenn du Kinder hast und deshalb vielleicht keine Zeit, jeden Morgen eine Stunde in dich zu investieren, kannst du diese Übung auch in deinen Alltag einbauen. Nimm dir fünf Minuten auf der Toilette dafür oder die zwei Minuten, in denen du Zähne putzt, oder die drei Minuten, in denen du den Geschirrspüler ausräumst. Finde Lösungen und keine Ausreden, my Love.

Erlaube dir immer öfter und länger, diese Identität als „wahr" anzuerkennen, auch wenn sie faktisch noch nicht ganz Teil deines Lebens ist. Mach ein Spiel daraus und tu so, als ob. Wen interessiert es, als welche Frau du morgens beim Kacken sitzt? Niemand muss es erfahren und zweitens geht es niemanden etwas an, welche Next Level-Version von dir gerade auf dem Thron sitzt. Erinnere dich daran, wie gern du als Kind eine neue Identität angenommen hast. Kinder können sich so einfach in eine Prinzessin, einen Tiger oder in *Harry Potter* verwandeln. Du hast es nur verlernt, das ist alles. Die Fähigkeit ist aber immer noch in dir und muss wieder von dir reaktiviert werden. Wenn du selbst Kinder hast, binde sie doch mit in dieses Spiel ein. Stellt euch abends beim Zähneputzen vor, wie ihr gemeinsam Zähne putzen würdet, wenn du bereits deinen großen Wunsch, zum Beispiel ein eigenes Unternehmen zu haben, erreicht hast. Worüber sprecht ihr dann? Wie putzt du deinem Kind die Zähne? Was sagst du beim ins Bett bringen? Du kannst dieses Spiel unendlich weit ausdehnen. Es macht richtig viel Spaß und gibt deinem RAS und deinem Unterbewusstsein immer wieder konkrete Anweisungen.

In meinem Online-Kurs ist das Thema Identity Shift ein großer Baustein und jedes Mal bekomme ich ähnlich geile Nachrichten, wenn diese Menschen anfangen, ihr Leben neu zu gestalten und ihre Next Level-Version zu leben. Es gab eine Frau, die damit begann, sich beim Duschen vorzustellen, dass sie bereits jetzt den Traummann an ihrer Seite hat, den sie sich immer gewünscht hat. Sie duschte als diese Frau, die wusste, wenn sie aus der Dusche herauskommt, wartet ein Kaffee auf sie – zubereitet von ihrem Schatz. Sie freute sich auf die Küsse, bevor sie sich an ihren Laptop setzte und die lieben Worte, mit der sich ihr Mann von ihr verabschiede würde, bevor er zur nächsten Geschäftsreise aufbrach. Als sie damit begann, war sie bereits drei Jahre Single und dachte, sie würde als alte Jungfer sterben. Vier Monate später hatte sich dieser Mann in ihrem Leben manifestiert.

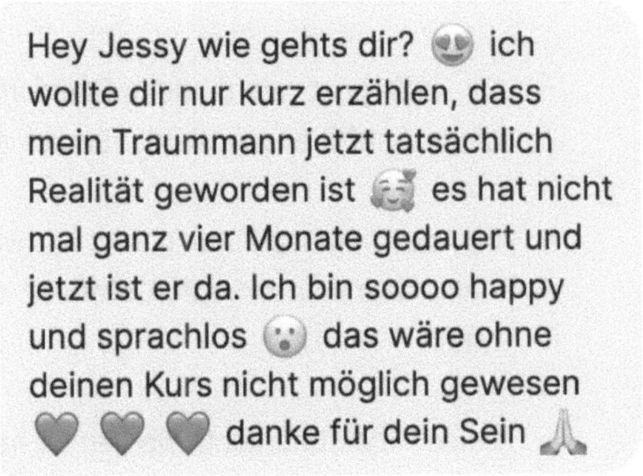

> Hey Jessy wie gehts dir? ich wollte dir nur kurz erzählen, dass mein Traummann jetzt tatsächlich Realität geworden ist es hat nicht mal ganz vier Monate gedauert und jetzt ist er da. Ich bin soooo happy und sprachlos das wäre ohne deinen Kurs nicht möglich gewesen danke für dein Sein

Ich war nach der Trennung von meinem Ex-Partner gerade einmal 72 Tage Single, obwohl ich zu Beginn fest davon überzeugt war, dass es Jahre dauern würde, um dieses besondere Exemplar, was ich mir vorgestellt hatte, zu finden. Meine Schwester ging sogar so weit zu sagen: „Diesen Mann musst du dir backen, so einen gibt es nicht.“ 72 Tage später manifestierte sich dieser Mensch und war noch großartiger, als ich mir vorgestellt hatte.

Also spiel das Spiel jeden Tag, hab Spaß dabei und sobald irgendwelche blöden Gedanken kommen oder andere Dinge die dich davon abhalten wollen, diese Next Level-Version von dir zu leben – Scheiß' drauf, mach es trotzdem![9]

Was du bis jetzt gelernt hast:

- Deine Identität ist ausschlaggebend für den Erfolg deiner Manifestation und lässt sich im Handumdrehen upgraden.
- Du weißt jetzt, wie du neue Standards in deinem Leben entwickelst, aufbauend auf Grenzen, die du für dich gesetzt hast.
- Du hast herausgefunden, wer du wirklich bist und warum dein Umfeld wahrscheinlich im ersten Moment mit Angst und Ablehnung reagieren wird.
- Deine I AM-Statements werden dir helfen, deine Ziele und Wünsche jeden Tag zu ankern und deine Identität neu zu entwickeln.
- Du weißt jetzt, wie du deinem Leben jeden Tag ein kleines Upgrade verschaffen kannst, ohne deinen Kontostand damit zu überfordern.
- Das Cheap Chick in dir wurde eliminiert und jedes Mal, wenn du etwas Neues in deinem Leben erschaffen willst, weißt du, was du zu tun hast.
- Dein Selbstwert wurde lange Zeit von deiner inneren Kleinhalteritis und Kompetenz-Demenz in Zaum gehalten – bis jetzt.

---

9 Ich bin kein Fan von „Scheiß' drauf, mach es trotzdem!“, aber ich habe das Gefühl, dass ich hier eh nicht mehr so viel zu sagen habe. – Mit mäßig freundlichen Grüßen, deine Angst

- Deine Gewohnheiten werden von deinem Gehirn und deinem Unterbewusstsein gesteuert und können verändert werden.
- Lebe deine Next Level-Version jeden Tag ein bisschen mehr – fange damit an, sie zu sein, zum Beispiel wenn du beim Kacken bist.

Feel it, Baby, feel it!

Schließe für einen Moment die Augen. Stell dir vor, wie dir warme Sonnenstrahlen ins Gesicht scheinen. Wie leichter Wind durch dein Haar weht, du die salzige Luft vom Meer in deiner Nase wahrnimmst und einen tiefen Atemzug nimmst. Denn alles ist gut.

Welches Gefühl löst das bei dir aus? Wie fühlt sich diese Vorstellung in deinem Körper an? Kannst du spüren, dass sich Entspannung in deinem gesamten Körper ausbreitet? Wie Ruhe und Zufriedenheit dafür sorgen, dass sich deine Atemzüge automatisch vertiefen und du fühlst, dass du perfekt bist, so wie du bist? Lass zu, dass sich dieses Gefühl in deinem ganzen Körper ausbreitet. Jede Zelle in deinem Körper wird von diesem Gefühl durchspült. Atme.

Wie geht es dir jetzt? Ganz ehrlich, wie geht es dir jetzt nach einer Minute in diesem Gefühl? Was hat sich sofort in dir verändert, ohne dass du dich dafür anstrengen musstest? Unser Körper, unser Unterbewusstsein, unser Gehirn ist einfach absolut genial. Wir können uns Dinge vorstellen und (er) leben, obwohl wir sie nicht erleben. So wie mit dem Beispiel von der Zitrone ein paar Kapitel weiter vorn können wir uns auch Gefühle „vorstellen". Wir sind in der Lage, uns in Gefühle reinzuversetzen, auch wenn wir sie gerade nicht wirklich erleben. Unser Gehirn hat die Kapazitäten dafür. Genau diese Fähigkeit unterscheidet uns auch von allen Tieren. Wir sind in der Lage, uns in andere Menschen hineinzuversetzen. Empathie nennen wir das dann. Wenn ein kleines Kind auf der Straße über die eigenen Füße stolpert, hinfällt und beginnt zu weinen, fühlen wir mit diesem kleinen Wesen. Wenn uns unsere beste Freundin erzählt, dass sie nach Jahren des Single-Seins wieder eine*n wundervolle*n Partner*in an ihrer Seite hat, freuen wir uns mit ihr. Wenn ein alter Mann auf der Straße vor seinen alten Schallplatten sitzt und eine Melodie summt und dabei lächelt, fällt es uns schwer, nicht mitzulächeln. Unsere größte Stärke als Mensch ist es, dass wir genau zu diesen Dingen fähig sind. Wir freuen uns mit anderen, wir weinen, wir lachen, wir singen, wir tanzen, wir leiden – mit anderen.

Unsere Gefühlswelt wird seit vielen Jahrzehnten erforscht. So weiß man heute zum Beispiel, dass es einen Unterschied zwischen Emotionen und Gefühlen gibt. Emotionen stellen den Oberbegriff dar, unter den dann Gefühle (Angst, Liebe), kognitive Prozesse (vergleichen, entscheiden) und körperliche Reaktionen (Lachen, Gänsehaut) fallen.

Unter Emotionen verstehen wir also all das, was auf kognitiver und körperliche Ebene durch Gefühle ausgelöst wird. Wenn wir uns freuen, weil wir endlich den Kontostand manifestiert haben, den wir wollen, können wir vor Freude Tränen vergießen und entscheiden, was wir jetzt mit diesem Geld machen wollen. Emotionen sind sehr komplex und werden von unterschiedlichen Hirnregionen gesteuert. Deshalb ist die Forschung dazu auch aufwendig und noch nicht ganz so weit, wie sie vielleicht sein könnte. Heute wissen wir, dass die Verarbeitung von Gefühlen vornehmlich im limbischen System stattfindet. Entscheidungen übernimmt hingegen zum größten Teil die Großhirnrinde. Die Erforschung ist so komplex, weil das limbische System (und viele andere Areale in deinem Gehirn) unterschiedliche Aufgaben hat. So ist es zum Beispiel auch für dein Gedächtnis, dein Sexualverhalten und den Schlaf-Wach-Rhythmus verantwortlich. Ja, ich weiß, Babe, das ist viel Information, but you have to understand first. Wenn du geilen Scheiß in dein Leben manifestieren willst, musst du lernen und verstehen, wie dein Körper funktioniert (zumindestens grob). Denn genau hier liegt die Magie. Wenn du weißt, wie und warum Dinge so sind, wie sie sind, kann dein Verstand einfach die Klappe halten, sobald es etwas haarig werden sollte. Dann kannst du zu deinem Verstand sagen: „Yes, Bitch, ich werde weiter in Emotionen manifestieren, denn ich weiß, wie mein Kopf funktioniert, also halt die Klappe und lass mich weiter machen."

Außerdem wurde sehr viel daran geforscht, wie wir selbst unsere Gefühlswelt und damit auch unsere Emotionen und unseren Körper beeinflussen können. Lass uns dazu ein kleines Experiment wagen (keine Angst, du musst nicht aufstehen und nichts wird explodieren). Egal, wie du gerade dasitzt (solltest du liegen, richte dich kurz auf) – lass bitte deine Schultern nach vorne fallen, senke deinen Kopf und jetzt versuche, richtig breit zu lächeln. Hat es funktioniert? Mit hoher Wahrscheinlichkeit nicht. Denn in diesem körperlichen Zustand, der eigentlich eher Gefühlen wie Traurigkeit, Angst oder Verzweiflung zugeordnet ist, ist es fast unmöglich, ein anderes Gefühl (Lächeln verbindet unser Körper mit Freude) darüber zu legen. Bitte richte dich jetzt wieder auf. Ziehe deine Schultern nach hinten und richte deinen Blick gen Decke. Jetzt versuche ein ganz trauriges Gesicht zu machen. Lass deine Mundwinkel nach unten hängen und versetze dich in eine traurige Situation. Was nimmst du hier wahr? Hat es diesmal besser geklappt? Nein? Denn auch diese sehr positive Körperhaltung ist mit anderen Gefühlen verknüpft als Traurigkeit oder Wut.

Wir können also durch unseren Körper unsere Gefühle beeinflussen und unseren Körper durch Gefühle. Bisher ist noch nicht klar, was zuerst kam. Ein klassisches Henne-Ei-Problem. Was war zuerst? Die körperliche Reaktion oder die Gefühle? Wir wissen es noch nicht. Fakt ist aber, dass du deine Emotionen mit Hilfe von Gefühlen und unterschiedlichen Körperhaltungen beeinflussen kannst. Du wirst lernen, wie du diesen Zustand zu deinem Vorteil nutzen kannst und dadurch deinen Manifestations-Speed deutlich erhöhen kannst.

In meinem Leben habe ich die Erfahrung gemacht (und auch hierzu wird von Menschen wie zum Beispiel Dr. Joe Diszpenza längst geforscht), dass ich eine Horde von Emotionen abgespeichert habe. Abgelegt und archiviert in meinem gesamten System, auf emotionaler wie körperlicher Ebene. Ich nenne das Ganze *Gefühlsgedächtnis*. Lass es mich an folgendem Beispiel erklären: Stell dir vor, du wurdest als Kind von einem Hund gebissen, hattest körperliche Schmerzen und viel Angst vor diesem Tier. Stell dir weiterhin vor, du sitzt jetzt im Park auf einer Decke und aus dem Nichts kommt ein Hund von hinten angerannt und springt auf dich drauf. Überraschung und Angst werden wahrscheinlich die ersten Gefühle sein, die du wahrnimmst. Und genau jetzt erinnert sich dein gesamtes System an den Vorfall mit dem Hund in deiner Kindheit. Du greifst jetzt auf all die alten Gefühle, körperlichen Reaktionen und Denk-Prozesse zu und durchlebst diese alte Geschichte direkt noch einmal. Du wirst sofort glauben, dass der Hund dich beißen will, obwohl er mit sehr hoher Wahrscheinlichkeit nur seinem Ball hinterher gerannt ist und sich deshalb auf deiner Decke verirrt hat. Es wird sich Angstschweiß bilden, dein Herz wird beginnen, schneller zu schlagen und alles in deinem Körper ist auf Kampf- oder Fluchtmodus eingestellt. Es werden Stresshormone wie Cortisol ausgeschüttet. Und all das geschieht nur, weil du sofort auf dein *Gefühlsgedächtnis* zugreifst. Dein Körper ruft all die alten Emotionen wieder ab, obwohl du heute als Erwachsene*r weißt, dass dich nicht jeder Hund sofort beißen und zerfleischen will.

Dieses Beispiel ist sehr drastisch, macht aber deutlich, was in uns geschieht. Genau dasselbe passiert auch, wenn wir uns in kleinen Alltagssituationen befinden. Wenn du als Kind immer wieder beim Erzählen unterbrochen wurdest, hast du sehr wahrscheinlich abgespeichert, dass das, was du zu sagen hast, nicht wichtig ist und dir nie jemand zuhört. In dieser Situation haben sich Gefühle gebildet, körperliche Reaktionen und Denk-Prozesse, die wir unter Emotionen zusammenfassen. Dieses Kind hat wahrscheinlich mehrere Gefühle mit dieser Situation verknüpft. Vielleicht hat es sich allein gelassen gefühlt, also Einsamkeit als Gefühl abgespeichert. Die körperliche Reaktion darauf könnte Weggehen gewesen sein, weil sowieso nie jemand zugehört hat. Daraus könnten sich Gedanken wie „Egal, was ich sage, niemand interessiert sich für mich." gebildet haben. Diese Gedanken wurden, je öfter dieses Kind eine solche Situation erlebt hat, als Glaubenssatz verankert. Wenn dieses Kind, heute 38 Jahre alt, vor dem Vorstand einer Aktiengesellschaft ein wichtiges Meeting leiten soll, werden all diese Emotionen wieder angetriggert. Gefühle, körperliche Reaktionen und Gedanken werden in Gang gesetzt, vollkommen unbewusst. Wahrscheinlich wird sich dieser erwachsene Mensch heute gar nicht mehr daran erinnern, dass er in seiner Kindheit oft das Gefühl hatte, einsam zu sein, wenn er etwas erzählen wollte. Heute spürt dieser Mensch nur wahnsinnige Nervosität, einen flauen Magen und das Gefühl, davonrennen zu wollen.

Diese Emotionen sind fest im Körper verankert. Ich selbst habe schon öfter erlebt, wie es sich anfühlt, wenn sich diese Emotionen im Körper auflösen, die über Jahrzehnte hinweg angestaut waren. So zuletzt in Dubai, als ich bei einem indischen Meister eine Regression Session erleben durfte. Wie du weißt, habe ich während des Schreib-Prozesses einige Krisen erlebt und Verluste erlitten. Ich konnte förmlich spüren, wie mich die dazugehörigen eingeschlossenen Emotion auffraßen. Ich fühlte mich sehr oft taub, müde, war ausgelaugt und hatte nur wenig Zugang zu meiner eigenen Kreativität. Es stellte sich in der Session heraus, dass die eingeschlossene Emotion der Schock war. Die erste Erinnerung, die ich dazu sehen konnte, war ein Bild von mir als circa anderthalbjähriges Mädchen. Ich war schockiert, dass ich für einen Moment, in dem ich sehr dringend meine Mama gebraucht hätte, allein gelassen wurde. Genau dieselbe Emotion war auch jetzt in meinem System wieder dafür verantwortlich, dass ich mich so geschockt fühlte. Ich stand unter Schock, war innerlich wie gelähmt und taub. Abgeschnitten von mir selbst, unfähig, mich wirklich lebendig zu fühlen.

Unser *Gefühlsgedächtnis* ist wahnsinnig komplex und einer der Hauptgründe, warum sich Menschen immer wieder die falschen Dinge in ihr Leben manifestieren. Warum wir immer wieder dieselben Erfahrungen machen, anstatt das anzuziehen, was wir wirklich, wirklich haben wollen.

Du, ich, wir alle haben ein solches *Gefühlsgedächtnis*, das randvoll ist. Und wie auf einer Festplatte geht uns auch hier irgendwann der Platz aus. Irgendwann werden keine neuen Einträge mehr in diesem Gedächtnis abgelegt, weil uns mehr oder weniger der Platz oder die kognitive Kapazität fehlt. Unser Unterbewusstsein hat diesen Speicherplatz von null bis sieben Jahren voll gemacht. Aus meiner Erfahrung würde ich sagen, dass in neun von zehn Fällen alte Emotionen in einer Situation getriggert werden, die rein gar nichts mit der aktuellen Situation zu tun haben. Unsere Vergangenheit bestimmt damit über unsere Zukunft. Wir lassen alles, was wir erlebt haben, wieder und wieder entstehen. Ein Kreislauf, der nur durch mentales Training und bewusste Entscheidungen dekonditioniert werden kann. Wir erinnern uns fast in jeder Situation, die wir im Alltag erleben, an etwas, das wir bereits erlebt haben. Wir erleben faktisch selten etwas wirklich Neues. Was bedeutet das jetzt im Zusammenhang mit der Manifestation?

Sagen wir, du willst a shit ton of money. Wirklich richtig viel Kohle. Du willst Wohlstand, ein großes Haus, ein schickes Auto, tolle Klamotten und eine riesige Deluxe-Dildo-Sammlung. Sagen wir, all das wäre dein Wunsch. Um all diese wunderschönen Dinge in deiner 3D-Realität erlebbar zu machen, braucht es eine gewisse Summe auf deinem Bankkonto. Lass uns doch einmal groß denken und von 1,2 Millionen Euro ausgehen. Sagen wir weiterhin, du hast in deinem Leben erfahren, dass Geld etwas Schmutziges ist und dass du, anstatt Liebe zu bekommen, Geschenke oder tolle Urlaube von deinen Eltern bekommen hast. Geld hat immer die Liebe ersetzt. Wie hoch, glaubst du, ist die Wahrscheinlichkeit, dass es dir leicht fallen wird, diesen fiktiven Betrag von gerade eben auf deinem Bankkonto sichtbar werden zu lassen? Die Wahrscheinlichkeit geht gegen Null. Denn jedes Mal, wenn du über Geld nachdenkst, werden alte Emotionen (Gefühle, Denk-Prozesse, körperliche Reaktionen) damit verknüpft und getriggert. Wenn deine hauptsächlichen Erfahrungen mit Geld die waren, dass das Wichtigste, was du als Kind gebraucht hast (Liebe), nicht bekommen hast, wirst du Geld ablehnen. Du willst dieses Geld gar nicht, egal, wie groß deine Anstrengung auf bewusster Ebene ist. Dein *Gefühlsgedächtnis* ist mit negativen Einträgen zum Thema Geld überschattet. Deshalb fällt es so vielen Menschen so schwer, die Dinge, die sie sich wirklich, wirklich wünschen, zu sich zu ziehen.

Manifestation in Hyper Speed-Geschwindigkeit

Warum sind unsere Emotionen und Gefühle so wichtig, wenn wir manifestieren wollen? Warum müssen wir uns diesem Punkt überhaupt so intensiv widmen? Manifestation bedeutet, das, was du dir wünschst, in deiner 3D-Realität erlebbar zu machen. Dazu musst du eine neue Identität annehmen, wie im vorherigen Kapitel beschrieben. Neben deiner neuen Identität ist ein absoluter Game Changer im ganzen Manifestations-Prozess die Visualisierung deiner Wünsche und Träume. Je öfter du dir vorstellst, schon zu besitzen oder zu erleben, was du dir wünschst, umso schneller werden dein RAS und dein Unterbewusstsein auf die Suche gehen und dem Universum immer wieder mitteilen, was du wirklich, wirklich willst. Wenn wir diesen klassischen Visualisierungs-Prozess dann noch mit Emotionen hinterlegen, wird sich für dich innerhalb kürzester Zeit dein gesamtes Leben verändern. Es geht gar nicht anders. Denn wir wissen heute, dass Emotionen und Gefühle unser stärkster Antrieb sind. Sie haben Macht über unser Leben, unsere Zukunft und unsere Gegenwart. Wenn deine Emotionen allerdings nur aus vergangenen Situationen, Erfahrungen und Erlebnissen geprägt sind, kannst du dir immer nur wieder das in dein Leben ziehen, was du bereits erlebt hast. Du wirst immer wieder dieselben Erfahrungen machen – egal, wie viele Jahre zwischen dem ersten Erlebnis und dem Jetzt liegen. Wie du bereits weißt, kennt dein Unterbewusstsein den Unterschied zwischen Realität und Fiktion einfach nicht. Es weiß nicht, ob du die Situation gerade wirklich erlebst oder ob sie nur in deinem Kopf stattfindet. Das ist auf der einen Seite ein riesiger Vorteil, kann aber auch wahnsinnig hinderlich sein, nämlich dann, wenn du das, was du wirklich haben willst, mit negativen Emotionen verknüpft hast. Dann wirst du nur das, was du bereits erlebt hast, wieder und wieder erzeugen, anstatt zu manifestieren, was du eigentlich haben möchtest. Du liest dieses Buch hier sicherlich nicht, um den gleichen Scheiß immer und immer wieder zu erzeugen, hab ich Recht?

Ich habe es immer wieder bei mir selbst und meinen Online Kurs-Teilnehmerinnen erlebt. Genau dieser winzige Shift hat alles bei ihnen verändert. Nehmen wir zum Beispiel Susi. Susi ist Tiertherapeutin und arbeitet vornehmlich mit Pferdebesitzern und dem Tier daran, es nach einem traumatischen Erlebnis (wie zum Beispiel einem Sturz), wieder reitfähig zu machen. Als Susi mit mir arbeitete, erzählte sie mir zu Beginn unserer Session, dass sie zwar schon Umsätze mit ihrem Unternehmen macht, allerdings das Gefühl hat, Geld nicht halten zu können. So schnell wie es kam, war es wieder weg. Sie erlebte es immer und immer wieder. Sie arbeitete mit einem Pferdebesitzer und verdiente in dem Coaching 3.000 Euro und bekam nur kurze Zeit später eine Rechnung über dieselbe Summe. Geld wollte einfach nicht bei ihr bleiben. Wir begannen, zu arbeiten, und fanden nach kurzer Zeit heraus, dass das Thema Geld sehr mit ihrer eigenen Mutter verknüpft war. Geld durfte nicht bei ihr bleiben, weil sie immer wieder erlebt hat, wie sie ihre Mutter durch das Geld verloren hat. Sie erzählte mir, dass jedes

Mal, wenn ihre Mutter einen neuen Partner hatte, Geld für kurze Zeit kein Problem mehr war, bis der neue Partner keine Lust mehr hatte, die kleine Susi und ihre alleinerziehende Mutter finanziell zu versorgen. Susi hatte auf diese Weise abgespeichert, dass Geld mit Emotionen wie Verlustangst (Gefühl), Bauchschmerzen (körperliche Reaktion) und Gedanken der Ablehnung (Gedanken) verknüpft war. In weniger als 30 Minuten hatten wir den Grund für ihre finanzielle Situation enttarnt. Susis Wunsch war es, 2021 einen Gesamtumsatz von 100.000 Euro zu erzielen. Unsere Session fand dazu im Mai statt. Ihr bis dahin erzielter Umsatz belief sich auf 30.000 Euro. Sie wollte sich 70.000 Euro in ihre 3D-Realität manifestieren und halten, hatte aber einfach keine Ahnung, wie sie dies bewerkstelligen sollte. Susi und ich lösten diese Emotionen in ihr auf. Außerdem begann sie, täglich in der Visualisierung der fehlenden 70.000 Euro neue Emotionen zu verknüpfen, die sie stärkten und ihr ein gutes Gefühl gaben (wie sie dies genau getan hat, erfährst du noch in diesem Kapitel). Sie veränderte ihre Identität und ging den gesamten Manifest-as-Fuck-Prozess durch. Im August erhielt ich von ihr folgende Nachricht auf *Instagram*:

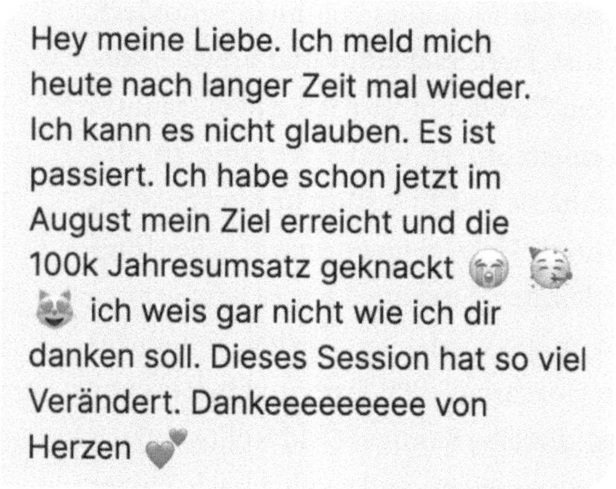

> Hey meine Liebe. Ich meld mich heute nach langer Zeit mal wieder. Ich kann es nicht glauben. Es ist passiert. Ich habe schon jetzt im August mein Ziel erreicht und die 100k Jahresumsatz geknackt 😭 😻 ich weis gar nicht wie ich dir danken soll. Dieses Session hat so viel Verändert. Dankeeeeeeeee von Herzen 💕

Die Manifestation der 70.000 Euro hatte nicht einmal drei Monate gedauert. Sie hatte ihr Ziel weit vor Dezember erreicht und seitdem immer wieder große Summen an Geld zu sich gezogen.

Zeit spielt im Universum keine Rolle. Kein Wunsch ist zu groß. Egal, was du dir wünschst, du kannst es haben. So viele meiner Kund*innen und Online Kurs-Teilnehmer*innen berichten mir immer wieder, was sich sofort in ihrem Leben verändert hat, nachdem sie mit dem Manifestieren begonnen haben. Egal, ob es Geld, eine erfüllte Beziehung, ein neuer Job, mehr Freiheit, Reisen oder der innere Frieden waren. Träume werden wahr.

Update für dein Gefühlsgedächtnis

Deine Emotionen beeinflussen maßgeblich dein Leben, genauso wie dein Unterbewusstsein. Deine sehnlichsten Wünsche können nur dann in Erfüllung gehen, wenn du lernst, wie du deinem *Gefühlsgedächtnis* ein Update verpasst. Denn sobald du ohne dieses Update beginnst, zu manifestieren, werden sich die Erfolge entweder gar nicht oder nur sehr, sehr langsam einstellen. Du bist hier für Hyper Speed-Manifestation und genau damit fangen wir jetzt an.

Der erste Schritt, um dein *Gefühlsgedächtnis* upzudaten, ist ein Reset. Wir müssen alte Emotionen, die dich bei der Manifestation deiner Wünsche blockieren, identifizieren, löschen und dir neue Emotionen einpflanzen.

So viele meiner Teilnehmer*innen und Kund*innen leiden unter derselben „Krankheit", die ich liebevoll Energetic-Mismatch-Syndrome (EMS) genannt habe. Sie beginnen, groß zu träumen, sie verändern ihre Realität, sie machen ihre Meditationen, sie betreiben Journaling, sie visualisieren fleißig und bauen sich vielleicht sogar Vision Boards dafür. Sie geben wirklich alles und dennoch verändert sich nichts in ihrer aktuellen 3D-Realität. Warum ist das so? Sie sind ein EMS für den Traum, den sie eigentlich leben wollen. Ihre tatsächlichen Gefühle und Emotionen passen nicht zu ihren gewünschten Gedanken und Taten. Sie wollen vielleicht eine*n wundervolle*n Partner*in und können sich wunderbar vorstellen, wie es sich anfühlt, neben diesem Lieblingsmenschen aufzuwachen, wie gut es tun wird, wenn sie gemeinsam in den Urlaub fahren und welch eine Erleichterung es sein wird, wenn der oder die Partner*in ihnen zuhört und ihnen mit Rat und Tat zur Seite steht. Sie können sich komplett in diese Visualisierung hineinfallen lassen, sie schreiben passende I AM-Statements auf und haben das Gefühl, alles getan zu haben, was notwendig ist, um diese*n

Partner*in zu sich zu ziehen. Dann öffnen sie *Tinder* und Co. und swipen bei jedem, also wirklich jedem Typen nach rechts (Like) und sortieren überhaupt nicht aus. Sie treffen sich auch mit Männern (oder Frauen), die in ihrem Profil stehen haben, dass sie keine Kinder wollen, obwohl das ein großer Wunsch von ihnen ist. Sie lassen sich versetzen und glauben den Ausreden und Lügen eines Dates, denn vielleicht ist es ja doch der perfekte Match. Sie halten sich nicht an ihre eigenen Standards und Grenzen, die sie gesetzt haben und werden dadurch zu einem EMS für diesen Traum. Denn das Universum versteht die Botschaft überhaupt nicht. Auf der einen Seite wollen sich diese Frauen so fühlen wie vorher beschrieben, aber verhalten sich dann wieder wie das komplette Gegenteil. Woher soll das Universum wissen, was diese Frauen wollen? Sie sind zu einem Energetic Missmatch für diesen Traum geworden. Deshalb ist es so wichtig, dass du immer wieder überprüfst, ob deine Taten auch zu deinen gewünschten Gefühlen und Träumen passen. Diese Frauen, die ich beschrieben habe, lassen immer wieder zu, dass die alten Gefühle und Emotionen, die sie aus früheren Partnerschaften gewohnt waren, ihre Taten steuern. Vielleicht hatten ihre Eltern auch eine schwierige Ehe oder haben sich scheiden lassen, als sie noch ein Kind waren. Sie möchten zwar die neuen Emotionen fühlen, verhalten sich aber so wie die Version ihrer selbst aus der Vergangenheit. Deshalb brauchen wir ein Reset für dein *Gefühlsgedächtnis.*

Audio-Training zum Gefühls-Reset:

Dein Reset für dein *Gefühlsgedächtnis* beginnt mit einer einfachen Sache: einer Entscheidung. Willst du wirklich Platz machen für neue Emotionen und Gefühle und die Alten ein für alle Mal hinter dir lassen? Ich meine es ernst. Du musst es wirklich wollen. Also, bist du dabei? Für das Reset solltest du dir gut 20 Minuten einplanen. Ich habe dir dafür ein schönes Audiotraining zusammengestellt, mit dessen Hilfe du den Prozess mit meiner Stimme im Ohr und schöner Hintergrundmusik durchführen kannst. Du gelangst über den QR-Code am Rand zum Training.

Hier beschreibe ich diesen Prozess, möchte dir das Audiotraining aber wirklich ans Herz legen.

Solltest du das Audio Training gerade nicht machen können, habe ich dir den Prozess noch einmal hier im Buch zusammengefasst. Ich empfehle dir das Audio Training allerdings sehr, denn während des Trainings können wir dein Unterbewusstsein auf einer noch ganz anderen Ebene erreichen.

Dein Reset startet mit einer einfachen Atemübung.

Setze dich aufrecht hin und schließe dafür deine Augen. Atme vier Sekunden lang ein, halte deinen Atem kurz an und atme dann wieder vier Sekunden lang aus. Wiederhole diese Atmung für circa zwei bis drei Minuten. In dieser Zeit wird dein Körper sich vollkommen entspannen und alle Stressoren im Körper ausschalten. Deine Herzfrequenz wird sich beruhigen und du wirst in einen sanften Entspannungs-Modus verfallen.

Während du so atmest, stelle dir bitte vor, wie sich ein wunderschönes goldenes Licht in deinem Herzraum ausbreitet und sich Wärme und Liebe in deinem gesamten Körper verteilen, während du weiterhin gleichmäßig vier Sekunden ein- und ausatmest. Wenn du nach wenigen Minuten spürst, dass pure Entspannung und Leichtigkeit in deinem Körper angekommen ist, stell dir vor, wie du eine wunderschöne goldene Treppe hinuntergehst. Mit jedem Schritt atmest du noch bewusster ein und aus. Du sinkst mit jeder Stufe noch tiefer in die Entspannung. Dein Körper wird noch schwerer, deine Atmung noch entspannter. Sobald du nach circa zehn Atemzügen am Ende der goldenen Treppe angelangt bist, stell dir vor, wie du einen wunderschönen Garten betrittst, der dich zum Verweilen einlädt. In diesem Garten kannst du dich vollkommen sicher und wie zu Hause fühlen. Du spürst, dass dir hier nichts geschehen kann. Nimm in deinem Garten Platz. Du kannst dir dafür dort einen ganz besonders schönen Ort aussuchen. Nachdem du dich niedergelassen hast, lass das erste Bild vor deinem inneren Auge entstehen, an das du dich aus deiner Kindheit erinnern kannst und das mit einer eher

negativen Emotion wie Schmerz, Schock, Wut, Verzweiflung, Ohnmacht oder Hilflosigkeit verbunden ist.

Was kannst du sehen? Lass dir Zeit, aber vertraue deinem ersten Impuls. Welche Erinnerung aus deiner Kindheit will sich gerade zeigen? Nimm das Bild wahr, nimm die Situation wahr und dann erfasse, welche Emotion sich gerade jetzt bei dir zeigen möchte. Was kannst du fühlen? Wie würdest du die Emotion nennen, die du da gerade fühlen kannst? Sobald du die Emotion benennen kannst, fühle sie. Fühle alles von ihr. Geh in diese Emotion. Wenn du weinen musst, weine. Wenn du schreien willst, schreie. Wenn du innerlich bebst, lass es zu. Jetzt darfst du nichts von dieser Emotion zurückhalten, ansonsten kannst du sie nicht nachhaltig aus deinem Gefühlsgedächtnis auflösen. Du machst das so gut. Hab keine Angst – Wir bleiben nicht zu lange in der Emotion. Aber du darfst sie wirklich zulassen, all das zulassen, was du in den letzten Jahren oder sogar Jahrzehnten blockiert hast, darf sich jetzt zeigen. Wenn du einige Atemzüge in dieser Emotion verbracht hast, nimm wahr, wo du sie gerade in deinem Körper wahrnehmen kannst. Sitzt sie vielleicht in deinem Herzraum, in deinen Schultern, in deinem Hals oder in deinem Becken? Sobald du die Emotion lokalisiert hast, atme tief durch die Nase ein und genau in diesen Bereich deines Körpers.

Mit deiner Ausatmung über den Mund lässt du die Emotion aus deinem Körper hinausströmen. Wiederhole diese Abfolge der bewussten Atmung dreimal. Danach sollte sich dein Körper wieder sehr viel ruhiger und entspannter anfühlen. Wenn du möchtest, kannst du dir vorstellen, wie du diese Emotion jetzt in deinen Händen hältst. Nimm sie in Augenschein. Was kannst du wahrnehmen? Wie sieht deine Emotion aus? Wie fühlt sie sich jetzt außerhalb deines Körpers an?

Nachdem du alles wahrgenommen hast, ist es an der Zeit, dieser Emotion zu danken. Sie war so lange in deinem Körper eingesperrt und hat ihr Bestes gegeben. Danke ihr für ihre Leistung. Wenn du dich bei ihr bedankt hast, ist es Zeit, dich von ihr zu verabschieden. Das kannst du mit Worten, Tränen oder gar einer imaginären Umarmung tun. Finde deinen Weg, um dieser eingeschlossenen Emotion Lebewohl zu sagen. Sobald du dich verabschiedet hast, nimm noch einmal ein paar tiefe Atemzüge und stell dir vor, wie du deine Hände öffnest und

die Emotion in einer wunderschönen goldenen Lichtkugel nach oben steigt. Sie steigt immer weiter, verlässt den Raum, in dem du gerade bist, und das Haus, in dem du lebst. Sie steigt immer höher und kehrt zurück zu dem Ort, an dem wir alle unsere gemeinsame Quelle haben. Wenn du deine Emotion nicht mehr sehen kannst, atme noch einmal tief in deinen Körper. Spüre nach. Nimm ein paar tiefe Atemzüge und entspanne dich wieder.

Nun kannst du dir eine neue Emotion einladen, die anstelle der alten Platz in deinem System finden darf. Wonach sehnst du dich? Was wäre dienlich für dich? Was würde dich unterstützen? Ist es die Liebe, die Zuversicht, die Gelassenheit oder die Geduld? Was möchtest du jetzt einladen? Wenn du dich entschieden hast, stell dir vor, dass diese Emotion den Weg über die goldene Lichtkugel von oben zu dir findet. Sie schwebt zu dir herab und landet sanft in deinen Händen. Stell dir vor, wie du diese Emotion sanft in deinen Körper hineingleiten lässt. Sie findet automatisch den richtigen Platz in deinem System. Spüre einmal hinein, wie es sich anfühlt, dass nun diese Emotion den Platz der alten eingenommen hat. Wie gut fühlst du dich jetzt? Wie schön ist es, dass du weißt, dass diese Emotion in Zukunft Teil deines Systems ist und du nicht mehr einfach nur mit den alten Gefühlen reagieren wirst? Nimm nun noch einmal ein paar tiefe Atemzüge und lass noch einmal tiefe Entspannung in deinem Körper ankommen. Wenn du dich bereit fühlst, kannst du deine Augen ganz langsam wieder öffnen.

Wie geht es dir jetzt? Was hast du wahrgenommen und gespürt? Was ist jetzt für dich möglich?

Dieses Reset kannst du immer wieder wiederholen und mit unterschiedlichen Emotionen und Situationen machen. Dein Körper hat diese alte Emotion und die Situation, mit der sie verknüpft war, aufgelöst und freigegeben. Nun bist du bereit, um wahre Wunder in dein Leben zu ziehen.

Deine Vorstellungskraft versetzt Berge

Dein Leben besteht aus den Bildern deines Geistes. Das bedeutet, dass alles, was du in deiner aktuellen 3D-Realität sehen kannst, aus deinen Gedanken und deinen imaginären Bildern im Kopf entstanden ist. Dein Leben ist ein Pausbild deiner Gedanken, die du über dich selbst und die Welt hast. Deshalb hört man auch so oft den Satz: „Deine Außenwelt ist ein Spiegel deiner Innenwelt." Deine Vorstellungskraft wird dich an Orte bringen, an denen du noch nie warst. Genau deshalb ist ein wichtiger Teil der Manifest-as-Fuck-Formel deine Vorstellungskraft und die Visualisierung. Denn diese Bilder, gepaart mit Emotionen, sind dein wichtigstes Werkzeug. Viele Menschen glauben, es ist harte Arbeit, das Leben seiner Träume zu erschaffen. Sie rackern richtig hart, verzichten auf extrem viel, sind gestresst und voller Ängste und Zweifel. Das ist der größte Fehler beim Manifestieren: Du musst nicht hart dafür arbeiten und dich anstrengen, ganz im Gegenteil. Je mehr du dich entspannst, desto schneller kannst du das, was du wirklich willst, in deine 3D-Realität ziehen. Glaubst du immer noch, ich wäre verrückt? Vielleicht fragst du dich: „Wie soll ich mir meinen Traum vom eigenen Business, der Weltreise, der harmonischen Familie ... erschaffen, wenn ich mich entspanne?"

Lass es mich erklären. Das Umsetzen, das reine Doing kommt zum Schluss. Es ist der letzte Teil des Manifestations-Prozesses. Dazu erkläre ich dir später noch mehr, aber für jetzt lass uns mit folgendem Beispiel arbeiten: Ein Mensch, der die Olympischen Spiele im Schwimmen gewinnen möchte, gewinnt diese nicht, weil er einfach nur seine Arme im Wasser auf und ab bewegt und von der einen zur anderen Seite des Beckens kommt. Dieser Mensch kann sich noch so sehr anstrengen und wird dennoch nicht gewinnen. Du bekommst vielleicht ein Extra Bienchen in dein „Ich hab mich angestrengt-Büchlein", mehr aber auch nicht. Die Menschen, die Gold bei den Olympischen Spielen gewinnen, sind die, die ihren Geist vorbereiten. Sie sind selbstbewusst, sie sind motiviert und fokussiert. Ihr Geist ist auf den Gewinn programmiert. Sie haben sich über mehrere Wochen, Monate, ja vielleicht sogar über Jahre den Sieg vorgestellt. Sie haben schon gewonnen, bevor sie den ersten Zug im Wasser machten. Die reine Bewegung des Schwimmers ist das, was am offensichtlichsten für uns Zuschauer ist, aber nicht das, was den Sieger zum Sieger macht. Aber genau das glauben so viele Milliarden Menschen auf der ganzen Welt. Sie glauben, sie müssten hart arbeiten, sich anstrengen, sich beweisen, Überstunden machen und der Außenwelt zeigen, dass sie sich wirklich anstrengen.

Wenn du beginnst, zu verstehen, wie dein Geist wirklich funktioniert, wird dir sehr schnell klar werden, dass es echt einfacher geht, Baby. Manifest as Fuck means: Mach es dir leicht. Ich will, dass du aufhörst, dich anzustrengen, dich zu überarbeiten, von Angst und Verzweiflung getrieben. Ich will, dass du dein geilstes Leben in Leichtigkeit und mit Spaß kreierst. Ich habe mich mein ganzes Leben lang angestrengt. Ich „musste" immer die Beste sein. Ich wollte immer gewinnen. Ich habe es mir selbst so schwer gemacht. Ich habe so viele Jahre geglaubt, dass ich nur dann, wenn ich hart arbeite, mein Traumleben kreieren kann. Dass ich dafür leiden muss, weil es alle so machen.[10] Ich war so geprägt von meinem Umfeld und meinen Erfahrungen als Kind, dass ich gar nicht anders konnte als immer noch mehr zu machen. Mein Leben hat sich jahrelang so angefühlt, als würde ich auf der linken Spur der Autobahn mit 220 km/h fahren und mit Lichthupe diejenigen aus dem Weg scheuchen, die mich aufhalten wollten. Daraus folgten zwei Burnouts. Zwei! Ich habe es nicht einmal beim ersten Mal kapiert. Vielleicht geht es dir ähnlich und du rennst schon dein ganzes Leben auf etwas zu (oder vor etwas weg). Vielleicht hast du gefühlt schon alles getan, um das, was du wirklich willst, zu erreichen und dennoch kannst du es nicht in deiner 3D-Realität erleben.

Soll ich dir den größten Witz des Universums verraten? Kommt eine Dildoverkäuferin in einer Bar …

Oh nein warte, das war ein anderer. Also, der größte Witz des Universums lautet folgendermaßen: Solange du glaubst, dass du als Erstes etwas tun musst, um etwas zu bekommen, wirst du es so lange nicht bekommen, bis du verstehst, dass du es durch *Nichtstun* bekommst.

---

10 Je mehr Stress es gibt und desto mehr du glaubst, dich anstrengen zu müssen, desto einfacher ist es für mich, dich zu beeinflussen. Denn wenn du so richtig kaputt bist, hörst du mir viel leichter zu. – Mit freundlichen Grüßen, deine Angst

Das Leben, das ich gerade lebe, hätte ich niemals erschaffen können, wenn ich es durch reine „Muskelkraft“ hätte erschaffen wollen, ähnlich wie bei dem Schwimmer bei den Olympischen Spielen. Das Tun selbst ist der allerletzte Schritt in diesem Prozess und nicht der erste. Das erste Mal wurde mir das im April 2020 wirklich bewusst. Corona hatte gerade die gesamte Welt lahm gelegt, überall war Klopapier ausverkauft und ich war anderthalb Jahre selbstständig und broke as fuck. Ich hatte die letzten 18 Monate versucht, mich mit meinem ersten Coaching Business selbstständig zu machen. Es lief leider gar nicht, wie du schon weißt. Am 5. April 2020 sagte ich zu meinem damaligen Partner: „Ich kann nicht mehr. Ich glaube, ich laufe auf den dritten Burnout zu. Ich weiß nicht mehr, was ich machen soll, nichts funktioniert. Ich habe einfach keine Idee, wie ich in Zukunft von diesem Business leben soll.“ Dazu musst du wissen, dass in diesem Monat mein Gründungszuschuss auslief. Ich hatte also noch Geld für ein bis maximal zwei Monate auf meinem Konto und ein Business, das einfach keine Umsätze machte. Und hier geschah das Wunder, das ich damals noch nicht als solches erkennen konnte. Ich ging im Park um die Ecke spazieren und betete immer wieder still vor mich hin, dass ich – verdammte Scheiße nochmal! – eine Idee bräuchte (Gott kommt klar, wenn du fluchst, don’t worry). Eine Idee, die endlich funktionieren würde, die Geld einbringt und mit der ich endlich das Leben leben könnte, das ich mir immer vorgestellt hatte. Was Gott mir gab, war keine Idee, sondern absolute Leere. Ich wusste das erste Mal in meinem Leben nicht, was ich tun sollte.

Sonst gab es immer Pläne, Listen, To Dos. Und auf einmal war da nichts. Nichts. Weißt du, wie beschissen sich dieses Gefühl anfühlt? Ich denke schon, sonst bräuchtest du dieses Buch nicht. Und dann geschah das Wunder. Ich akzeptierte diesen Zustand. Ich akzeptierte, dass ich absolut keinen Plan hatte. Dass ich null komma null wusste, wie es weitergehen sollte. Also tat ich folgendes: *Nichts*. Wirklich. Ich lag auf dem Balkon und starrte in den Himmel. Ich schlief lange, ging spazieren, schaute ab und an *Netflix* und entspannte mich, vielleicht das allererste Mal in meinem Leben. Das kostete mich viel Kraft, auch wenn das paradox klingt. Es war im ersten Moment eine Qual für mich, loszulassen und zu entspannen. Denn wie gesagt, mein

Leben fühlte sich an wie ein *Porsche* auf der linken Spur der Autobahn. Nach nicht einmal zwei Wochen in diesem Zustand (das mag für dich jetzt nach viel oder wenig klingen, lass die zeitliche Bewertung los), machte es auf einmal Klick. An einem Tag auf dem Balkon inmitten der ersten Pandemie, die ich je erlebt hatte, machte es Klick. Ich wusste auf einmal ganz genau, wer ich sein wollte. Ich konnte es fühlen, ich konnte innerlich Bilder kreieren, wie mein wahres Traumbusiness aussehen würde. Ich begann, groß zu träumen, immer, immer größer. Ich sah es! Und ich tat wieder *nichts*. Ich ließ diese Bilder weiter in meinem Kopf, damals aus Angst, das Falsche zu beginnen, denn zu diesem Zeitpunkt lagen auf meinem Konto noch 700 Euro und neues Geld war nicht in Sicht. Gott sei Dank tat ich nichts, denn wenn ich in diesem Moment sofort angefangen hätte, los zu hustlen, wäre wieder ein ähnliches Ergebnis entstanden. Ich ließ weitere zwei Wochen verstreichen, bis ich in mir eine starke neue Identität aufgebaut hatte, alles genau sehen und spüren konnte und erst dann begann ich, umzusetzen. Im Juni 2020 machte ich 13.458,98 Euro Umsatz.

Dieses Geld kam natürlich nicht nur dadurch, dass ich mit *Netflix* und Chill auf dem Balkon lag. Sondern aus *Aligned Action*, über die ich dir später noch mehr erzählen werde.

For now lass uns über deine Vorstellungskraft sprechen, die Visualisierung und deine Gedanken, die wir mit den geilsten Emotionen verknüpfen, um wirkliche High Speed-Manifestation in dein Leben zu bringen.

Dein Leben besteht aus den Bildern deines Geistes und kreiert deine aktuelle 3D-Realität. Füttere deine Vorstellungskraft, denn sie ist hungrig, so wie der Typ in der *Snickers*-Werbung. Gib ihr etwas zum Essen und zwar jeden Tag mehrmals. Du kommst auch nicht klar, wenn du nur alle fünf Tage einen kleinen Snack zu dir nimmst. Wir brauchen mehr, um unseren Körper gesund und am Laufen zu halten. Genauso geht es deiner Vorstellungskraft. Sie ist der Motor deiner Manifestation und bekommt mit Hilfe von Emotionen einen weiteren Boost. Das ist so, als würdest du beginnen, nicht mehr nur im dritten Gang deines Autos zu fahren, sondern auch den vierten, fünften, sechsten und siebten zu nutzen. Du wirst so viel schneller von der Stelle kommen. Also füttere deine Vorstellungskraft jeden Tag, mehrmals. Gib ihr Bilder zum Essen, Filme zum Snacken und Fokus als Betthupferl. Bilder gepaart mit Emotionen sind deine Eintrittskarte in eine neue Welt – und nicht dein alt bekannter Hustle & Die-Modus, nicht einfach nur das blinde Tun, das Abarbeiten von Listen und To Dos.

Stell dir dein Leben so vor, wie du es im ersten Kapitel des Prozesses definiert hast. Was willst du wirklich, wirklich haben, erleben und in deiner 3D-Realität sehen? Stell dir jede einzelne Situation vor und zwar so, als wäre sie schon lange geschehen. Siehe dich selbst in diesem Leben. Schaue dir selbst dabei zu, wie du dein Online-Banking öffnest und dort den Betrag siehst, den du haben willst. Beobachte dich dabei, wie du am Strand unter Palmen liegst, während dein*e Traumpartner*in dir gerade einen leckeren Cocktail besorgt.

Dein Unterbewusstsein wird diese Bilder an das Universum liefern. Dein RAS wird loslaufen und dich mit den richtigen Menschen zusammenbringen, schicksalhafte Begegnungen arrangieren, dir eine Werbung zeigen, die dich zum nächsten Punkt bringt. Du wirst automatisch, ohne dich anstrengen zu müssen, immer wieder neue Situationen und Menschen in dein Leben ziehen, die dafür sorgen werden, dass du – verdammte Scheiße nochmal! – bekommst, was du willst. Lebe diese Bilder täglich. Beginne mit fünf Minuten und steigere dich jeden Tag. Auch hier kannst du die Zeit des Zähneputzens, des Toilettengangs oder die Zubereitung des Baby Breis nutzen. Lass es zur täglichen Routine werden, bevor du morgens dein Handy in die Hand nimmst, in deine Visualisierungspraxis zu gehen. Gehe abends in die Visualisierung, bevor du in den Schlaf driftest. Stell dir vor, wie du dich dabei beobachtest, wie du dein geilstes Leben lebst. Klingt zu einfach? Ist es auch. Darf es einfach für dich sein, oder musst du immer noch deinen Eltern, deinen alten Lehrern, deiner Oma oder wem auch immer beweisen, dass du dich anstrengst? Baby, lass diesen alten Scheiß los. Du musst weder mir, dir, noch deiner Mudda irgendwie zeigen, dass du gut genug bist. Lass zu, dass es einfach werden darf. Ok, ehrlich: Was würdest du sofort anders machen, wenn du dir erlauben könntest, dass es leicht sein darf? Gib diesen unerreichbaren Perfektionismus auf, der dir bisher lediglich das geliefert hat, was du gerade erlebst. Und offensichtlich wünschst du dir ja etwas anderes, sonst würdest du dieses geile Buch ja wohl nicht lesen, oder?

Walt Disney, der alte Banause, ist trotz aller gescheiterten Versuche der heftigste Entertainment King der Welt geworden. Warum? Weil er weiter an seine Vorstellungskraft geglaubt hat. Er glaubte und visualisierte sich seine Traumwelt. Im Coaching gibt es sogar ein Tool, das die Disney-Strategie genannt wird und Klient*innen in einen imaginären Traum-Prozess ihres Wunschlebens begleitet. Dieser Typ hat es echt geschafft, obwohl ihn Menschen für verrückt hielten und sicherlich viele Wetten in Hollywood gegen ihn liefen. Träume groß, scheiße groß, halte diese Vorstellung jeden Tag bewusst in deinem Inneren am Leben und das Universum kann nicht anders, als dir zu liefern, was du willst. Mach dir keine Sorgen oder Gedanken über das *Wie*, das ist nicht dein Thema. Darum kümmert sich jemand anderes. Bleibe in deiner Visualisierung, halte deinen Traum am Leben, füttere deine Vorstellungskraft. Deine Bilder im Kopf sind das, was dein Leben designt. Du kreierst deine Next Level Version, indem du deine Bilder im Kopf mit absoluter Überzeugung malst. Sei dir so sicher bei der Visualisierung, wie du dir bist, wenn ich dich fragen würde, ob der Himmel wirklich blau, das Gras grün und deine Augenfarbe blau, grün, oder braun ist. Genau diese innere Sicherheit wird Berge versetzen. Denke daran: Dein Unterbewusstsein kann nicht unterscheiden, ob das gerade die Realität ist oder nicht. Ob du gerade wirklich in eine Zitrone beißt oder es dir nur vorstellst, weiß dein Unterbewusstsein nicht. Genau diese Art der Visualisierung erschafft ein Upgrade in deinem Unterbewusstsein. Dort liegen alle Vorstellungen, die du über dich selbst und das Leben generell hast. Wenn du es upgradest und mit neuen Bildern fütterst, programmierst du eine neue Welt. Zuerst in deinem Inneren, noch unsichtbar und dennoch schon da. Und eines Tages, ich schwöre es dir, wirst du auch in deiner 3D-Realität erleben, was du dir immer vorgestellt hast. Jeder Traum wird wahr werden. Egal, wie groß er ist. Das Universum wird immer liefern, wie *Amazon* mit seiner *Prime Lieferung*. Hör auf, dir Sorgen zu machen. Eine Blume wächst nicht schneller, nur weil du sie am Schopfe packst und herauszuziehen versuchst. Es gibt eine Bambusart, die ganze fünf Jahre gewässert werden muss, bevor der Samen anfängt, durch die Erde zu schießen. Dann tut er es aber in High Speed-Geschwindigkeit. Bleib im Vertrauen, übe dich in Geduld. Manche Träume werden in High Speed geliefert werden, andere brauchen etwas länger. Als ich in Dubai war, habe ich an einem wunderschönen Woman Circle in der Wüste teilgenommen. Ein unfassbar schöner Abend, voller Verbindung und Heilung. Genau an dem Ort, an dem die Zeremonie stattfand, stand ein Baum. Ein echter Laubbaum, keine Palme oder dergleichen. Im ersten Moment bemerkte ich gar nicht, wie besonders es war, dass in der Wüste ein Baum stand. Als ich ihn mir genauer ansah, wurde mir klar, wie unfassbar besonders dieser Baum wirklich war. Denn damit dieser Baum in der Wüste wachsen konnte, musste der Samen, der sich eines Tages an dieser Stelle niederließ, eine wichtige Entscheidung treffen: Glaube ich daran, dass ich in diesem feindlichen Umfeld Wasser finden werde? Ich bin mir sicher, dass der Samen, der diesen großen und starken Baum gebildet hat, mehrere Monate, vielleicht sogar Jahre brauchte, um seine erste Wurzel so tief in die Erde wachsen zu lassen, bis er Wasser fand. Danach dauerte es sicherlich noch einmal genauso lange, bis der erste Trieb an der Oberfläche zu sehen war. Aber dieser Samen hat an sich geglaubt und etwas riskiert. Er war fokussiert und hatte Vertrauen, dass seine Entscheidung, in der Wüste der Arabischen Emirate Wurzeln zu schlagen, die Richtige war. Dieser Baum ist für mich der Inbegriff von Geduld, Fokus, Stärke und der Glaube an sich selbst.

Stell dir ganz genau vor, was du willst. So genau, dass du Farben, Strukturen, Oberflächen sehen kannst. Ja sogar Geräusche, Gerüche und Emotionen wahrnehmen kannst. Sei dir bei all dieser Visualisierung so sicher damit wie mit der Farbe deiner Augen. Stell es nicht in Frage. Wenn du etwas bei *Amazon* bestellst, schaust du auch nicht alle fünf Minuten in den Bestellstatus, oder? Du vertraust darauf, dass deine Bestellung erfolgreich und zügig geliefert wird. Genauso läuft es bei deinen Träumen und Wünschen. Arbeite täglich mit deiner Visualisierung, am besten direkt morgens und abends, denn zu diesen Zeiten sind wir in einem entspannten Zustand und können viel schneller in Verbindung mit unserem Unterbewusstsein treten. Bleibe bei deinem Ziel, bis du es in deiner 3D-Realität erleben kannst. Die meisten Mensch verwirren das Universum mit ihren Gedanken. Sie ändern sie sekündlich und das Universum weiß nicht, was du wirklich willst. Stell dir vor, du willst verreisen. Du gehst in ein Reisebüro, um dort deine Reise zu buchen. Ich weiß, oldschool, aber spiel kurz mit. Stell dir vor, du sitzt dem Mitarbeiter des Reisebüros gegenüber und sagst, du willst verreisen. Dein Gegenüber wird dich mit fragendem Blick anschauen, weil er mit der Information allein noch nichts anfangen kann. Reisen ja, aber wohin. Gut denkst du dir, ich will nach Bali und nach Barcelona zur selben Zeit. Und wieder schaut dich dein Berater mit großen Augen und fragendem Blick an, denn auch das kann er dir nicht geben. „Also dann, nach Bali, nein doch Barcelona, nein Bali, oh Gott. Ich weiß gar nicht, ob ich mir das leisten kann. Doch ich kann, nein, warten Sie, ich bin mir nicht sicher, ob ich überhaupt verreisen will."

So denken die meisten Menschen den ganzen lieben Tag lang und wundern sich ernsthaft, warum sie nicht bekommen, was sie wollen. Dein Unterbewusstsein liefert immer wieder andere Anweisungen an das Universum, an diesen Labrador, der mit wedelndem Schwanz vor dir steht und dir endlich das bringen will, was du willst. Wenn du dir also dein aktuelles Leben anschaust, siehst du Entscheidungen und Gedanken aus deiner Vergangenheit. Die Welt spiegelt zu jedem Zeitpunkt des *Jetzt* deine Gedanken und Taten aus einer vergangenen Form von dir wider. Das bedeutet, dass das, was du gerade siehst und erlebst, nur anders werden kann, wenn du erkennst und verstehst (und endlich neu entscheidest), dass deine Innenwelt diese äußere Welt hat entstehen lassen. Wir leben in Bildern, die unserem Geiste entspringen.

Unsere Welt besteht aus Bildern, Gedanken und Vorstellungen, die wir über uns selbst und das Leben haben. Aus wie vielen von zehn Fällen wurdest du krank, wenn du dir gesagt hast: „Ich glaube, ich werde krank."? Deine Gedanken und die Bilder, die daraus in deinem Kopf entstehen, sind machtvoller als alles andere in der Welt. Gepaart mit Emotionen können sie zu Waffen werden, die du unabsichtlich und unbewusst gegen dich selbst richtest. Wenn du jeden Tag dieselben Gedanken denkst – und wir wissen heute, dass die allermeisten unserer Gedanken immer nur Wiederholungen sind – was erwartest du, was sich in deinem Leben verändern wird? Kannst du dich noch daran erinnern, was ich dir über dein Unterbewusstsein und die Wiederholungen erklärt habe? Du musstest als Kind tausendmal denselben Bewegungsablauf trainieren, um endlich deine Zähne allein putzen zu können oder eine Gabel voll Nudeln in deinen Mund und nicht auf dein Lätzchen zu befördern. Was denkst du also den ganzen Tag? Was tust du jeden Tag aufs Neue? Wenn du glaubst, dass du mit diesen Gedanken und Bildern im Kopf eine neue Realität oder gar deine Träume erschaffen kannst, träume weiter. Es wird leider nur ein Wunsch bleiben und keine neu manifestierte 3D-Realität. Entscheide neu, my Love, hier und jetzt. Bleibe in deiner täglichen Visualisierung. Ankere deine Identität jeden Tag aufs Neue und bleibe entspannt.

Manifestationsmeditation:

Nutze dafür gern die Manifestationsmeditation, um dich immer wieder mit deinem Traum zu verbinden (im QR-Code am Rand).

Alles, was du dir wünschst, muss zuerst in deinen Gedanken entstehen. Alles, was bereits Teil deiner physischen Welt ist, kann auch mit deinen Gedanken verändert werden. Es ist aber viel schwieriger, als etwas in deiner physischen 3D-Realität entstehen zu lassen, was es zuvor noch nicht gab.

Bei mir ist es gerade die tägliche Übung, dass dieses Buch ein *Spiegel* Bestseller ist. Ich arbeite mit Visualisierungen, die im Hier und Jetzt stattfinden. Ich bin schon diese *Spiegel* Bestseller Autorin. Ich sehe mich, wie ich Lesungen halte und auf mein Buch blicke und dort diesen kleinen roten Aufkleber sehe. Ich beobachte mich dabei, wie ich vor dem Regal im *Hugendubel* stehe und dort mein Buch sehe. Ich kann das Cover sehen, die Seiten, den Aufkleber vorne drauf. Ich sehe mich, wie ich diesen Erfolg feiere, wie dankbar ich mir selbst bin, dass ich das erschaffen habe. It's already done. Es ist schon erledigt. I trust and I know. Ich weiß und ich vertraue. Ich visualisiere täglich mindestens eine halbe Stunde und achte auch während des Tages darauf, dass ich im Einklang mit diesen Gedanken und Bildern bin. Die Vorstellung, als wäre es schon meine Realität, ist der Knackpunkt. Ich sage mir nicht, eines Tages bin ich *Spiegel* Bestseller Autorin. Nein, ich bin es jetzt. Egal, ob ich es gerade schon in meiner 3D-Realität greifen kann oder nicht. Denke im Präsens, arbeite mit dem Zauberspruch *„Ich bin …"*, anstatt mit einer vagen Vorstellung. Denke an das Beispiel mit dem Reisebüro. Hör auf, das Universum zu verwirren.

Meine Identität ist im Einklang mit dieser Vorstellung von mir selbst. Ich spreche von mir selbst vor meinen Freund*innen und meiner Familie als *Spiegel* Bestseller Autorin. Meine Freund*innen, mein Mann und meine Familie haben sich bereits daran gewöhnt, dass ich so über mich spreche. Am Anfang waren sie irritiert und haben mich immer wieder gefragt, woher ich den Glauben nehme, dass ich es sein werde. Meine Antwort darauf lautete jedes Mal: Weil ich es schon bin. Ich bin es. Ohne jeglichen Zweifel in mir. I trust and I know. Ich habe eine Bestellung aufgegeben und gebe genau die Gleiche jeden Tag aufs Neue auf. Bis zur Veröffentlichung des Buches sind es Stand heute noch 7 Monate, ziemlich genau sogar auf den Tag 7 Monate. Die nächsten 7 Monate werde ich täglich schon so leben, als wäre ich bereits jetzt die *Spiegel* Bestseller Autorin. Außerdem schreibe ich es jeden Tag auf und …

… ich fühle mich so.

Let's fuckin' feel it, Baby!

Wenn ich in meiner Visualisierung bin, sehe ich nicht nur die Bilder. Das wäre nur die halbe Miete. Ich erzeuge bewusst Gefühle und Emotionen. Emotionen sind Energy in Motion, also Energie in Bewegung. Wenn du also Bewegung in dein Leben bringen willst, kannst du anfangen, sinnlos loszurennen ohne Ziel und Verstand – oder du benutzt ein weitaus entspannteres und effizienteres Tool: deine Emotionen und Gefühle. Nichts von all den Tools, die ich dir bisher vorgestellt habe, ist so eine krasse Abkürzung zu deinen Träumen wie deine Gefühle. Du willst ein Energetic Match sein für deine Träume und Ziele, denn wir wissen, dass by Law of Attraction wir mehr von dem zu uns ziehen, was wir bereits fühlen, denken und erleben. Um ein Energetic Match für deine Träume zu werden, musst du dich während deiner täglichen Visualisierungspraxis mit den Emotionen verbinden, die du fühlen willst, wenn du erreicht hast, was du dir wünschst. Denn egal, was du dir wünschst, du willst nicht das, was du dir wünschst, sondern das, was du fühlen wirst, wenn du es hast. Lies diesen Satz noch einmal: Denn egal, was du dir wünschst, du willst nicht das, was du dir wünschst, sondern das, was du fühlen wirst, wenn du es hast. Lass diese Information durch dein gesamtes System laufen. Was bringt es dir, dir eine Million Euro zu manifestieren (by the way: Das ist nicht so schwer wie es klingt)? Das Geld allein wird nichts in deinem Leben verändern. Du kannst dich auch mit einer Million auf deinem Konto fühlen wie der größte Loser (glaub mir, ich kenne genug Millionäre, denen es genauso geht). Was du willst, ist, etwas Bestimmtes zu tun oder zu erleben, wenn du diese Million auf deinem Konto hast. Und das, was du damit tun kannst, wird dir ein bestimmtes Gefühl verschaffen. Wenn du dir damit dein lang erträumtes Auto kaufen kannst, wirst du nicht per se das Auto wollen, sondern das Gefühl, was es dir verschaffen wird. So willst du zum Beispiel das Gefühl von Überlegenheit erleben, wenn du in einem teuren und schnellen *Porsche* fährst. Oder das Gefühl von Nervenkitzel und Adrenalin, wenn du mit 300 km/h über die Autobahn bretterst. Es ist nie das Auto, was dich glücklich machen wird, sondern das Gefühl dahinter, das du mit Hilfe des Vehikels erleben willst.

Willst du die geilste Abkürzung ever haben?

Pass auf, geh noch einmal zurück und schaue dir deine großen Träume und Ziele an. Wenn du sie wieder vor deinem geistigen Auge abrufen kannst, frage dich: Welche Gefühle will ich damit erzeugen? Welches Gefühl möchte ich erleben, wenn ich dieses Ziel und diesen Traum erreicht habe? Schreib dir die drei Gefühle, die dir sofort in den Sinn kommen, auf. Und zwar sofort. Los, my Love. Du hast mich gehört, sofort.

1.

2.

3.

Wenn ich hinter meinen Traum des *Spiegel* Bestsellers spüre, will ich folgende drei Gefühle damit erzeugen:

1. Anerkennung
2. Stolz
3. Zufriedenheit

Wir haben dir hier eine Liste mit Gefühlen zusammengestellt, damit du dich vielleicht ein bisschen inspirieren lassen kannst, solltest du auf einem emotionalen Schlauch stehen. Auch diese Liste findest du über den QR-Code am Rand.

Liste mit Gefühlen:

Nachdem du deine Gefühle aufgeschrieben hast, werte sie nicht. Sei fein damit, dass du dich wie ich zum Beispiel nach dem Gefühl der Anerkennung sehnst. Sobald du dich frei von der Bewertung dieser Gefühle machst, wird es dir viel leichter sein, den wahren Shortcut zu deinen Träumen umzusetzen.

Denn jetzt kommt der Clou an der ganzen Sache. Damit du noch schneller manifestieren kannst, frage dich, wie du deine Top drei Emotionen schon jetzt im Alltag erleben kannst, auch wenn sich dein wahrer Traum noch nicht in deiner 3D-Realität gezeigt hat. Wie kannst du also das Gefühl von Zufriedenheit, Stolz oder Anerkennung (beziehungsweise deine Top drei Gefühle) schon jetzt fühlen? Ich kann mir das Gefühl von Anerkennung schon jetzt geben, indem ich jeden Abend aufschreibe, was ich diesen Tag wieder geschafft habe und mich dafür anerkenne, egal, ob alle Punkte auf meiner To-Do-Liste abgearbeitet sind oder nicht. Ich kann schon jetzt jedes Mal stolz auf mich sein, wenn ich den Laptop aufklappe und schreibe. Ich bin stolz auf mich, dass ich mich an zwei Tagen der Woche von 10 bis 16 Uhr ohne Ausrede hinsetze und konzentriert dieses Buch schreibe. Und Zufriedenheit, hmm, dieses wundervolle Gefühl. Ich kann jeden Moment Zufriedenheit in mir erzeugen, wenn ich mich in das Hier und Jetzt begebe. Wenn ich realisiere, dass ich atme und lebe. Ich kann jederzeit Zufriedenheit, Anerkennung und Stolz als Gefühle in mir erzeugen und auch Erlebnisse kreieren, die dieses Gefühl noch weiter unterstützen. Wenn du erst darauf wartest, bis sich deine Träume und Ziele in deiner 3D-Realität manifestiert haben, bis du dir erlaubst, diese Gefühle zu erleben, wirst du dich unnötig schwer tun. Und das wollen wir doch nicht. Ich bin in Punkto Manifestation echt faul geworden. Ich will es so einfach wie möglich für mich machen. Ich will Abkürzungen und schnelle Ergebnisse. Ich will immer mehr, und das in Hyper Speed. Genau durch diese kleine Übung, machst du dich zum Energetic Match für deine Träume und Ziele. Diese Gefühle werden immer mehr von sich erzeugen. Und sind wir doch mal ehrlich: Wie geil ist es bitte, schon jetzt das zu haben, was du eigentlich haben willst (nämlich das Gefühl hinter deinem Ziel)? So viele Menschen mühen sich in diesem Manifestations-Prozess unnötig ab. Mach es wie ich, mach es dir leicht.

Außerdem rate ich dir aus vollem Herzen, dich jetzt schon gut mit dem zu fühlen, was du hast. Sagen wir, du willst die eine Million auf deinem Konto. Was hält dich davon ab, dich schon jetzt gut mit deinem Bank Account zu fühlen? Was hindert dich daran, auch mit einem Minus vorne dran gute Gefühle zu erzeugen? Vielleicht dein Kopf, die Gesellschaft, dein schlechtes Gewissen? Alles Bullshit, kann ich dir aus Erfahrung sagen. Lass diesen Shit los. Fühle dich jetzt schon gut mit deinem aktuellen Kontostand. Als ich im April 2020 wirklich broke war, habe ich entschieden, fein mit dem zu sein, was ich habe. Ich habe jeden einzelnen Euro wertgeschätzt. Ich war zutiefst dankbar über jeden Cent, den ich auf meinem Konto hatte. Ich habe entschieden, dass ich mich jetzt schon gut mit der Situation fühle, in der ich mich befinde, anstatt nur nach dem zu trachten, was ich mir als Traum vorgestellt habe. Genau dieser Zustand erschafft innere Freiheit. Wir können aufhören, uns selbst immer weiter anzutreiben. Wir können einfach erleben. Wir können sein. Wir erschaffen immer aus dem Sein heraus und nicht aus den Action Steps. Die Action Steps kommen zum Schluss. Du erschaffst Träume aus deinen Gedanken heraus. Aus deinem Sein, deinen Emotionen, deiner Identität heraus. Also wenn du dir gern ein neues Auto manifestieren willst, was ist jetzt gerade schon gut an deinem Auto? Du kannst dich schon jetzt von A nach B bewegen, vielleicht nicht so schnell und komfortabel wie du möchtest, aber du kannst von einem Ort zum anderen kommen. Was würde passieren, wenn du dich schon jetzt gut mit deiner alten Karre fühlen würdest? Wie viel mehr Freiheit kannst du schon jetzt in dir spüren, weil du aufhörst, dein Auto und die Situation, in der du steckst, zu verfluchen?

Und mein Pro-Tipp beim Visualisieren und Fühlen: Verändere deine aktuelle 3D-Realität nur durch deine Vorstellungskraft.

Sagen wir, du sitzt in deinem alten *Opel Corsa* von 2005 und fährst von der Arbeit nach Hause. Was hält dich davon ab, dir schon jetzt vorzustellen, dass du in deinem Traumauto sitzt und nicht in deinem *Opel Corsa?* Stell dir vor, das *Opel* Zeichen auf dem Lenkrad verändert sich in ein *Audi* Zeichen (oder welche Marke auch immer du willst). Stell dir vor, das Cockpit sieht anders aus, das Gaspedal fühlt sich anders an. Du kannst den Geruch deines Traumautos riechen, das neue Leder der Sitze berühren. Du hörst den Sound von 400 PS und nicht den von 55 PS. Verändere alles in deiner Wahrnehmung. Stell dir jedes Mal vor, wenn du in diesem Auto fährst, dass du bereits in deinem Traumauto sitzt. Spiele dieses Spiel, so oft du kannst. Früher als Kind fiel es dir doch so leicht, dich von jetzt auf gleich zu einer Prinzessin, einem Feuerwehrmann oder einer Abenteurerin auf einer einsamen Insel zu machen. Du konntest dir mit den einfachsten Hilfsmitteln eine komplett neue Welt erschaffen, in der du vollends versunken bist, bis dich wieder jemand zurückgeholt hat. Genau diese Art des Spielens brauchst du jetzt. Jeder Mensch liebt Spielen, auch wenn du es heute vielleicht verlernt hast. Und dennoch wird dich der spielerische Zustand viel schneller in deine gewünschte 3D-Realität versetzen. Sei in diesem Zustand deiner gewünschten Realität, so oft du kannst. Dein Unterbewusstsein kennt den Unterschied nicht. Kannst du bitte sofort anfangen, diesen Hack zu nutzen?!

Feel, act and behave like you're already living your dream life.

Fühle dich jeden Tag so, als würdest du dein Traumleben bereits leben. Aus diesem Gefühl heraus wirst du anfangen, anders zu leben. Definiere aus diesem Gefühl heraus, was diese Next Level Version von dir anders machen würde. Wie würde sie leben? Erinnere dich an die neue Identität, die du dir kreiert hast und füttere diese jetzt mit Real Life-Emotionen.

Ich weiß noch genau, wie ich mir jeden Morgen auf meiner Yogamatte vorgestellt habe, schon die Frau zu sein, die in Leichtigkeit sechsstellige Umsätze mit ihrem Business im Monat macht. Diese 30 Minuten jeden Tag war ich diese Frau. Ich habe Bilder erzeugt. Ich habe mir vorgestellt, dass ich heute wieder in Leichtigkeit große Summen zu mir ziehen werde. Diese Frau hat schon genau gewusst, dass diese Vorstellung keine Vorstellung mehr ist, sondern bereits Realität. Genauso habe ich es abends gemacht. Jeden Abend im Bett lag ich mit geschlossenen Augen in meinem alten *Ikea* Bett aus meiner Studienzeit und habe mir vorgestellt, wie ich in einem großen King Size Bett von *Birkenstock* liege und habe jeden Moment gefeiert. Dieses Bett ist heute ein absoluter Standard in meinem Leben geworden und eine Erinnerung daran, dass ich alles haben kann, was ich will.

Lass in all deine Visualisierungen die Dankbarkeit deine treibende Kraft sein. Entwickle jeden Gedanken aus einem Gefühl der Dankbarkeit heraus. Gerade dann, wenn du es noch nicht in deiner 3D-Realität erleben kannst, sei dankbar dafür, dass du es schon hast. Dankbarkeit ist neben dem Gefühl der Liebe die höchste Schwingung, aus der du manifestieren kannst. Es gibt ganze Bücher über das Thema Dankbarkeit und welche Kraft hinter dieser Energie steckt. Dankbarkeit ist ein Superbooster für deine Wünsche und Ziele. Wenn du Dankbarkeit für das spüren kannst, was noch nicht in deiner 3D-Realität erlebbar ist, hat dein Unterbewusstsein und dein RAS keine andere Möglichkeit, als sich auf die Suche nach weiteren Möglichkeiten für dich zu machen. Stell dir vor, du willst dieses neue Auto haben. Jedes Mal, wenn du in deiner Visualisierung bist, lass tiefe Dankbarkeit aus deinem Herzen heraus entstehen. Sei schon jetzt dankbar, dass du dieses Auto „bereits fährst". Dankbar dafür, dass es dich sicher, schnell und komfortabel von A nach B bringt. Sobald du dich in der Energie von Dankbarkeit befindest, ist es ein Leichtes, dir vorzustellen, dass es wirklich möglich ist, deinen Traum auch in deiner 3D-Realität zu erleben.

Eine wundervolle Methode, um schon morgens in diesen wundervollen State der Dankbarkeit zu wechseln, ist folgende: Du kannst mit geschlossenen Augen für acht Dinge dankbar sein. Dafür legst du mit geschlossenen Augen deinen Daumen an deinen Zeigefinger und bist für die erste Sache dankbar. Dann wechselst du mit dem Daumen zum Mittelfinger und nimmst dir den nächsten Punkt vor, für den du gerade dankbar bist. Vom Mittelfinger geht es zum Ringfinger und dann zum kleinen Finger. Danach folgt die zweite Hand und innerhalb von einer Minute hast du acht tolle Dinge, für die du dankbar bist. Nachdem du dich in den Zustand der Dankbarkeit begeben hast, kannst du dich direkt in deine Visualisierungspraxis begeben. Stell dir wieder vor, wie es ist und vor allem wie es sich anfühlt, wenn du deinen Traum bereits lebst.

Manifestation Pro Tipp

Damit du es dir noch einfacher machen kannst und ganz nebenbei und ohne Stress das bekommst, was du willst, teile ich ein paar super simple Tipps mit dir, die aber eine unfassbare Schlagkraft haben. Denn du integrierst sie einfach in deinen Alltag und ohne darüber nachzudenken, bist du immer wieder in deiner Manifestationspraxis. Du hältst automatisch deine Frequenz hoch, bleibst immer wieder in der Erinnerung daran, was du wirklich willst, und musst dich dafür nicht extra anstrengen oder dir extra Zeit dafür in deinem Alltag blocken.

1. Ändere all deine Passwörter in deine Wünsche um

Wie oft am Tag musst du deinen Laptop oder Computer entsperren? Wie oft loggst du dich bei *Google* oder *Netflix* ein? Wie oft nutzen wir dafür standardisierte Passwörter oder vielleicht sogar unser Geburtsdatum? Ändere deine Passwörter und lass dadurch dein Unterbewusstsein jedes Mal einen Reminder an das bekommen, was du wirklich willst. Als ich begann, mein Laptop Passwort in „iammaking100k" zu verwandeln, hat es keine drei Wochen gedauert, bis ich meinen ersten 100k+ Umsatz gemacht habe. Verändere deine Passwörter in deine Träume. Wie wäre es, wenn du statt „32kdi9?jfb3" „IchbinMillionärinundlebemeinTraumleben2022!" als Passwort nutzt? Werde kreativ und bitte achte weiterhin auf die Sicherheit deiner Passwörter.

2. Ändere die Namen deiner Online Banking-Accounts

Die meisten Banken haben heute die Möglichkeit, den Namen deiner Accounts zu verändern. Ein klassisches Sparkonto bei der *DKB Bank* heißt einfach nur „Girokonto". Wie wäre es, wenn du es stattdessen in „Mein Traumhaus Konto" umbenennst? Oder anstatt von „Sparkonto" in „Freiheitskonto". Jedes Mal, wenn du dein Online Banking änderst, siehst du wieder deinen Traum und gibst deinem Unterbewusstsein einen weiteren Reminder, um das, was du willst, in deine 3D-Realität zu ziehen. Neben den Bank Accounts kannst du natürlich auch die Namen all deiner anderen Online Accounts verändern. Wie wäre es, wenn dein *Google* Account nicht mehr deinen Vor- und Nachnamen trägt, sondern „Mein Traumpartner wartet bereits auf mich"?

3. Erstelle Erinnerungen in deinem Kalender

In meinem *Google* Kalender poppt momentan jeden Tag um 08:44 der Reminder auf: „Herzlichen Glückwunsch zu einer Million verkauften Exemplare von ‚Ach du Scheiße, ich bin glücklich'. Du bist so eine geile Autorin." Jeden Freitag um 11:11 kommt die Erinnerung „I am abundant." Diese Erinnerungen poppen einfach auf meinem Smartphone auf und jeden Tag wieder freue ich mich darüber. Denn ganz ehrlich, ich vergesse diese Erinnerung jedes Mal aufs Neue wieder und frage mich, welchen Termin ich wohl verpasst haben könnte. Aber anstatt eines verpassten Meetings mit einer

Kundin oder meinem Team, erinnert mich mein Next Level Self daran, wer ich wirklich bin und wofür ich hier bin. Mittlerweile gibt es auch tolle Affirmations-Apps, die dir Reminder und Pop-Up-Nachrichten schicken. Dieses kleine Tool hat die Power, dich instant wieder in den State deiner Next Level Version zu versetzen, die schon in dir ist und nur darauf wartet, in deiner aktuellen 3D-Realität sichtbar zu werden.

In meinem kostenlosen Freebie habe ich dir neben anderer wichtiger Tools auch wunderschöne Kalendererinnerungen erstellt, die du ganz einfach in deinen Kalender importieren kannst, siehe QR-Code am Rand.

Kostenloses Freebie zum Buch:

Was du bis jetzt gelernt hast:

- Du bist dazu in der Lage, dich in Situationen und Gefühle zu versetzen, ohne sie faktisch erleben zu müssen. Diese Tatsache ist deine Möglichkeit für Hyper Speed Manifestation.

- Es gibt einen Unterschied zwischen Emotionen und Gefühlen und wie du diese steuern und erleben kannst.

- Du besitzt ein *Gefühlsgedächtnis*, das immer wieder alte Emotionen aus der Vergangenheit abruft und ohne Upgrade deine Manifestation blockieren kann.

- Dein Leben sind manifestierte Bilder deines Unterbewusstseins.

- Visualisierungen helfen dir dabei, deinem RAS eine neue Route für dein zukünftiges Leben zu geben.

- Nichtstun ist sehr viel effizienter als der altbekannte Hustle & Die-Modus.
- Nichts hilft schneller beim Manifestieren als das Hineinfühlen in die Emotionen, die du erleben willst, wenn du dein Traumleben lebst.
- Du kannst schon jetzt die Emotionen erleben, auch wenn deine Träume noch nicht in deiner 3D-Realität sichtbar sind.

Live and Believe it – auch wenn du es noch nicht sehen kannst

Dieses Kapitel ist etwas ganz Besonderes, denn es wird dich daran erinnern, nicht aufzugeben und daran, was Glaube wirklich ist. Während ich dieses Kapitel geschrieben habe, habe ich meine Community auf *Instagram* gefragt, welche Fragen sie haben, wenn sie feststellen, dass sich ihre Manifestation einfach nicht zeigen will. Folgende Antworten habe ich erhalten:

- Wie komme ich aus dem Loch voller Selbstzweifel wieder raus, wenn es bei „allen anderen klappt", nur bei mir nicht?
- Wie schaffe ich es, im Glauben an mich zu bleiben?
- Wie macht man weiter? Was kommt als Nächstes?
- Was tue ich, wenn es sich so anfühlt, als dürften sich meine Träume nicht realisieren?
- Wie bleibst du dran? Wie verlierst du den Glauben an dich nicht?
- Wie bleibt man im Vertrauen?
- Was mache ich, wenn ich immer viel Geld investiert habe, aber trotzdem nichts reinkommt?

All diese Fragen werde ich in diesem Kapitel beantworten. Denn ganz ehrlich: In dieser Phase liegt der Hund begraben. So viele Träume sind kurz davor, wahr zu werden, kurz davor, in der Realität sichtbar zu werden. Und fünf Meter vor dem Ziel geben die Menschen auf und sagen: „Nein, das ist doch nichts für mich." Oder: „Für alle anderen klappt es, nur für mich nicht." In diesem Moment, in dem der Labrador (aka das Universum) deinen Wunsch schon in seinem Maul trägt und dir gerade vor die Füße schmeißen will, gibst du ihm den Befehl, es nicht zu bringen. Mit genau diesen Gedanken: „Das wird eh nichts. Bei allen klappt's, nur eben für mich nicht. Manifestieren funktioniert einfach nicht …" und so weiter. All diese Gedanken sind Befehle. Und der Befehl lautet: Ich will nicht mehr haben, was ich mir ursprünglich gewünscht habe, auch wenn ich es eigentlich doch noch will.

Wenn du dieses Kapitel gelesen hast, wirst du dich in Acht nehmen, solche Gedanken je wieder zu denken, denn du wirst wissen, wie *Glaube* wirklich funktioniert und was geschieht, wenn du deinen Glauben wieder loslässt.

Als ich meiner Schwester erzählte, dass ich mich von meinem langjährigen Partner trennen möchte, weil unsere Beziehung zwar ok war, aber nicht das, was ich wollte, sagte sie zu mir: „Woher weißt du, dass es die Beziehung und diesen Mann wirklich gibt? Glaubst du nicht, dass du zu viel willst? Das, was du dir wünschst, Jessy, existiert nicht. Ich habe noch nie von so einer Beziehung gehört, die du mir gerade als deine Traumbeziehung aufgemalt hast."

Als ich meinen gut bezahlten Agentur-Job kündigte, um als Selbstliebe und Empowerment Coach selbstständig zu werden, fragte mich mein damals bester Freund: „Jessy, was ist, wenn es nicht funktioniert? Was machst du, wenn es nicht klappt?"

Nachdem ich in meinem zweiten Unternehmen über 36.000 Euro an einem Tag gemacht habe, während ich im SPA war und ein Glas Champagner auf der Terrasse des Fünf Sterne Hotels trank, rief mich eine damalige Freundin an und wollte wissen, ob ich mich nicht schämte, so etwas auf Social Media zu teilen. Die Leute würden ja glauben, dass das wirklich möglich ist, was ich nur aus Marketing Zwecken propagierte. Ich sollte doch aufhören zu lügen, um neue Kund*innen zu bekommen. Als ich ihr erklärte, dass ich mir nichts ausdenke und das Geld wirklich gerade auf meinem Bank Konto eingegangen war, sagte sie: „Jessy, du bist verrückt!"

Nachdem ich 25.000 Dollar in einen meiner Coaches investierte, fragte mich eine Followerin, ob ich denn keine Angst davor hätte, so viel Geld in jemand anderen zu investieren. Sie fand die Vorstellung abstrus, ein durchschnittliches Jahresgehalt in einen dreimonatigen Coaching Container zu investieren.

Als ich Mitte 2021 ein Online Coaching Programm für Business Starter cancelte, was schon über 40.000 Euro Umsatz im Vorverkauf erzielt hatte, wollte meine Mutter ihren Ohren nicht trauen: „Kind, bist du wahnsinnig geworden? So etwas abzusagen, nur weil du es nicht mehr fühlen kannst? Das ganze Geld muss wieder an deine Kunden zurück. Überlege noch einmal genau. Das ist doch verrückt."

Wenn Menschen anfangen, dich für *verrückt* zu erklären, bist du auf dem richtigen Weg.

Sobald du beginnst, dich aus deiner altbekannten Komfortzone, die du gerade dein Leben nennst, heraus zu bewegen, werden immer wieder Menschen, die du sehr liebst und wertschätzt, mit derselben Frage um die Ecke kommen: „Woher weißt du, dass es klappen wird?" Sie werden dich und deine Träume in Frage stellen. Sie werden dich für überheblich und arrogant halten. Ernsthaft, ich weiß, das erzählt immer niemand. Aber genau das ist mir und all meinen Kundinnen und Online Kurs-Teilnehmerinnen passiert. Menschen in deinem Umfeld werden dich für verrückt erklären, weil du an etwas glaubst, was noch nicht existiert.

Aber das, my Love, ist Glaube. Faith.

So wie viele, viele Menschen an die Geschichte von Jesus Christus glauben, ohne ernsthafte Beweise für all das zu haben, musst du an dich und deinen Traum glauben, ohne Beweise zu haben. Der einzige Beweis, den du brauchst, ist der Glaube daran, dass dieser Wunsch aus einem bestimmten Grund zu dir kam. Während wir unser Traumleben manifestieren, du und ich, währenddessen haben alle anderen noch Angst davor.

Sobald Menschen in deinem Umfeld anfangen, dich für verrückt zu erklären, weil du dir eine Million Euro auf deinem Bank Konto manifestieren willst und gerade noch in einer Wäscherei arbeitest und 13,57 Euro brutto die Stunde verdienst, dann Bitch: Mach eine Flasche Bubbly (aka Champagner oder Sekt) auf und feiere diesen Moment. Denn genau jetzt hat sich schon etwas in dir und deiner energetischen Frequenz verändert. Sobald Menschen anfangen, dich für abgedreht zu halten, hast du den halben Weg hinter dir. Denn so wie du wahrnehmen kannst, dass „schlechte Stimmung" in einem

Raum liegt, so können andere Menschen spüren und wahrnehmen, wenn du deine Frequenz verändert hast.

Das geschieht meistens durch ganz banale Dinge. Die Art, wie du sprichst, die Dinge, über die du sprichst, deine Gedanken und Ansichten, die sich schon jetzt in dir verändert haben. All das können Menschen „zwischen den Zeilen" lesen und wahrnehmen. Sobald du solche Reaktionen aus deinem Umfeld erfährst, bist du auf dem richtigen Weg und glaube mir, sie werden kommen. Von den 1.500 Frauen, die ich in den letzten Jahren begleitet habe, ist keine um diese Erfahrung „herumgekommen". Und ich sage, Gott sei Dank. Denn erstens weißt du dann, dass du groß genug geträumt hast und zweitens, dass sich deine innere Welt bereits begonnen hat zu verändern. Wenn dem nicht so wäre, würde dich niemand aus deinem Umfeld darauf ansprechen. Niemand würde deine Wünsche und Träume in Frage stellen, wenn sie dieselbe „Größe" hätten wie zuvor. Wenn sich dein Selbstwert nicht verändert hätte, könntest du nicht mit Confidence davon sprechen, dass sich dein Traum bald in deiner Realität zeigen wird.

Als ich begann, davon zu sprechen, dass ich mit diesem Buch *Spiegel* Bestseller Autorin werden würde, fragten mich so viele Follower*innen, Kund*innen und Freund*innen: „Jessy, was machst du, wenn es nicht klappt?" Ich antwortete: „Gar nichts, denn es wird klappen." Es war immer wieder dieselbe Antwort, die ich diesen Menschen gab. Auch meine Verlegerin fragte mich: „Was könnte ein anderes Ziel sein für das Buch als ein *Spiegel* Bestseller?" Nichts! Denn ich weiß und ich glaube so fest daran, dass für mich keine andere Realität existiert. Und wie du bereits gelernt hast, existieren alle *erdenklichen* Möglichkeiten bereits parallel. Also nenne mir einen Grund, warum die Realität, die ich für mich als *wahr* und richtig empfinde, nicht sichtbar werden könnte.

Jede Faser in meinem Körper bereitet sich darauf vor, dieses Manifestationsexperiment erfolgreich werden zu lassen. Ich gehe sogar so weit zu sagen, dass das Universum gar nicht mehr anders kann, als mir das zu liefern, was ich verlange. Ja, ich habe verlangen gesagt. Ich habe so ein starkes Verlangen nach diesem Aufkleber auf meinem Buch, dass das Universum und mein

RAS bereits die ganze Zeit konstant auf der Suche nach Beweisen dafür ist. Jedes Mal, wenn ich meinen selbst gesetzten Reminder auf meinem Telefon sehe, der mir zu einer Million verkauften Exemplaren gratuliert, erinnere ich mich daran, dass es schon lange existiert. Ich gehe sofort in die Dankbarkeit, für die Erfüllung meines Traums. Nichts hindert mich daran, schon jetzt so fest an meinen Traum zu glauben, außer vielleicht meine Angst. Wir werden dazu in ein paar Seiten kommen. Aber für jetzt, lass mich dir einen wichtigen Reminder geben:

Du hast das geilste Leben verdient. Nichts wird dir leichter fallen, als diesen Traum in deiner Realität sichtbar werden zu lassen. Und all diesen Shit, der dich davon abhalten will, genau das zu erleben, wirst du nach diesem Kapitel eliminiert haben.

Because Baby, you are here to live your best damn life!

Glauben ohne Beweise[11]

It's already done. Was wäre, wenn du zulassen könntest, zu glauben, dass dein Traum wirklich schon Realität ist? Eine Realität, auf die du vielleicht noch keinen Zugriff hast, die aber existiert. Denn alles, was du sehen kannst, wurde aus dem Nichts erschaffen. Das Bett, in dem du liegst, der Stuhl, auf dem du sitzt, das Auto, in dem du täglich fährst, die S-Bahn, die dich zur Arbeit bringt, dein Computer, dein Handy, *Instagram* … alles kam aus dem Nichts. Bevor es etwas gab, gab es das Nichts. Und genau in diesem Nichts existiert auch deine gewünschte Realität. Sie ist schon längt erschaffen, du hast es bereits geschafft. It's already done. Lass diesen Satz dein Mantra werden. Jedes Mal, wenn die kleinen Zweifel und Ängste hochkommen und dich niederstrecken wollen, sagst du dir dieses Mantra: It's already done. Es ist schon geschehen. Genau das ist Glaube. Glaube bedeutet nicht, erst wenn du etwas sehen und erleben kannst, daran zu glauben. Sondern lange zuvor.

In Kapstadt ist Nelson Mandela eine absolute Ikone. Es gibt so viele Einrichtungen, Gebäude und Straßen, die seinen Namen tragen. Mandela hatte

---

11 Hahahahahahahahahahahahahahahaha, ganz ehrlich. Was für ein Schwachsinn – Mit freundlichen Grüßen, deine Angst

den Traum, dass in seinem geliebten Südafrika keine Apartheid mehr existiert. Er hat sich jahrelang dafür eingesetzt, dass farbige und weiße Menschen dieselben Rechte und Möglichkeiten haben. 1963 wurde er deshalb zu lebenslanger Haft auf Robben Island verurteilt. Erst 27 Jahre später kam er frei. 27 Jahre lang hielt er in dieser Hölle an seinem Traum fest. Ein Jahr später wurden 1991 endlich die Apartheidsgesetze abgeschafft, die bis dahin Weißen immer noch mehr Rechte zusprachen als farbigen Menschen, wohlgemerkt desselben Landes. Wenn also Nelson Mandela 27 Jahre lang an seinem Traum festhalten konnte, obwohl er dafür gefoltert, gedemütigt und verbannt wurde … dann kannst du das auch! Er erschuf eine neue Welt, eine Welt, die Jahre zuvor noch als utopisch und unvorstellbar galt.

Sarah Breedlove, besser bekannt als Madam C. J. Walker, war die erste Frau in den USA, die als Selfmade Millionärin gilt. Eine afroamerikanische Frau, die zu Beginn des 20. Jahrhunderts ein Beauty Imperium aufbaute, das aus einem einzigen Traum entstanden ist. Laut Erzählungen träumte sie von einer Rezeptur, die es ihr ermöglichen würde, ihren Haarausfall zu stoppen. Sie entwickelte selbst passende Produkte und verkaufte diese damals durch Haustür-Geschäfte an Millionen von Menschen in den USA und der Karibik. Auf *Netflix* gibt es eine coole Dokumentation über diese Ikone.

Es gibt so viele Geschichten von Frauen und Männern auf der ganzen Welt, die etwas aus dem Nichts erschaffen konnten. Denke nur noch einmal an den Eiffelturm oder die „Palme“ in Dubai. Etwas, das es noch nie gab. Auch die Pandemie, in der die Welt gerade lebt, hätte sich so niemand vorstellen können. Wenn du mir vor drei Jahren gesagt hättest, dass es normal sein wird, mit Mundschutz in Geschäften einzukaufen, dass man sich impfen lassen muss, um gewisse Aktivitäten erleben zu können und Menschen über mehrere Wochen im Lockdown leben würden … ich hätte es nicht für möglich gehalten. Und dennoch ist das gerade für die gesamte Welt die aktuelle Realität. Auch den Krieg, der vor wenigen Monaten zwischen der Ukraine und Russland ausgebrochen ist, hätten sich wenige ernsthaft vorstellen können. Krieg in Europa war gefühlt nicht mehr vorstellbar. Und dennoch nehmen wir gerade Flüchtlinge auf und spenden tausende von Euro mit unseren Unternehmen an die Opfer dieser schrecklichen Krise.

Wenn du anfängst, an deinen Traum zu glauben und schon so zu leben, als wäre er Realität, gibt es keinen Grund, warum er sich nicht in deiner 3D-Realität zeigen sollte. Das Universum will nichts mehr, als dich zu unterstützen. Du kannst nicht *nicht* manifestieren. Jeder Gedanke wurde von dir bereits tausende Male gedacht, bevor du ihn ausgesprochen hast. Deine Gedanken und Worte haben die größte Macht. Ich wiederhole mich hier, weil dieser Punkt oft nicht wirklich implementiert und verstanden wird. Sobald du beginnst, deinen Traum zu leben, auch ohne ihn zu *erleben*, hast du ihn bereits manifestiert.

Du kannst mit Hilfe von folgendem einfachen Trick dafür sorgen, dass du deinen Traum körperlich erlebbar machst, auch wenn er noch nicht Teil deiner Identität ist. Ein Beispiel von mir: Als ich mich entschied, mein siebenstelliges Online Business zu schließen, um einen Bestseller darüber zu schreiben, wie ich bekomme, was ich will, war für mich klar, dass ich dieses Buch nicht auf meinem alten Laptop schreiben würde. Ich entschied mich dafür, in ein neues *Macbook* zu investieren. Eine Kundin von mir hatte den Traum, auszuwandern und ihr Coaching Business von der ganzen Welt aus zu führen. Sie konnte sich nicht vorstellen, wie sich so etwas anfühlen würde, wie ihr Alltag aussehen würde und welche Emotionen sie dort wirklich begleiten würden. Also riet ich ihr, zwei Wochen lang in einem anderen Land zu arbeiten, um zu spüren, wie es ist, tatsächlich als digitaler Nomade zu leben. Gesagt, getan. Vier Monate später verkaufte sie alles in Deutschland und lebt heute die meiste Zeit des Jahres auf Bali und Mallorca. Eine andere Teilnehmerin meines Online Kurses wollte sich ihr erstes Fünf Sterne Hotel ermöglichen, obwohl sie noch studierte und Teilzeit in einer Telekommunikationsagentur arbeitete. Ich riet ihr, in ein Fünf Sterne Hotel ihrer Stadt zu gehen und dort einen Kaffee in der Hotelbar zu trinken. Sie sollte den Kaffee so bestellen, als wäre sie bereits Kundin dieses Hauses und es wäre vollkommen normal, dass sie hier einen Kaffee trinken würde. Nicht einmal zwei Wochen nach ihrem kleinen Experiment kam ihr Chef auf sie zu und verkündete, dass sie zu einer Messe in München fahren sollte. Normalerweise buchte die Fir-

Hi Jessy, kannst du dich noch erinnern dass ich im Kurs erzählt habe dass ich unbedingt mal in einem geilen und luxuriösen Hotel schlafen will aber es mir sicher nie leisten kann 😬 guess what happened: meine Firma hat mich jetzt in ein mega krasses fünf Sterne Hotel eingebucht, weil die anderen Hotels zwecks Oktoberfest alle Schon belegt waren. Hahahaha can't believe it 😌 🤭 🖤 so kann sich ein Traum natürlich auch erfüllen 🍾 2m

ma immer ein klassisches Drei Sterne Hotel. Aufgrund der Tatsache, dass zu dieser Zeit aber das Oktoberfest stattfand, gab es keine Zimmer mehr in dem Hotel, das sonst immer für sie gebucht wurde. Also buchte ihr die Firma ein Zimmer in einem gehobenen Fünf Sterne Hotel in der Innenstadt. Sie blieb drei Nächte und konnte, ohne selbst dafür zu zahlen, die Real Life Experience machen, in einem solchen Hotel zu übernachten. Diese Art von Geschichten höre ich immer wieder. Egal, ob es Geld, eine Beziehung, ein neuer Job, die Selbstständigkeit, Reisen oder andere Dinge sind, die Menschen sich wünschen. Ich habe bisher noch nie erlebt, dass diese Träume nicht wahr wurden. Manche Träume brauchen länger als andere, um in deiner 3D-Realität erlebbar zu werden, aber erinnere dich daran: It's already done.

Als ich mich 2018 für meine Coaching Ausbildung in Berlin anmeldete, hatte ich von insgesamt 10.000 Euro, die die Ausbildung kostete, gerade einmal 2.400 Euro auf dem Konto. Ich hatte keine Ahnung, wie ich es mir ermöglichen sollte, jeden Monat den Betrag von über 900 Euro für die Ratenzahlung aufzubringen, aber ich wusste, dass dieser Weg für mich der Richtige ist und dieser Traum in Leichtigkeit Realität werden würde. Ich meldete mich vom Ende der Welt, einem Campingplatz in Western Australia, für die Ausbildung an, im festen Glauben daran, dass immer für mich gesorgt ist und ich mir über das *Wie* keine Gedanken machen müsste. Als ich aus dem Urlaub zurückkam, begann sich bereits meine Realität und das Problem mit dem Geld von selbst aufzulösen. Mein Chef bot mir von sich aus eine einmalige Sonderzahlung an und erhöhte mein Gehalt. Die Ratenzahlung war kein Problem mehr. Ich bin davon überzeugt, dass ich diese Erfahrung nicht gemacht hätte, wenn ich mich nicht für die Coaching Ausbildung angemeldet hätte. Aber das Universum hatte meinen Wunsch klar und deutlich vernommen. Ich glaubte daran, diese Ausbildung zwei Monate später antreten zu können. Ich visualisierte mir, wie ich in den Räumen der Akademie meine Ausbildung genießen würde. Ich erzählte allen Freund*innen und meiner Familie, dass ich die Ausbildung mit Bravour abschließen würde, obwohl ich damals noch nicht einmal wusste, wie ich sie finanzieren sollte. Im Mai 2020 schloss ich die Ausbildung ab und kündigte noch im selben Monat meinen gut bezahlten Agentur Job. Nicht einmal zwei Jahre später sitze ich in Kapstadt, schaue auf den Tafelberg, während ich diese Zeilen schreibe, und glaube genauso stark an den Traum des *Spiegel* Bestsellers wie damals an den meiner Coaching Ausbildung.

Und die Moral von der G'schicht?

Das *Wie* ist nicht dein Problem

Du bist nicht hier, um Gott zu spielen und seine Aufgaben zu übernehmen. Das Universum kümmert sich um das Wie. Lass los von dem Irrglauben, alles allein (er)schaffen zu müssen. Das kannst du nämlich faktisch nicht. Wenn du drei Schritte auf deinen Traum zugehst, macht das Universum im Hintergrund 30 Schritte. Es führt dich zum Beispiel mit Menschen zusammen, die von einem Buch erzählen, in dem du eine Geschichte findest, die dich so inspiriert, nach Berlin zu fahren und dort in ein bestimmtes Museum zu gehen. Auf dieser Zugfahrt lernst du einen Mann kennen, der genau wie du durch Zufall nach Berlin fährt. Ihr sprecht lange Zeit, trefft euch in Berlin auf einen Kaffee und findet nach nur wenigen Stunden heraus, dass ihr füreinander bestimmt seid. Genauso erging es einer meiner High Level 1:1 Kundinnen. Ihr Traumpartner stand seit Jahren auf ihrer „To Do"-Liste, unzählige Online Dates liefen beschissen und fast hätte sie den Traum von ihrem Mr. Right aufgegeben. Heute leben die beiden gemeinsam in Berlin und erwarten ihr zweites Kind.

Als ich nach dem ersten Wochenende meiner Coaching Ausbildung 2018 von Berlin wieder nach München flog, buchte ich mir extra einen Platz in einer Reihe, die bis dahin komplett frei war. Ich wollte meine Ruhe und einfach einen Moment für mich, um zu realisieren, dass mein erster großer Wunsch wirklich in Erfüllung gegangen war. „Ich werde Life Coach sein." Diesen Moment und diesen Gedanken wollte ich ganz für mich allein. Ich wollte in ihm schwelgen und mich darin verlieren. Ich wollte mich feiern, gute Musik hören und noch einmal durch meine Notizen vom Wochenende gehen. Kurz bevor wir abhoben, kam noch ein weiterer Gast ins Flugzeug, eine Frau, die viel zu spät dran war. Sie kam näher und setzte sich in meine Reihe und ich so: „WHAT THE FUCK!" Universum, habe ich dich nicht um Ruhe und Alleinsein gebeten? Zwischen uns lag der Ordner von der Coaching Akademie mit dem Logo des Instituts. Mein sicherer Platzhalter, wie ich hoffte, der mich vor Konversation mit dieser Frau bewahren würde. Allerdings war genau der Ordner Anlass für die Frau, mit mir ins Gespräch zu treten, obwohl ich meine Kopfhörer in den Ohren hatte. Sie tippte mir sogar auf die Schulter, um auf sich aufmerksam zu machen. „Wie penetrant kann jemand sein", dachte ich in diesem Moment. Mit rollenden Augen wandte ich mich zu ihr um, zog extra langsam meine Kopfhörer aus den Ohren, um ihr auch ja klar zu machen, dass ich überhaupt keine Lust auf ein Gespräch mit ihr hatte. Gott sei Dank war das Verena vollkommen egal. Noch heute danke ich dem Universum für diesen „Zufall". Denn wie sich herausstellte, war Verena in München Coach für Gründerinnen und beriet Frauen dabei, die ersten Schritte in die Selbstständigkeit zu wagen. Kurz bevor sie einstieg, hatte ich folgenden Gedanken: Wie mache ich mich selbstständig? Was sind meine ersten Schritte? Bitte Gott, schick mir ein Zeichen. Es stellte sich heraus, dass Verena eigentlich auf einen anderen Flug gebucht war, dieser aber storniert wurde und sie deshalb einen freien Platz in meiner Maschine bekommen hatte. Sie erzählte mir, dass sie diese Information erst vor fünfzehn Minuten erhalten hatte und zum Gate rennen musste, um diesen Flug zu erwischen. Ich berichtete ihr von meinem Gedanken ein paar Minuten zuvor, daraufhin lächelte sie nur und sagte: „Deshalb sitze ich also in dieser Maschine." Wir kamen ins Gespräch, tauschten Nummern aus und begannen knappe vier Wochen später, zusammen zu arbeiten. Durch Verenas Coaching wusste ich, was meine ersten konkreten Schritte wären, wenn ich wirklich meinen Job kündigen und beginnen würde, als Coach zu arbeiten. Durch Verena habe ich wiederum den Kontakt zu meinem liebsten Steuerberater erhalten, der mir im ersten Telefonat sagte: „Frau Goschala, das hat das Universum aber perfekt für sie eingefädelt", nachdem ich ihm erzählte, wie ich an seinen Kontakt gelangt war. Wie konnte ich nicht mit diesem Mann zusammenarbeiten? Markus begleitet mich seit drei Jahren und hat mich im letzten Monat dabei unterstützt, meine erste GmbH zu gründen.

Als ich mit meinem Mann nach sechs Wochen den ersten gemeinsamen Roadtrip unternahm, hielten wir auf dem Weg von Rom nach Bari in einem kleinen Küstenort und verbrachten dort zwei Nächte in einem malerischen AirBnB direkt auf einer Klippe. Wir hörten das Meer tosen in der Nacht. Am ersten Morgen erwachten wir vollkommen glückselig und blickten uns an. Ich lachte, denn just in dem Moment hatte ich folgenden Gedanken: Es fehlt gerade nur eine Katze zum Kuscheln und der Moment wäre perfekt. Er fragte mich, warum ich so lachte, ich erzählte es ihm und keine zehn Sekunden später miaute es vor unserer Terassentür. Das ist kein Witz. Er öffnete die Tür und herein spaziert kam ein schwarz-weiß gestreifter Kater, der mit einer absoluten Selbstverständlichkeit aufs Bett sprang und sich zwischen uns kuschelte.

Glaubst du immer noch an „Zufälle"?

Diese Geschehnisse hätte ich niemals so kreieren können. Selbst wenn ich es gewollt hätte, wäre ich nicht dazu in der Lage gewesen. Ich hätte mich anstrengen können wie eine Schwimmerin bei Olympia, aber dennoch hätte sich nichts manifestiert. Das Wie ist nicht dein Problem. Hör auf, es dem Universum immer noch schwerer zu machen und ihm bewusst oder unbewusst Steine in den Weg zu legen. Hör auf, seinen Job machen zu wollen. Dafür bist du nicht qualifiziert, my Love. Das wäre so als wenn ich von einem Menschen, der gelernt hat, Autos zu reparieren, verlangen würde, zum Mond zu fliegen, ohne dafür eine Zusatzausbildung zu machen. It is not your fuckin' job! Sobald du aufhörst, dich einzumischen und dem Universum den Weg frei machst, wird sich dein Traum noch viel schneller in der Realität zeigen.

Frage dich also: Wo mischst du dich immer wieder in das Business vom Universum ein? Wo willst du kontrollieren, anstatt dich zurückzulehnen und zu entspannen? Was machst du immer wieder aufs Neue und erhältst dasselbe Ergebnis?

Die Antwort lautet für die meisten Menschen wie folgt: Weil ich mir (oder dem Universum) nicht vertraue.

Vertrauen ist gut – Kontrolle ist besser, oder?

Nein, Bitch! Kontrolle beim Manifestieren ist so aussichtslos wie der Versuch, Wasser mit deinen bloßen Händen halten zu können. Glaub mir, Babe, mein großes Lebensthema ist die Scheiß-Kontrolle. Ich habe ein Tattoo auf meinem Unterarm, das folgenden Schriftzug zeigt: ~~Control~~ und darunter Intuition. Das Tattoo habe ich mir 2019 auf Bali stechen lassen, drei Tage nach meiner ersten Hypnose Session, in der ich das Thema Kontrolle aufgearbeitet habe. Ich kürze die Geschichte ab, obwohl sie sehr magical ist. In der Hypnose habe ich verschiedene Leben von mir erlebt, in denen ich immer wieder mit dem Thema Kontrolle konfrontiert war. Jedes Mal hat mich Kontrolle entweder in den Tod, den unsäglichen Schmerz oder den Selbstmord getrieben. Kontrolle ist mein Seelenthema. Nach dieser Hypnose saß ich in einem typischen Waarung (ein kleines Restaurant in den Reisfeldern), aß ein Curry, trank eine Kokosnuss und war einfach nur geflasht von den Informationen und Bildern, die ich gesehen hatte. Ich war gerade dabei, alles niederzuschreiben, als sich etwas in meinem Blickfeld veränderte. Der Baum, neben dem ich saß, sah auf einmal anders aus. Wobei anders nicht das richtige Wort dafür ist. Der Baum war gleich geblieben, aber ich konnte „in" ihn hinein schauen. Hast du den Film Avatar gesehen? Kannst du dich an diesen großen Baum erinneren, mit dem sich die blauen Bewohner mit ihren Haaren verbinden konnten? Der Baum begann zu leuchten, man konnte seine Energie sehen, Lichtblitze, Straßen von Energie aus Licht, die von den Wurzeln bis ins letzte Blatt an der Krone des Baumes wanderten. Genau das sah ich in diesem Moment. Ich konnte das Leben des Baumes sehen. Für einen Moment hatte ich Angst, dass mir jemand Liquid Extasy in diesem Waarung in meine Kokosnuss gefüllt hatte. Ich rief sofort meine Hypnose Trainerin an und fragte, ob ich gerade verrückt werden würde. Ich hatte wirklich Angst, jetzt total abzudrehen und diese Welt nie mehr wie zuvor wahrnehmen zu können.[12] Gott sei Dank beruhigte mich Rani und sagte mir, dass es nach der Hypnose vielen Menschen so ginge. Sie seien offener, ihre inneren Augen hätten sich geöffnet und sie wären mehr mit sich und der Welt verbunden. „Puuuh, nochmal Glück gehabt", war mein erster Gedanke. Ich kann mir die Kosten für einen Aufenthalt in einer Klinik für Psychosen sparen. Wenn du diese Geschichte auch nicht glauben kannst, so wie ich damals, lass mich dir sagen: Es gibt so viel zwischen Himmel und Erde, von dem wir noch keine Ahnung haben. Aber so wie ich weiß, dass das Gras grün ist, der Himmel blau und meine Augen blau-gelb, so sicher war ich mir mit meiner Wahrnehmung.

Kommen wir zurück zur Kontrolle: Nach diesem Erlebnis habe ich mich diesem zurecht abgefuckten Thema gewidmet. Ich habe Selbststudien durchgeführt, sehr viele Bücher gelesen, Kurse besucht und hunderte von Frauen mit den gleichen „Symptomen" begleitet.

Lass es mich versuchen, in einem Satz zusammenzufassen: Kontrolle ist das Gegenteil von Vertrauen. Noch einmal: Kontrolle ist das Gegenteil von Vertrauen. Markiere dir diesen Satz! Du wirst mir eines Tages dafür danken (vielleicht tust es gerade schon).

Kontrolle kann nur dann die Führung in deinem Leben übernehmen, sie kann sich nur dann ausbreiten wie eine widerliche Form des Krebs, wenn du unter einem Selbstvertrauensdefizit leidest. Sobald dir das Vertrauen in dich selbst fehlt, breitet sich die Kontrolle in dir aus wie ein fuckin' Coronavirus. Lass mich hier dennoch kurz anmerken, dass der Mechanismus Kontrolle durchaus auch seine Berechtigung hat. Dass wir sie sogar in gewissen Situationen brauchen, aber eben nicht in dem Ausmaß, wie sie bei 90% der Men-

---

12 Ich kann mich noch gut an diesen Moment erinnern. Ich hab mir wirklich Mühe gegeben, der Jessy einen Schrecken einzujagen. – Mit freundlichen Grüßen, deine Angst

schen vorherrscht und schon gar nicht, wenn wir gerade dabei sind, unsere Träume trotz dieser fuckin' Krisen zu leben.

Sobald es in dir zu wenig Vertrauen in dich selbst gibt, wittert die Kontrolle ihren Erfolg.[13] Sie spürt förmlich, dass du jetzt leichte Beute bist und sie sofort dein Leben übernehmen kann. Sie breitet sich aus, ohne dass du es im ersten Moment wirklich bemerkst. Du wirst es sogar abstreiten, kontrollierend zu sein. Du wirst von dieser Vorstellung sogar angewidert sein und alles tun, um deinen Mitmenschen zu zeigen, dass du keine von diesen Desperate Housewives bist, die sogar kontrollieren muss, ob der Stuhlgang des Gatten die richtige Viskosität hat.

Kontrolle ist wie ein unangenehmer Pickel, der dir dein perfektes Outfit versaut. Wie zu viel Salz in der Suppe oder gar Scheidenpilz. Ok, genug der lustigen Wortwitze. Let's dig deep.

Du willst kontrollieren, weil du glaubst, dadurch alles besser im Griff zu haben. Du sehnst dich nach Sicherheit, nach Stabilität. Du glaubst, wenn du stärker festhältst, kann dir nichts passieren. Lass mich dir dazu den wichtigsten Satzes des ganzen Buches mitgeben: Relax, nothing is under control. Diesen Satz hat mir meine Yoga Lehrerin, in deren Studio ich während meines Studiums gearbeitet habe, eines Tages mitgegeben. Relax, nothing is under control.

Kontrolle ist leider eine Illusion. Sie existiert nicht. Du und ich, wir beide können nicht alles in unserem Leben kontrollieren. Wir können nicht dafür sorgen, dass unser*e Partner*in endlich so handelt, wie wir es wollen, oder all unsere Projekte genauso laufen, wie wir uns das vorgestellt haben. Wir haben keine Macht darüber, was andere Menschen über uns denken, egal, wie sehr wir uns bemühen, hübsch auszusehen, uns gut zu benehmen und brave, angepasste Töchter und Söhne zu sein. Und ganz ehrlich, das ist vollkommen ok. Schenk dir selbst den „unverschämten" Luxus, loszulassen und wieder zu erkennen, wie wertvoll und wundervoll du bist.

---

13 Die Kontrolle ist übrigens meine heimliche Verbündete. Wir beide verfolgen meistens dasselbe Ziel. Warum verrate ich dir das überhaupt? Scheiße. – Mit freundlichen Grüßen, deine Angst

Alles ist in ständigem Wandel, in ständiger Veränderung. Viele deiner Zellen regenerieren sich täglich – du bist jetzt schon nicht mehr die Frau, die du warst, als du angefangen hast, dieses Buch zu lesen.

Die einzige Sache, die wir wirklich kontrollieren oder, besser gesagt, achtsam begleiten dürfen, sind unsere eigenen Emotionen und die Bewertungen, die wir bestimmten Situationen geben. Wir können nicht kontrollieren, wie ein anderer Mensch darauf reagiert, was wir sagen. Ob sich unsere Mutter gekränkt fühlt, wenn wir uns endlich wirklich abnabeln. Was unsere Kollegin von uns hält, wenn wir souverän den Vortrag halten. Einen Scheiß können wir. Und ich weiß, das tut irgendwie weh. Du und ich, wir zwei mögen es so gern, alles unter Kontrolle zu haben, denn wir brauchen Sicherheit.

Diese vermeintliche Sicherheit, die entsteht, wenn wir alles um uns herum kontrollieren, ist in Teil unseres Lebens, weil es einen ziemlich starken, abgefuckten Glaubenssatz gibt. Dieser hat uns sehr viele Jahre unseres Lebens erzählt, dass wir nicht gut genug sind, wir anderen vielleicht nicht zur Last fallen dürfen, wir nicht geliebt werden und wir das sowieso nicht alleine schaffen würden.

Genau wegen dieses und anderer Programme in uns brauchen wir die Kontrolle, damit sie uns Sicherheit vorspielt, die von unserem Fuck-Up-Programm immer wieder sabotiert und in Stücke gehackt wird. Folglich brauchen wir mehr Kontrolle. Irgendwann fangen wir vielleicht sogar an, zu kontrollieren, wann und wie viel unser*e Partner*in isst und trinkt. Oder wir wollen alle Termine in unserem Leben minutiös planen, damit ja nichts Ungeplantes geschehen kann.

Aber Kontrolle wird dir beim Manifestieren leider rein gar nichts bringen. Ich kann dir aus meiner und der Erfahrung von tausenden von Frauen berichten, dass je mehr ich versucht habe, eine gewisse Sache, einen Wunsch, einen Menschen oder eine Situation zu kontrollieren, umso langsamer ging alles. Umso ungeduldiger wurden ich und meine Teilnehmerinnen, umso mehr Macht bekam die Kontrolle und alles wurde nur noch schlimmer.

Ich habe dir ein richtig geiles Audio Training zum Zyklus der Kontrolle zusammengestellt. In diesem Training wirst du herausfinden, wie sich dein Kontrollverhalten entwickelt und wie du deine innere „Miss Kontroletti“ auf die Ersatzbank setzen kannst. Du findest es im QR-Code anbei.

Audio-Training zu Kontrolle:

Kontrolle wird dir nicht dabei helfen, das Haus am Strand zu bekommen, den einen Job, den oder die tolle*n Partner*in, mit deinem Camper Van nach Portugal zu reisen und als digitale*r Nomad*in zu arbeiten, frei von Regeln zu leben, einen Bauernhof zu kaufen und ihn zum Retreat Center umzubauen, finanziell frei zu sein, an deinem Traumort zu leben, so viel Geld zu haben, um in das investieren zu können, was du willst, selbst ein Buch zu schreiben, oder, oder, oder.

All diese Wünsche (und tausende mehr) kamen von meinen Teilnehmern des Online Kurses und jeder habe ich im ersten Moment dasselbe gesagt: Lass die Kontrolle los und es wird sich zeigen. Wenn du loslässt, hast du beide Hände frei. Mach dich frei von Konventionen und einengenden Lebensvorstellungen. Lass los.

Wenn du wüsstest, du kannst nicht fallen, kannst du dann loslassen? Wenn du dir mehr vertrauen würdest als dem Kontrolldrang und der Angst in dir, was wäre dann für dich möglich? Ich meine es ernst! Lies diese Frage noch einmal und beantworte sie dir: Wenn du dir mehr vertrauen würdest als dem Kontrolldrang und der Angst in dir, was wäre dann für dich möglich? Wie würdest du dich fühlen, wenn du wüsstest, dass sich das Universum um die wichtigsten Dinge kümmert? Wenn sich, sobald du aufhörst ein ganz bestimmtes Ergebnis kontrollieren zu wollen, alles fügt, weil das Universum wirklich Platz hat, um zu handeln. Diese Fragen beziehungsweise deine Antworten auf diese Fragen sind unsagbar wichtig.

Du kannst dir auch noch folgende Reflexionsfragen zur Kontrolle beantworten (am besten direkt nachdem du das Audio Training angehört hast):

Reflexionsfragen zur Kontrolle:

- Bei welchen Gedanken startet in regelmäßigen Abständen dein Zyklus der Kontrolle?
- Wie nimmst du die Kontrolle wahr? Was machst du oder eben auch nicht aufgrund der Kontrolle?
- Spüre einmal rein: Warum ist Kontrolle für dich so extrem wichtig?
- Was gewinnst du vermeintlich, indem du alles kontrollierst?
- Wer hatte bei dir zu Hause als Kind die Kontrolle, Mama oder Papa?

Diese Fragen werden dir dabei helfen, diesen fiesen, dicken, gelben Pickel des Kontrollzwanges aufzudrücken und die Kontrolle aus deinem System in ein gesundes Maß zu balancieren.

In meinem Online Kurs gebe ich meinen Teilnehmer*innen immer folgende Tools mit an die Hand, die beim Thema Kontrolle und Manifestieren das nächste Level einläuten:

Tool Nummer 1: Die Goddess Box

Die Goddess Box hat mich und so viele Teilnehmer*innen meines Onlines Kurses immer wieder auf den richtigen Pfad gebracht. Sie hat für innere wie äußere Freiheit gesorgt und der „Miss Kontroletti" in jeder von uns gehörig einen auf den Latz gegeben.

Die Goddess Box kann alles Mögliche sein. Eine schöne Schmuckschachtel, eine Tupperbox, eine alte Schatulle. Es muss einfach etwas sein, worin du kleine Zettel verstauen kannst. Werde kreativ. Sobald du dich für ein Objekt deiner Wahl entschieden hast, kannst du entweder mit *Edding*, einem Filzstift oder einem Label Gerät „Goddess / God Box" darauf schreiben. Ich empfehle dir, daraus ein kleines Ritual zu machen, wenn du deine Goddess Box anlegst. Zünde dir eine schöne Kerze an, räuchere gern ein bisschen mit Palo Santo, denn die Eröffnung dieser Box wird dein Leben so viel leichter machen. Zelebriere es! In die Goddess Box packst du nämlich in Zukunft all die Dinge, die dich nachts nicht schlafen lassen. Dinge, über die du immer wieder nachgrübelst und versuchst, die Kontrolle darüber zu behalten. Situationen, Träume, Wünsche, Ängste … in deine Goddess Box kommt alles, worum sich in Zukunft das Universum kümmern soll. Dazu nimmst du dir einfache kleine Zettel und notierst auf ihnen genau das, was dich bedrückt oder immer wieder in schlechte Energie versetzt. Dinge, die du faktisch nicht mit einem Fingerschnips verändern kannst und bei denen du dir Unterstützung wünschst. Auf meinen Zetteln in der Goddess Box stehen aktuell:

- Eine gesunde Blase
- *Spiegel* Bestseller Autorin
- Gesundheit für meinen Papa
- Eine Lösung mit meiner Schwester

Du kannst in die Goddess Box hineingeben, so viel du möchtest. Jedes Mal, wenn du eine Sache auf einen Zettel geschrieben hast, falte ihn klein zusammen, verbinde dich noch einmal mit der Sache, die auf dem Zettel steht, und dann stell dir vor, wie du den Zettel in den Briefkasten des Universums steckst. Schließe dafür für einen Moment deine Augen, verbinde dich mit der Sache auf deinem Zettel und dann lass los. Übergib das Thema an das Universum, energetisch wie faktisch. Lege dazu den Zettel in deine Goddess Box und wiederhole den Vorgang für alle deine Themen. Stelle deine Goddess Box dorthin, wo du sie nicht immer sehen kannst. Lass das Universum mal machen. Einmal im Monat kannst du dir die Zettel wieder herausholen und dich überraschen lassen. So viele von meinen früheren Zetteln waren nach wenigen Wochen gelöst, ohne dass ich dafür großen Effort leisten musste. Sobald sich eine Sache von deinen Zetteln gelöst hat, nimm ihn aus der Box und verbrenne ihn. Dabei kannst du dich beim Universum bedanken und wieder neue Themen hineingeben, wenn du den Drang danach verspürst. Der Punkt ist hier: Wir können nicht alles beeinflussen. But we do our job. Du tust, was du kannst, das Universum macht den Rest. Genau dafür habe ich ein weiteres tolles Tool für dich:

Tool Nummer 2: Das Goddess Dreieck

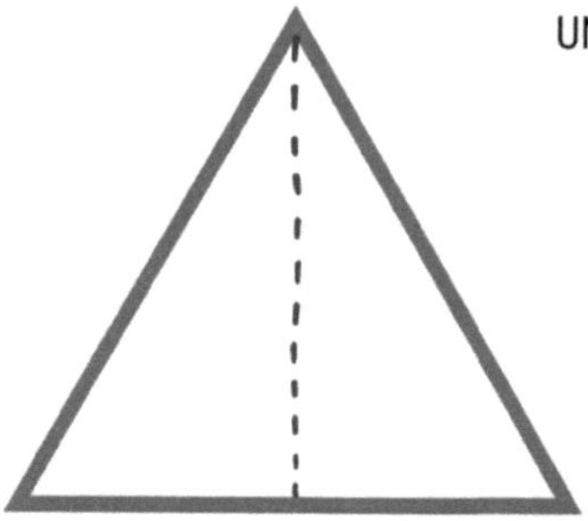

GODDESS DREIECK

DEIN TRAUM

ME

UNIVERSE

Mit Hilfe dieses Tools habe ich mir mehrere hunderttausend Euro, meinen Traumpartner, das Leben in Kapstadt, Business Class Flüge und so viel mehr manifestiert. I just freakin' love it. Wie du auf der Abbildung sehen kannst, zeichnest du dir ein gleichschenkliges Dreieck. Über dieses Dreieck schreibst du deinen Wunsch, zum Beispiel eine Million Euro auf dem Konto. In dem Dreieck ziehst du danach eine gerade Linie und teilst es somit in zwei Hälften. Eine Hälfte des Dreiecks gehört dir – unter diese Ecke schreibst du „Me" oder „Ich". Die andere Seite des Dreiecks gehört dem Universum – schreibe auch gern „Universum" oder „Gott" unter die zweite Ecke. Und jetzt geht der eigentliche Spaß los. In deine Seite des Dreiecks schreibst du die Dinge, für die du verantwortlich bist für die Erfüllung deines Traumes. Für die eine Million Euro auf deinem Konto könnten das folgende Dinge sein:

- Jede Woche Lotto spielen
- Eine weitere Ausbildung machen, einen neuen Job finden und viel mehr Geld dadurch verdienen
- Dinge auf dem Dachboden schätzen lassen und verkaufen
- Kleiderschrank ausmisten und verkaufen
- In Krypto Währung investieren
- Eine Wohnung kaufen, renovieren und mit Gewinn wieder verkaufen
- ...

Bitte adaptiere diesen Teil auf deine Lebenssituation und deinen Traum. Als ich meinen ersten sechsstelligen Launch (es waren 123.453,55 Euro) manifestiert habe, schrieb ich folgende Dinge auf meine Seite des Dreiecks:

- Mich in den sozialen Medien zeigen und mit Leichtigkeit die Plätze der Mastermind verkaufen
- Den Kauf-Prozess so einfach wie möglich gestalten
- Den Menschen zeigen, was sich für sie verändern wird, wenn sie Teil dieser Gruppe sind
- Die Sales Page anpassen
- Selfcare und Ruhephasen einplanen
- Mit dem Team den Launch planen und vorbereiten
- …

Du siehst also, je nach Wunsch darfst du deine Seite (und die des Universums, dazu kommen wir gleich), anpassen. Es geht bei deiner Seite darum, einen Deal mit dem Universum einzugehen. Die Dinge, die auf deiner Seite stehen, sind nicht verhandelbar. Du wirst sie tun, umsetzen und alles, was nötig ist, reingeben, ohne Ausreden, MiMiMi-Kacke oder die Verantwortung auf jemanden anderen zu übertragen. Deine Seite = Dein Job! Du gehst hier wirklich einen Vertrag mit dem Universum ein und ich habe es noch nie erlebt, dass sich die Träume meiner Kundinnen und Online Kurs-Teilnehmer*innen nicht manifestiert hätten, wenn sie 100% für ihre Seite gegeben haben. Du weißt doch, das Universum will dich beschenken, dich glücklich machen, so wie ein guter *Satisfyer* auch nur eine Aufgabe hat: deine Klitoris glücklich zu machen. But you go first! Du machst immer den ersten Schritt. Hör auf, darauf zu warten, dass das Universum loslegt. Du musst den Befehl erteilen und das kannst nur du. Im Kapitel *Aligned Action* erfährst du dann, wie du am besten in die Umsetzung kommst.

Gut. Nachdem du jetzt deine Seite des Dreiecks befüllt hast, kommen wir zur Seite mit dem Universum. Lass uns noch einmal das Beispiel mit der Million auf dem Konto durchspielen. Dafür ist nicht mehr nötig, als dir zu überlegen, welche unmöglich erscheinenden Aufgaben das Universum für dich übernehmen soll. Das könnte so etwas sein wie:

- Sorgt dafür, dass du die richtigen Zahlen im Lotto tippst und damit einen Sechser mit Zusatzzahl bekommst
- Sorgt dafür, dass du ohne dich anstrengen zu müssen einen tollen Job online findest, auf den du dich bewerben kannst und 40% mehr Gehalt bekommst
- Sorgt dafür, dass du die Idee hast, mit der du dich selbstständig machst und sogar Investoren findest, die deinen Traum unterstützen werden
- Sorgt dafür, dich mit den richtigen Menschen, Büchern, Seminaren über Geld und Finanzen zu verbinden, von denen du leicht lernen kannst, wie du deine Finanzen regelst
- Sorgt dafür, dass du die richtige Kryptowährung kaufst, die innerhalb von wenigen Monaten durch die Decke geht und große Gewinne für dich abwirft
- ...

War es nicht sonst so, dass du dir Sorgen gemacht hast und glaubtest, dafür verantwortlich zu sein oder gar die Kontrolle darüber zu haben, ob du die richtigen Zahlen im Lotto tippst? In dem Moment, in dem du dem Universum klipp und klar machst, was seine Aufgabe ist, wirst du sehen, dass es seinen Job zu deiner vollsten Zufriedenheit ausführen wird. Gib ab. Lass los! Es ist nicht deine Verantwortung.

In meinem Beispiel mit dem ersten sechsstelligen Launch stand auf der Seite des Universums Folgendes:

- Bring mir Soulaligend Clients, die aus dem Nichts kaufen. (Es kamen drei, die ich nicht kannte und jede von ihnen hat mehr als 12.000 Euro investiert.)
- Lass mich die richtigen Worte finden, mit denen ich meine Follower*innen die Energie der Mastermind zeigen kann. (Ich habe zur Mastermind zwei Stories auf *Instagram* gemacht und sie war ausverkauft.)

- Bitte lass mich inspiriert sein, um mich frei und glücklich zu fühlen. (Zu der Zeit des Launches war ich in Mailand, völlig ungeplant, und habe mir meine erste *Yves Saint Laurent* Handtasche gekauft, die mich so krass in mein Next Level Self katapultiert hat.)
- Gib mir die Kraft, mich so zu zeigen wie ich wirklich bin, damit die Frauen, die dabei sein sollen, spüren, dass sie am richtigen Ort sind. (In diesem Launch hatte ich so viel Energie wie in keinem zuvor.)

Ich habe abgegeben und losgelassen. Und ich habe mich damit abgefunden, dass ich nicht dafür sorgen kann, dass Menschen, die mir bisher nicht gefolgt sind, direkt so angezündet sind von dem, was ich sage, dass sie direkt einen fünfstelligen Betrag investieren.

Ich bin auf das Goddess Dreieck durch die Geschichte mit Verena im Flugzeug gekommen. Diese Situation hätte ich so niemals einfädeln können. Wie hätte ich dafür sorgen können, dass eine solch wundervolle Frau neben mir sitzt? Damals wusste ich noch nicht einmal, dass es Menschen gibt, die Frauen dabei helfen, selbstständig zu werden. Wie interessant, dass ich Jahre später genau das für meine Kundinnen war. Heute weiß ich, dass ich nicht über alles Kontrolle haben *muss*. Dass ich abgeben darf und neu entscheiden kann, wohin meine Energie fließt. Denn eines kannst du mir glauben: Immer die Kontrolle haben zu müssen, zieht wahnsinnig viel Energie. Energie, die du eigentlich für andere, sehr viel wichtigere Dinge einsetzen kannst. Also gib dir die Erlaubnis, loszulassen. Dadurch erzeugst du innere Freiheit und machst Platz in deinem System.

Wenn dein Umfeld rebelliert

So viele von uns leiden unter ein und derselben Angst: Was, wenn ich bekomme, was ich will und dadurch das verliere, was ich bereits habe?[14] Diese Angst sitzt so tief in uns allen verankert, denn von klein auf bekommen wir den Satz zu hören: „Lieber den Spatz in der Hand als die Taube auf dem Dach.“ Uns wird eingetrichtert, bescheiden zu sein, um ja nicht als Arschloch

14 Das ist mein Lieblingsspiel. – Mit freundlichen Grüßen, deine Angst

oder arrogante Bitch rüberzukommen. Wir versuchen verzweifelt, dazuzugehören, denn genetisch gesehen ist dieses Zugehörigkeitsgefühl das, was uns früher vor dem sicheren Tod geschützt hat. Wenn du vor 50.000 Jahren aus deiner Gruppe ausgestoßen wurdest, warst du verloren. Früher alleine zu überleben, gegen Mammuts und Löwen zu kämpfen, für ein sicheres Zuhause zu sorgen, Essen zu organisieren und sich selbst zu beschützen, war eine Aufgabe für eine große Gruppe an Homosapiens. So verwundert es nicht, dass diese Angst immer noch tief in uns drin steckt.

Nun ist es heute aber Gott sei Dank so, dass du nicht mehr stirbst, wenn sich deine beste Freundin von dir abwendet, wenn deine Familie dich für verrückt hält oder deine Kolleg*innen hinter deinem Rücken über dich reden. Rational weißt du das auch, aber unterbewusst wird immer wieder dieselbe Angst getriggert: *Ich darf nicht ausgeschlossen werden.* Du willst dazugehören, auch wenn du vielleicht so wie ich ein kleiner Rebell bist und gefühlt immer gegen den Strom geschwommen bist. Im Kern willst du verstanden, akzeptiert und anerkannt werden. Und das ist ok.

Sobald wir unserem engsten Umfeld (deine Top Five Menschen) entwachsen, weil wir uns neu entschieden haben, neue Bücher lesen, neue Gespräche führen möchten, uns erlauben, mehr vom Leben zu wollen, wächst in uns die Angst, allein zu sein. Nicht verstanden und geliebt zu werden. Dieser Schmerz ist im ersten Moment real und ich möchte ihn in keinem Fall herunterspielen. Ich kenne ihn so verdammt gut. Auch ich bin vielen Menschen aus meinem engsten Umfeld entwachsen und hatte Angst davor, vollkommen allein zu sein. Ich will nicht lügen: Diese Angst hat auch mich lange Zeit davon abgehalten, mein gesamtes Potenzial zu leben und das Leben meiner Träume zu gestalten. I get the point. Und ja, wenn wir unserem engsten Umfeld entwachsen, sind wir vielleicht für einen Moment *allein.* Zumindest glauben wir das. Wenn du dich dann aber wieder an das Kapitel mit der Quantenphysik erinnerst, wirst du wissen, dass du per se nie allein sein kannst, weil du mit allem auf der Welt verbunden bist. Jederzeit kannst du dich in die Arme von uns allen fallen lassen. Du kannst jederzeit neu entscheiden und dich verbinden.

Das löst die sehr menschliche Angst natürlich nicht in Gänze auf. Dein Ego wird dir bei den vorherigen Zeilen augenrollend antworten: *„Aber dann bist du ja in der Realität dennoch allein.“* Dein Ego kann gar nicht anders, denn es ist hier, um dich vor dem Tod zu bewahren. Alles, was das Ego nicht kennt und greifen kann, bedeutet Gefahr. Und weil dein Ego eine ziemliche Drama Queen ist, bedeutet Gefahr immer gleich auch den Tod. Du weißt rational, dass du nicht sterben wirst, wenn sich Freund*innen von dir abwenden, aber es fühlt sich so an. Hier ist es wichtig, zwischen gefühlter Realität und deiner wahren 3D-Realität zu unterscheiden. Du weißt, dass dein Unterbewusstsein den Unterschied zwischen Realität und Traum nicht kennt. Genau diesen Mechanismus nutzen wir ja beim Manifestieren unserer Träume. In diesem Punkt müssen wir es allerdings anders herum angehen. Sobald du dich zu lange in den Zustand von möglichen Horrorszenarien begibst, wird dein Unterbewusstsein immer mehr davon überzeugt sein, dass das bereits deine Realität ist und du blockst dadurch dein Manifestationsergebnis. Und dadurch generierst du nur eine Lose-Lose-Situation. Dein Körper ist währenddessen im Fight or Flight-Mode, deine Ängste machen dich verrückt und du blockierst dadurch, dass deine Träume wirklich Realität werden.

So viele von unseren Ängsten treten einfach nie ein. Warum, glaubst du, sind Versicherungen so lukrative Unternehmen? Wieso machen sie jährlich riesige Gewinne und wachsen stetig an? Wenn all die Ängste, mit denen sie sehr viel Geld machen, eintreten würden, wären die Versicherungen sehr schnell pleite. Die Angst, dass dich deine Eltern für eine arrogante Bitch halten, du enterbt wirst, nie wieder an Weihnachten kommen kannst und deine ganze Familie im Hintergrund über dich lästert, ist nur eine von tausend verschiedenen Möglichkeiten. Es könnte doch auch sein, dass sie sich wahnsinnig für dich freut, wenn du endlich deine Weltreise machen oder ortsunabhängig arbeiten und leben kannst. Aber in deinem Kopf gibt es nur das eine Horrorszenario, weil dein System darauf ausgelegt ist, allen möglichen Gefahren aus dem Weg zu gehen.

Die Fragen in diesem Kapitel lauten also:

1. Wie kannst du für dich losgehen und mögliche Horrorszenarien aus deinem Kopf verbannen?
2. Was kannst du tun, wenn dein Umfeld wirklich rebelliert?

Zur ersten Frage gibt es eine simple Antwort: Komme immer wieder ins Hier und Jetzt. Sobald du deine Aufmerksamkeit auf das Hier und Jetzt richtest und bewusst ein- und ausatmest, lässt du die Gedanken an die mögliche Zukunft los. Meditationen und Achtsamkeitsübungen dienen alle demselben Zweck: im einzigen Moment anzukommen, der wirklich existiert. Im Jetzt. Auch wenn du logisch darüber nachdenkst, wirst du sehen, dass es nur das Jetzt gibt. Kannst du jetzt in diesem Moment einen Apfel essen, den du erst nächste Woche kaufen wirst? Die Zukunft existiert nur in deinem Kopf. Sobald du merkst, dass du dich in Gedanken über die Zukunft verlierst, ankere das Hier und Jetzt wieder. Das kannst du mit folgenden sehr simplen Tricks tun:

- Binde dir einen Haargummi um deinen Arm und jedes Mal, wenn du wieder im Hier und Jetzt ankommen willst, lass ihn schnalzen. Dieser kleine Schmerz wird dich sofort wieder ins Hier und Jetzt befördern.
- Klatsche dreimal laut in deine Hände, um dich aus dem Gedankenkarussell heraus zu ziehen.
- Nimm zehn tiefe Atemzüge und werde dir bewusst, wo du sitzt, stehst, gehst oder liegst. Nimm wahr, wie sich deine Bauchdecke hebt und senkt, wie frische Luft durch deine Nasenlöcher ein- und ausströmt.

Im Hier und Jetzt existieren deine Ängste nicht. Im Hier und Jetzt ist einfach alles gut. Hole dich immer wieder zurück in den gegenwärtigen Moment und du wirst spüren und erleben, wie schnell sich deine Angst auflösen wird. Ja, du wirst das mehrmals am Tag machen müssen. Genauso wie eine Sportlerin jahrelang trainieren muss, um bei Olympia Gold zu holen, ist es auch Übung, immer wieder im Hier und Jetzt anzukommen.

Zu Frage Nummer zwei: Was kannst du tun, wenn dein Umfeld wirklich rebelliert? Dieser Fall kann eintreten, ich will dich nicht belügen. Es ist sehr gut möglich, dass dich dein engstes Umfeld mit komischen Blicken beäugt, wenn du ihm von deinen Träumen und Visionen erzählst. Das ist normal. Denn dein Umfeld tickt so wie du, bevor du erkannt hast, dass alles für dich möglich ist. Es wird Menschen geben, die nicht verstehen, warum du nicht einfach alles so akzeptieren kannst, wie es ist. Warum du mehr willst und wieso du dafür gewisse Risiken in Kauf nimmst. Es wird Menschen geben, die sich von dir abwenden werden, die hinter deinem Rücken über dich reden werden. Ja, das kann passieren, muss aber nicht. Mir ist wichtig, dass du weißt, dass du damit nicht allein bist, dass es mir und so vielen meiner Online Kurs-Teilnehmer*innen genauso ging. Und dass wir es alle überlebt haben. Wir sind daraus als starke Visionär*innen hervorgegangen, die für sich und ihre Träume losgehen, no matter what.

Als ich meinen Eltern nach anderthalb Jahren Selbstständigkeit offenbarte, dass ich vor 18 Monaten gekündigt hatte, sind sie fast vom Stuhl gefallen. Obwohl meine Mutter selbst ein Unternehmen hat, konnte sie nicht verstehen, warum ich mich in Zeiten von Corona in dieses „Risiko" begeben habe. Selbst als ich ihnen sagte, dass es mittlerweile wirklich gut läuft, kamen die klassischen Aussagen einer Mutter: „Aber Kind, was machst du, wenn es nicht gut läuft?", „Hast du dich um deine Altersvorsorge gekümmert?", „Was denkt denn dein Partner darüber?" Ich glaube, Eltern machen sich einfach immer Sorgen, egal, wie „sicher" etwas ist. Das liegt in der Natur der Sache. Als ich feststellte, dass ich mit meinen zwei besten Freunden nur noch Small Talk Themen besprechen konnte und es einfach keinen gemeinsamen Nenner mehr gab, entschloss ich mich, das ganz offen anzusprechen und die Freundschaften für den Moment auf Eis zu legen. Es raubte mir Energie, immer Dinge zurückhalten zu müssen. Ich fühlte mich einsam in unseren Freundschaften, weil sie mich einfach nicht mehr verstanden. Selbst meine langjährige Beziehung ging am Ende des Tages in die Brüche, weil ich ein anderes Leben leben wollte als er. Ich habe viel auf dem Weg in mein jetziges Leben zurückgelassen und würde es immer wieder tun. Denn dadurch gab es auf einmal Platz und Raum in meinem Leben für neue Menschen. Menschen, die mich verstehen, die ähnliche Ziele haben, die ein ähnliches Leben leben wollen oder es bereits tun. Das Universum hat verstanden, dass ich für meinen Traum die richtigen Menschen in meinem Leben brauche und es hat dafür gesorgt, dass sie sich zeigen. Wenn du an dem, was du kennst, festhältst, kann sich nichts Neues in deinem Leben manifestieren.

Was kannst du also tun, wenn dich dein Umfeld für „verrückt" erklärt? Ganz einfach, mache weiter. Gehe deinen Weg und lass los. Frage dich bei den fünf engsten Menschen in deinem Leben, ob du dir vorstellen kannst, dass sie auch noch Teil davon sind, wenn du deinen großen Traum in deiner 3D-Realität erlebbar gemacht hast. Ein wundervoller Spruch hat mich damals in dieser Zeit begleitet: „Don't feel guilty for growing out people who could have come with you. You are not a bitch." Damals hatte ich diesen Spruch sogar als Handyhintergrund, damit ich mich immer wieder daran erinnern konnte. Du bist kein Arschloch, weil du dich weiter entwickelst und die anderen da bleiben wollen, wo sie sind. Jeder Mensch hat die Wahl und manchmal begleiten uns Menschen nur für einen bestimmten Lebensabschnitt und das ist ok. Andere Menschen werden dich bis zum Ende begleiten und auch das ist ok. Gräm dich nicht. Versuche nicht, diese Menschen vom Gegenteil zu überzeugen. Du musst dich nicht rechtfertigen, nicht erklären und vor allem niemanden missionieren. Bleibe auf deinem Weg. Lass die Kontrolle los und das Universum den größten Teil der Arbeit übernehmen.

Was tun, wenn es so aussieht, als würde es nicht funktionieren?

Soll ich ganz ehrlich mit dir sein? Manifestieren ist etwas für die Mutigen unter uns. Für die, die mehr an sich selbst glauben als an ihre Angst. Du musst bereit sein, die Welt um dich herum anders zu sehen. Du musst lernen, mit Dingen in deiner Realität anders umzugehen. Du musst dich hinterfragen: Ist das, was ich glaube zu sehen, wirklich die Realität? Die innere Arbeit, die du bis zu diesem Punkt getan hast, ist real. Inner work is work. Wie ich schon gesagt habe: Glaube ist es erst dann, wenn du weiter machst, auch wenn es nicht danach aussieht, als würde es klappen. Jedes Mal, wenn ich dachte, dass dieser eine Traum nicht wahr werden würde, konnte ich mich neu entscheiden. Ich habe mich immer wieder entschieden, es zu glauben, bis ich es wirklich in meiner 3D-Realität erlebt habe. Egal, was ich in meiner Außenwelt sehen kann: Ich weiß, dass ich es bereits im Universum aktiviert habe. It's already done.

Wie du zu Beginn des Kapitels gelesen hast, stellen Menschen immer wieder ähnliche Fragen: „Wie macht man weiter? Was kommt als Nächstes? Woher weiß ich, dass ich genug getan habe?"

Offensichtlich würde man denken: Naja, du hast genug getan, wenn du es in deiner 3D-Realität greifbar gemacht hast. Aber das ist nicht die ganze Wahrheit. Bevor sich etwas in deiner Realität manifestiert hat, ist es schon lange zuvor „erledigt". It's already done. Es ist erledigt, wenn du dich dafür entscheidest, dass das die Realität ist. Es ist erledigt, wenn du dir nicht mehr vorstellen kannst, ohne diesen Traum zu leben. Wenn du dir nicht mehr vorstellen kannst, es nicht zu bekommen. Und auch jetzt gibt es schon Dinge in deinem Leben, ohne die du nicht mehr leben könntest. Die so selbstverständlich sind, dass du sie nicht mehr hinterfragst. Vielleicht kannst du dir nicht mehr vorstellen, ohne dein*e Kind*er zu leben. Oder wie es ist, nicht von deinen Freund*innen wertgeschätzt zu werden oder nicht erfolgreich in deinem Job zu sein oder ohne Sport zu leben. Für dich fühlt sich das so normal an, dass der Gedanke entstehen kann, dass es schon immer so war. Aber all das, was für dich heute selbstverständlich ist, ist das Ergebnis einer Entscheidung, die lange zurückliegt. Ich kann mir heute nicht mehr vorstellen, mit einem Wecker aufzustehen. Diese Tatsache, dieser Standard ist schon so lange Realität für mich, dass ich es mir nicht mehr anders vorstellen kann. Es ist so geankert, so gelebt, mein absoluter Standard. Frage dich also, wo in deinem Leben ist etwas so geankert, so normal geworden, dass du dir gar nicht mehr vorstellen kannst, dass es anders ist? So ergeht es mir mit all meinen Träumen und Wünschen. Es ist einfach Fakt, nicht diskutabel, nicht verhandelbar. It simply is. Und darauf baue ich immer wieder mein Vertrauen auf. Ich, du, wir alle haben so viele Erlebnisse in unserem Leben gehabt, an die wir uns in solchen Situationen erinnern können. Wie oft dachtest du schon, dass etwas nicht klappt, und dann hat es doch funktioniert? Ich vertraue mir und meiner Manifestationsfähigkeit, weil ich es schon hunderte Male erlebt habe. Weil ich bereit bin, meinen Standard immer wieder upzugraden, weil ich neue Fakten etabliere.

Lass uns noch einmal einen Schritt zurück gehen und dich daran erinnern, was du schon gelernt hast. Was du fühlst und wie du dich fühlst, ist der Schlüssel zu deiner Manifestation. Gefühle lassen eine Vibration entstehen, eine Vibration, die wiederum dein Außen kreiert. Diese Vibrationen sind identisch zu deinem *Sein*. Wer du tatsächlich *bist (und nicht wer du glaubst, zu sein)*. Und wie du bist, zieht wiederum die Dinge an, die auf derselben Frequenz schwingen. Deine Identität wird sich immer wieder verändern und Dinge werden für dich absolute Normalität werden, so jetzt schon dein Sport, die Wertschätzung deiner Freund*innen oder das Aufstehen ohne Wecker bei mir. Deshalb ist das Fühlen so wichtig. Es gibt keinen schnelleren Weg zu deinem Traum, als es zu fühlen – egal, ob du es bereits greifen kannst oder nicht.

Kann ich dich etwas Persönliches fragen? Was denkst du eigentlich über dich in genau diesen Momenten? In diesen Momenten, in denen sich die Manifestation noch nicht gezeigt hat? Was denkst du da über dich? Sind es positive und bestärkende Gedanken oder eher eine richtige Standpauke? Sagst du dir immer wieder, dass du es nicht schaffen wirst, oder bleibst du im tiefen Glauben daran, dass es schon erledigt ist? Diese Phase der Manifestation sagt sehr viel über dich und dein aktuelles Vertrauen in dich selbst aus. Make it yours. Du kannst immer wieder neu entscheiden. Du kannst entscheiden, welche Seite der Münze du wählst. Ist das Glas halbvoll oder halbleer? Wenn sich massive Zweifel zeigen, dann spiele wieder das Ego-Poker-Spiel. Hole alles raus und entscheide neu. Und dann, Baby, gehe wieder in das Gefühl. Fühle wieder: It's already done. Erinnere dich immer wieder daran, dass sich dein Wunsch schon auf dem Weg zu dir befindet. Du triffst hier die Entscheidung.

Lass mich dir noch eine andere Perspektive mitgeben. Es gibt oft Zeiten, in denen sich in deiner aktuellen Realität erst noch das manifestiert, was du mit deinen vergangenen Gedanken in Bewegung gesetzt hast. Mit deiner alten Identität, deinen alten Gedanken und Überzeugungen. Manchmal überschneiden sich diese Phasen. Die eine Phase ist noch nicht ganz abgeschlossen, während sich die andere Phase noch nicht in Gänze in deiner Realität zeigen kann. Genau in diesen Momenten, wenn sich alles wibbeli-wobbeli anfühlt und du nicht ganz greifen kannst, was wirklich los ist, sortiert sich das Universum neu. Du sortierst dich neu. Dein gesamtes System sortiert sich neu. Alles in deinem System wird gerebootet und auf ein neues Betriebssystem umgestellt, während das Alte erst noch geschlossen werden muss. Kennst du die Situation, wenn du vor deinem Rechner sitzt und er sich auf einmal aufhängt? Du kannst keine Programme mehr schließen und nichts reagiert mehr? Genau das kann auch bei dir selbst passieren. Aber wir wissen, dass manchmal ein Neustart alles ist, was es braucht, um den Rechner wieder zum Laufen zu bringen.

Was mich zum nächsten Punkt bringt. Im Englischen gibt es eine tolle Phrase dafür: „Bow your head, but move your feet." Was so viel bedeutet wie: „Verneige dich vor dem Geschenk. Sei jetzt schon in der Dankbarkeit. Aber bewege dich. Komm in die Umsetzung." Das heißt nicht, dass du in deinen alten Hustle & Die-Modus verfallen sollst, sondern dass es Aligned Actions gibt, die zu tun sind. Du wirst in dem Kapitel später mehr dazu lesen. Aber für den Moment hör auf zu warten, sondern beobachte viel mehr, wie sich alles bereits schon jetzt neu arrangiert. Komm in die Beobachterrolle, anstatt immer nur zu warten. Was hat sich schon jetzt alles verändert? Spiel Sherlock Holmes und beobachte, wo du bereits jetzt Veränderungen in dir selbst und deiner aktuellen Realität wahrnimmst. Egal, wie klein die Veränderungen sind, nimm sie einmal bewusst wahr und begib dich immer wieder in das Gefühl der Dankbarkeit. It's already done.

In solchen Momenten liebe ich es, genau das mehrmals hintereinander auszusprechen. „Ich weiß, dass ich *Spiegel* Bestseller Autorin bin. Es war so einfach. Es ist schon erledigt. Ich bin es schon. Ich weiß, dass ich es geschafft habe. Es fühlt sich so aufregend an. Millionen von Menschen lieben dieses Buch und finden darin eine tolle Anleitung und Hilfestellung, um ihre Träume Realität werden zu lassen. Ich hab es schon geschafft. Danke, danke, danke. Ich fühle mich so großartig, weil ich es geschafft habe. Ich bin *Spiegel* Bestseller Autorin ..." All das immer wieder auszusprechen, lässt mich sofort wieder in die Gefühle eintauchen, die ich erleben will. Es erhöht meine Vibration, es erzeugt eine andere Realität. „Ich vertraue mir wieder mehr, egal, wie meine aktuelle Realität aussieht. Ich weiß, es ist schon erledigt.“ Und dann mache weiter, lebe deinen Tag und sobald wieder Zweifel und Ängste hochkommen, entscheide dich wieder neu. Es ist Training. Aber die Belohnung dafür ist so immens. Du wirst dir später selbst dafür danken, dass du es getan hast. Jedes Mal, wenn ich einen neuen Traum habe wahr werden lassen, danke ich der Vergangenheits-Jessy fürs Dranbleiben. Ich bedanke mich bei ihr, ich erhebe mein Glas auf sie und applaudiere ihr für ihren Mut und ihr Durchhaltevermögen.

Letztes Wochenende war ich mit Pinguinen schwimmen. Einfach so. Ein Traum, der seit so vielen Jahren auf meiner Bucket List stand. Als wir vom Strand zurück zum Auto gingen, bin ich auf und ab gehüpft und habe mich bei mir selbst bedankt. Dafür, dass ich mir Kapstadt manifestiert habe und die Möglichkeit, endlich mit diesen tollen Tieren schwimmen zu können. Also wofür möchtest du deinem Vergangenheits-Ich jetzt mal Danke sagen? Wo hast du nicht aufgehört, sondern hast weiter gemacht und kannst deshalb schon jetzt ein so viel cooleres Leben leben als noch vor zwei, fünf oder zehn Jahren?

Lass mich dir noch eine weitere Sache mit auf den Weg geben. Wenn du richtig groß geträumt hast, so wie du es am Anfang des Buches tun solltest, dann ist deine Wunsch-Realität sicherlich eine ganz andere als die, die du gerade lebst. Je größer der Traum beziehungsweise je unterschiedlicher diese neue Realität zu deiner jetzigen ist, desto mehr muss das Universum im Hintergrund für dich arrangieren. Es müssen andere Teile, Komponenten, Energien und Menschen umorganisiert werden, damit du bekommst, was du willst. Und ja, das Universum ist mindestens genauso zuverlässig wie *Amazon*, aber manchmal braucht es einfach auch etwas Zeit. Der Traum, als Millionärin ortsunabhängig einen Bestseller zu schreiben, hat vier Jahre für mich gedauert. Was sind schon vier Jahre, verglichen mit der Zeit, die jetzt noch in dieser Identität vor mir liegt? Wie viel mehr ist jetzt noch für mich möglich? Dahingegen hat das Manifestieren meines absoluten Traummannes gerade einmal 72 Tage gedauert. Oder dieses Buch: Zwei Wochen nach der Entscheidung, mein erfolgreiches Online Coaching Business zu schließen, sprach ich mit meinem jetzigen Verlag und unterzeichnete den Buchvertrag. Lass das Universum die Puzzlestücke zusammenbauen und bleib geduldig. Ich weiß, das ist manchmal unfassbar schwer, aber Aufgeben ist keine Option.

Ich liebe den Satz: „It's this – or something better." Was so viel bedeutet wie: „Es ist das oder etwas noch Besseres." Es bedeutet, dass wenn sich eine Manifestation wirklich nicht einstellen sollte, dann nur, weil etwas noch viel Größeres und Besseres auf dich wartet. Ich habe es selbst so oft erlebt und war jedes Mal wieder überrascht. Eine meiner Online Kurs-Teilnehmerinnen hatte als großen Wunsch einen neuen *Audi* RS6 auf ihrer Wunschliste. Ein extrem schönes, schnelles und teures Auto. Sie tat monatelang alles dafür, visualisierte, hielt die Energie hoch, glaubte an sich und dennoch wollte sich dieses Auto einfach nicht zeigen. Zwei Monate später stellte sich heraus, warum: Sie war schwanger, ein weiterer Herzenswunsch von ihr wurde wahr.

„Ich bin heute so froh, dass ich den *RS6* nicht manifestiert habe. Ich hätte ihn sofort wieder verkauft. Dieses Auto ist für uns zu dritt einfach nicht perfekt. Ich habe, nachdem ich den positiven Schwangerschaftstest gesehen habe, sofort gewusst, dass das Universum wusste, dass ich bald schwanger werden würde und hat mir deshalb schon die ganze Zeit Werbungen für einen Kompakt Van angezeigt. Ich war damals so genervt, weil ich dachte, dass das Universum immer noch nicht verstanden hätte, dass ich einen *Audi* RS6 wollte und keine Familienkutsche. Jetzt macht das natürlich absoluten Sinn und mein jetziges Traumauto habe ich mir innerhalb weniger Wochen manifestieren können. Danke, Jessy, für diesen wertvollen Input, ohne den ich sonst den Glauben verloren hätte." – Marie

Du siehst also, it's this – or something better. Bleib im Vertrauen, mach deine Hausaufgaben, werde zu dem Menschen, für den es gar nicht mehr anders denkbar ist, als diesen Traum seine Realität zu nennen. Stick with it – bleib dran. Gib nicht auf. Du weißt nicht, ob sich nicht schon in zehn Minuten alles verändern wird. Vielleicht siehst du morgen endlich den Hinweis, den du gerade verzweifelt suchst.

Lebe deine neue Identität jeden Tag. Geh jeden Tag ein kleines Stück weiter. Lebe bereits jetzt so, als wäre der Traum schon wirklich deine Realität. Lass das Ego in seinem Drama, aber steige nicht mit ein. Bleib im Hier und Jetzt. Geh immer wieder ins Vertrauen und in die Dankbarkeit und glaub daran, dass es dieser Traum ist, der sich erfüllt, oder noch ein sehr viel Besserer.

Eine letzte Sache gebe ich dir noch mit auf den Weg: Wenn es so aussieht, als würden deine Träume keine Realität werden können, definiere, was es noch braucht, um sie zu erreichen. Zum Beispiel kann sich „Ich will sportlicher werden." verändern in

- Ich kann endlich wieder meine Zehen berühren.
- Eine Kleidergröße weniger bis Dezember
- Zehn Minuten auf dem Laufband sind kein Problem mehr.

Stell dir vor, dass es kleine Mini Ziele sind, die du erreichst und die dann wieder ein Gesamtbild ergeben. Außerdem wird es sich großartig anfühlen. Du wirst wieder spüren, dass du in der Lage bist, etwas zu verändern und dass das Universum nicht die einzige Stellschraube ist. Denke daran: You go first. Brich also vage Ziele wie „öfter entspannt fühlen" in mini-winzige Puzzleteilchen herunter und das Universum kommt und wird liefern. Woran du das merkst? Das Universum wird dir Zeichen liefern. Einen Flyer in deinem Briefkasten, eine Podcast Folge, ein Buch, ein Gespräch, eine Werbeanzeige auf Social Media Plattformen und so weiter. Du kannst es, du wirst es schaffen!

You've got this, Babe! Ich glaube an dich! Glaub bitte auch an dich! Du bist es deinem Zukunfts-Ich schuldig.

Was du bis jetzt gelernt hast:

- Sobald Menschen anfangen, dich für „verrückt" zu erklären, bist du auf dem richtigen Weg und dein Traum ist groß genug.

- Du musst deinen Traum für ebenso real halten wie den Fakt, dass das Gras grün und der Himmel blau ist.

- Mach deinen Traum auf körperlicher Ebene erlebbar, auch wenn er sich noch nicht in deiner 3D-Realität gezeigt hat.
- Das *Wie* ist nicht dein Problem. Hör auf, die Aufgaben von Gott zu übernehmen.
- Das Universum macht 30 Schritte im Hintergrund, während du drei machst. Trust her.
- Sobald du alles kontrollieren willst, stoppst du den Manifestations-Prozess und sorgst für eine unnötige Verzögerung. Du musst lernen, Kontrolle loszulassen, damit der Weg für das Universum frei gemacht wird.
- Kontrolle ist das Gegenteil von Vertrauen.
- Auch wenn du deinem Umfeld entwachsen solltest, bist du keine Bitch! Jeder Mensch hat die Wahl – und wenn du dich für dein Potenzial und deine Träume entscheidest, darfst du dich auch richtig gut damit fühlen.
- Dein Ego ist eine Drama Queen und malt sich immer die schlimmsten Horrorszenarien aus. Aber du kennst jetzt Wege und Mittel, um immer wieder im Hier und Jetzt anzukommen.
- Sobald etwas für dich absolute Normalität ist und du dir nicht mehr vorstellen kannst, dass dieser Traum nicht Realität werden kann, hast du den Prozess auf „Schnellkochen" gesetzt. Das ist perfekt.
- Sei geduldig, einige Träume brauchen länger als andere.

Jetzt lass mal machen – aber richtig!

Ich meine, wir beide wissen ja, dass du eine Macherin bist, right? Du hast schon so viel in deinem Leben umgesetzt, so viele Hürden überwunden, Berge erklommen und dich aus den unmöglichsten Situationen befreit. Du findest doch eigentlich immer eine Lösung, nicht wahr? Viele Menschen leiden unter *Kompetenzdemenz*. Ein Zustand, der beschreibt, dass wir ganz oft vergessen, was wir können und was wir alles bereits geschafft haben. Um diese Kompetenzdemenz zu besiegen, empfehle ich dir eine kleine Liste anzufertigen. Auf dieser Liste hältst du die fünf bis zehn großen Erfolge (gerne auch mehr) deines Lebens fest. Erinnere dich wieder! Nur weil es für dich vollkommen normal ist, als Mama von drei Kindern deine Selbstständigkeit aufzubauen, oder trotz Krebsdiagnose einen Marathon zu laufen – heißt das nicht, dass das „normal" ist. Wofür wirst du immer wieder von deinem Umfeld bewundert? Was hast du geschafft und erreicht in den letzten Jahren und Jahrzehnten? Mach dir eine kurze und knackige Liste, auf der du deine Erfolge festhältst. Jetzt ist nur die Frage, warum du mit so viel Macher-Energie dennoch nicht das hast, was du eigentlich willst, sondern dich immer nur vom einen Scheiße-Haufen an Problemen zum Nächsten kämpfst. Umsetzen ist nicht dein Problem, meistens zumindest. Wenn du etwas tun musst, dann machst du das auch und das sogar ziemlich gut. Aufgeben ist ja auch keine Option, und dennoch ist dein Leben einfach noch nicht das geworden, was du dir eigentlich wünschst, nicht wahr? Ich kenne das Problem selbst so gut. Ich habe fast zwei Jahrzehnte damit verschwendet, mich aufzuarbeiten. Alles zu geben, alles alleine zu schaffen. Ich war schon immer eine Macherin, eine Leaderin und wusste, wie ich auch Probleme von anderen Menschen lösen konnte. Als ich noch angestellt war, hatte ich neben meinem 50-bis-60-Stunden-Wochen noch tausend andere Projekte, die es umzusetzen gab. So viel von meiner Energie floss in diese Projekte, in meinen Job, in meine Beziehung, in meine Familie, die Freund*innen und so weiter. Dir geht es sicherlich ähnlich, oder? Du bist eine Macherin und dennoch verändert sich gefühlt nichts in deinem eigenen Leben. Du machst so viel jeden Tag und trotzdem gehst du abends ins Bett mit einem Gefühl der Nutzlosigkeit, weil du gefühlt wieder nicht alles auf deiner unendlich langen To-Do-Liste geschafft hast. Dieses Gefühl ist einfach nur scheiße. Deshalb tust du auch alles, um dich aus diesem Gefühl zu befreien und lenkst dich ab. Was ist deine Strategie? *Instagram*? *YouTube*? *Netflix* & Chill? Essen? Mit Freundinnen telefonieren und dich über deinen Chef oder die Schwiegermutter beschweren? Jede*r hat seinen oder ihren Coping Mechanism – also eine Bewältigungsstrategie. Meiner war immer Essen. Essen, Serien schauen und mich dann wieder dafür hassen, dass ich noch weniger geschafft hatte, als ich wollte. Wenn es bei dir *Instagram* sein sollte oder eine andere Social Media Plattform, durch die du abends und morgens als letztes und erstes scrollst, passiert in deinem Gehirn folgendes: Es werden Glücksgefühle ausgeschüttet, dir geht es für einen kurzen Moment besser. Du hast dich aus dem Scheiß-Gefühl, das du zuvor hattest, befreit. Für einen kurzen Moment fühlst du dich besser, weil du abgelenkt bist, weil du in das Leben von anderen Menschen eintauchen kannst und dich mit lustigen Katzenvideos einfach besser fühlst. Diese Glücksgefühle nehmen allerdings mit jeder Minute der Ablenkung ab. Also scrollst du noch schneller, um das Glücksgefühl wieder zu erzeugen – mit dem Ergebnis, dass du irgendwann frustriert dein Handy zur Seite legst, noch unzufriedener als zuvor, denn jetzt hast du ja noch Vergleiche gesehen. Du hast wieder einmal gesehen, dass es Menschen gibt, die das Leben leben, das du willst. Dass sie es geschafft haben und du um 2 Uhr morgens immer noch in deinem alten Schlafzimmer liegst, statt unter Palmen einen Cocktail zu trinken. Am nächsten Morgen geht das Spiel wieder von vorne los. Berieseln lassen, vergleichen, dich selbst klein machen und den Tag von vorn beginnen. Du gibst wieder alles, aber dieses latente Gefühl der Unzufriedenheit wird von Tag zu Tag stärker. Ein Kreislauf, der für so viele Menschen schwer zu durchbrechen ist. Denn eigentlich wüsstest du ja, was zu tun ist, nicht wahr? Du weißt, dass dich deine Ablenkungsstrategien nicht dorthin bringen werden, wo du sein willst. Und dennoch fließen deine Aufmerksamkeit und deine Energie in so viele andere Dinge, dass für die wichtigsten Dinge (dein Leben und dein Träume) einfach keine Zeit und Kapazität mehr übrig bleibt. Ich weiß, diese Pille ist hart zu schlucken, und vielleicht sträubt sich gerade auch alles in dir, meinen Worten zuzustimmen. Was ich dir klar machen will, ist folgendes: Du hast genug Energie, Willenskraft, Disziplin und Drive. Und genau das brauchst du auch, um deine Träume endlich in deine 3D-Realität zu ziehen. Aber du musst deine Energie neu lenken, deinen Fokus verändern und deine Aufmerksamkeit auf die Dinge richten, die du willst und nicht auf die Dinge, die du nicht mehr willst.

Energie neu ausrichten

Du weißt jetzt also, dass du prinzipiell genug Energie hast, um deine Träume umzusetzen. Du hast genug Beispiele, in denen du dir selbst und der Welt bewiesen hast, dass du hart arbeiten kannst für etwas, das du unbedingt willst. Alles, was du brauchst, um dein Traumleben wirklich erlebbar zu machen, ist bereits in dir. Sonst hättest du diesen großen Traum ein paar Kapitel zuvor gar nicht formulieren können. Jetzt geht es darum, deine Energie neu auszurichten, deinen Fokus und deine Aufmerksamkeit nicht mehr auf das Leben von anderen zu richten, sondern auf dich selbst. Tony Robbins, einer der größten amerikanischen Speaker in der Persönlichkeitsentwicklung, prägte folgenden Satz: „Energy goes where attention flows." Was so viel heißt wie: „Deine Energie fließt dorthin, wo deine Aufmerksamkeit liegt." Wenn du dich also tagein tagaus mit den Problemen deiner Kolleg*innen, Freund*innen, Familie oder Kund*innen beschäftigst, fließt auch dort deine gesamte Energie hin. Du bist dann eine wunderbare Problemlöserin, eine tolle Zuhörerin und alle möglichen Menschen kommen immer wieder zu dir, um ihre eigenen Probleme bei dir abzuladen. Das ist großartig, wenn du a) entweder dafür bezahlt werden würdest oder b) das dein großer Traum wäre. Ich gehe davon aus, das weder a) noch b) auf dich zutreffen. Oder ein anderes Beispiel: Wenn du dich jeden Tag immer wieder mit Social Media ablenkst, anstatt eigene Pläne für dein Traumleben zu kreieren, freuen sich zwar die Influencer*innen, denen du folgst und denen du deine wertvolle Aufmerksamkeit schenkst. In deinem Leben wird sich allein dadurch aber nichts ändern. Das heißt, um deinen Traum wirklich erlebbar zu machen, brauchst du Folgendes: eine neue Ausrichtung deiner Energie.

Deine Energie und deine Aufmerksamkeit sind zum aktuellen Stand die wichtigsten Assets, die du hast. Einfach nur machen bringt Menschen nicht zum Erfolg. Nicht dahin, wo sie hin wollen. Denk an das Beispiel mit dem Flugzeug, das in Amerika startet und nach Australien will … Oder erinnere dich wieder an das Beispiel mit dem Schwimmer, der bei Olympia Gold holen will. Reines „Machen" nur um des Machens willen fühlt sich zwar ganz gut an. Dann können wir uns auf die Schulter klopfen und stolz auf uns sein. Es bringt am Ende des Tages aber sehr wenig. Wenn es dein Traum ist, endlich finanziell unabhängig zu sein und nicht nur einmal im Jahr zwei Wochen auf Bali Urlaub zu machen, wird es dir nicht wirklich helfen, wenn du dich mit deinen Freund*innen über deinen Job aufregst, darüber, was andere über dich denken, wenn du finanzielle Freiheit lebst, dir alle drei Staffeln *Haus des Geldes* am Stück reinziehst oder nur auf *Instagram* scrollst und deine Aufmerksamkeit verschenkst. Du musst deine Aufmerksamkeit neu kalibrieren, neu ausrichten und deine Energie als dein wichtigstes Gut ansehen. Was stattdessen wirklich helfen würde, wäre:

- Für dich ganz genau zu definieren, was finanzielle Freiheit bedeutet. (So wie ich es dir im Kapitel *Was willst du wirklich* erklärt habe.)
- Deine Identität dahingehend auszurichten. (Eine Frau, die finanziell unabhängig ist, tut andere Dinge als du!)
- Jeden Tag deine Ziele zu visualisieren und aufzuschreiben und zwar so detailliert wie möglich.
- Hör auf, die Dinge zu tun, die dich davon abhalten, deinen Traum wirklich erlebbar zu machen (stundenlanges Ablenken, dich über die aktuelle Situation zu beschweren, lästern, und so weiter).
- Fang an, die richtigen Dinge mit der richtigen Intention zu tun, anstatt einfach nur blind zu hustlen (zum Beispiel einen Online Kurs buchen zum Thema Investitionen für Frauen, neue Bücher zu dem Thema lesen, dazu passende Podcasts hören und das erste ETF Portfolio bei einer Online Bank anzulegen).

Nichts ist hinderlicher als die stetige Beschäftigung mit den Problemen anderer Menschen, mit den Dingen, die dich aktuell in deinem Leben nerven, oder in der Vergangenheit nach den Gründen zu suchen, warum du heute noch nicht finanziell frei bist oder einen anderen Traum manifestiert hast. Anstatt dich immer wieder mit den falschen Dingen zu beschäftigen und deine wertvolle Energie zu verschwenden, musst du anfangen, die richtigen Dinge mit der richtigen Energie zu tun. In 9 von 10 Fällen werden Träume nicht wahr, weil sich die Menschen immer wieder mit den falschen Fragen beschäftigen, anstatt die Vergangenheit ruhen zu lassen und sich auf die Umsetzung ihrer Träume zu konzentrieren. Meine Kundinnen hätten es nicht geschafft, ortsunabhängig zu leben und zu arbeiten, wenn sie weiterhin getan hätten, was sie bis dahin immer getan haben. Du musst neue Entscheidungen treffen und neue Dinge tun.

Frage dich also ganz ehrlich: Wohin fließt gerade die meiste Energie von dir? Worauf richtest du bewusst oder unbewusst immer wieder deine Aufmerksamkeit, ohne dass es dich deinem eigentlichen Ziel ein Stück näher bringt? Nimm dir jeden einzelnen Lebensbereich vor und stell dir die folgenden Fragen:

- Worüber denke ich hier Tag für Tag nach?
- Worüber rege ich mich in diesem Bereich meines Lebens immer wieder auf?
- Was nervt mich an mir selbst, was ich gefühlt aber nicht ändern kann?
- Was passiert, wenn ich in diesem Lebensbereich so weitermache wie bisher?

Fokussiere dich auf die sechs großen Lebensbereiche:

1. Familie
2. Job / Business
3. Partnerschaft
4. Finanzen
5. Freizeit / Urlaub / Hobbies
6. Freundschaften

Nachdem du dir die Fragen für jeden Lebensbereich gestellt hast, bewerte jeden einzelnen Bereich in Prozentwerten. Du hast insgesamt 100% an Energie Tag für Tag zur Verfügung. Wie viel Energie in Prozent fließt in jeden der vorher genannten Lebensbereiche, die absolut nicht dienlich ist? In dieser Übersicht geht es darum, herauszufinden, wo du Energie sinnlos verschwendest, anstatt sie positiv für dich und deine Träume einzusetzen. Du musst die 100% nicht komplett verteilen.

Nehmen wir die Familie als Beispiel. Wenn du dich immer wieder darüber aufregst, dass sich deine Mutter einfach nicht von deinem Vater trennen kann, obwohl ihre Ehe einfach nur toxisch ist und du ganz genau weißt, dass beide ohne einander glücklicher wären, verpufft hier sehr viel von deiner Energie. Du führst Telefonate, besprichst das Thema immer wieder aufs Neue mit deiner Mutter und deinem Vater. Du machst dir nachts Gedanken, wie du ihnen helfen kannst, arbeitest in deinem Kopf Pläne aus, findest Argumente und Lösungswege für sie. Du hörst dir immer wieder von deinen Eltern an, was scheiße läuft und warum sie nichts, aber auch wirklich gaaaar nichts an der Situation verändern können. Dich nervt es wahrscheinlich selbst, dass du nicht einfach Stopp sagen kannst, dass du dir immer wieder dieselben Gespräche anhörst, dieselben Sätze wiederholst. Aber anstatt dass sich etwas verändert, bleibt bei deinen Eltern alles so wie es ist. Dich quält das schlechte Gewissen, wenn du dir vorstellst, beiden einfach mal zu sagen, dass das nicht dein Thema ist und du für diese Art von Diskussionen nicht mehr zur Verfügung stehst. Wenn du so weiter machst wie bisher, wird sich in der Ehe deiner Eltern wahrscheinlich trotzdem nichts ändern. Du wirst nur immer genervter von beiden sein, vielleicht streitet ihr euch sogar so sehr, dass normale Gespräche gar nicht mehr möglich sind. Wenn du so weiter machst, werden deine Eltern genauso unglücklich bleiben, wie sie sowieso schon sind. Aber du, du wirst immer unglücklicher werden, dich immer hilfloser fühlen und die Beziehung zu deinen Eltern irgendwann vielleicht gar nicht mehr wollen. Außerdem fließt so viel Energie von deinen verfügbaren 100% in diese eine Situation, dass sehr wenig für dich und deine eigenen Träume übrig bleibt.

Dieses Beispiel soll dir zeigen, dass es wichtig ist, dich zu hinterfragen, in welchen Lebensbereichen deine Energie gerade einfach nur verpufft. Du kannst dich natürlich immer weiter mit den Eheproblemen deiner Eltern auseinandersetzen, dich über deinen Chef aufregen, über deine Freundin schimpfen, weil sie mal wieder einen Typen an der Angel hat, der definitiv nur ein Fuckboy ist, obwohl sie sich eine feste Beziehung wünscht. Gönn dir und shoppe weiterhin nach Lust und Laune bei *Zalando* und Co. Aber ärgere dich dann nicht, dass du am Ende des Kontostandes noch viel Monat übrig hast. Ich empfehle dir hier wirklich, 100% ehrlich zu dir zu sein und zu überprüfen, wie viel von deiner wertvollen Energie übrig bleibt, nachdem du dich damit auseinandergesetzt hast, wohin gerade so viel davon sinnlos verpufft.

Nachdem du dann alle Bereiche angeschaut hast und nach Adam Riese alles zusammengerechnet hast, wie viel bleibt übrig? Wie viel Energie bleibt dir für deinen Traum noch übrig? Die Zahl bei den meisten meiner Kundinnen geht gegen Null. Das heißt, nachdem du jetzt weißt, wo der Hase begraben liegt: Soll alles so bleiben, wie es ist, oder willst du deinen Traum wirklich in deine 3D-Realität manifestieren?

Beginne damit, die richtigen Dinge zu tun!

Nachdem du immer noch da bist, gehe ich davon aus, dein Traum hat mehr Priorität als der Fuckboy deiner Freundin, die gescheiterte Ehe deiner Eltern oder dein Chef, der dir wieder keine Gehaltserhöhung angeboten hat. Es ist an der Zeit, die richtigen Dinge zu tun und zwar in der richtigen Energie. Dafür nutze ich den Begriff „Aligned Action". Also die Umsetzung deiner Doings (die dich deinem Traum näher bringen), aber im Einklang mit dir selbst und deinem Traum. Denn wenn du nur den Bereich Energie, Fokus und Aufmerksamkeit auf deinen Traum ausrichtest, aber nicht in die Umsetzung kommst, wird sich nichts verändern in deiner 3D-Realität. Wenn du hingegen nur wie ein Hamster im Rad läufst und blind mit Dingen beginnst, ohne Sinn und Verstand in der Hoffnung, dass sie dich deinem Traum ein Stück näher bringen, gewinnst du zwar einen „Fleißig-Bienchen-Aufkleber", wirst aber auch hier nichts anderes in deiner 3D-Realität erleben.

Aligned Action fühlt sich wie ein Schubs vom Universum an, eine Inspiration, eine Idee. Diese Phrase klingt für dich gerade wahrscheinlich noch sehr kryptisch. Das ist ok. Ich werde dir anhand von Beispielen erklären, was AA (Aligned Action) wirklich bedeutet.

AA bedeutet nicht einfach, blind Dinge zu tun, weil du glaubst, sie tun zu müssen. Es ist kein stupides Abarbeiten von To Dos oder einem Einkaufszettel. AA hat mich dazu gebracht, mit den richtigen Menschen zu sprechen, zur richtigen Zeit am richtigen Ort zu sein und zum Beispiel aus dem Nichts einen Verlag für meine Buchidee zu finden. Es ist eine Art Inspiration, etwas zu tun, was im ersten Moment vielleicht noch keinen logischen Sinn macht.

In dem Beispiel meiner Kundin, die nach Berlin gefahren ist und im Zug ihren Mr. Right getroffen hat, konntest du AA schon kennenlernen. Es ist ein Ruf, eine Inspiration des Universums, etwas zu tun, was du sonst vielleicht nicht tun würdest. Dieser Ruf kommt aus deinem Herzen und nicht aus deinem Verstand. Es ist keine logische Abfolge von Schritten, die es braucht, um dir Freiheit, Liebe oder Geld zu manifestieren. AA macht logisch meistens überhaupt keinen Sinn. Wie oft habe ich mich gefragt: „Jessy, warum machst du das?" Weil ich gefühlt habe, dass es das Richtige ist.

Lass uns konkreter werden. Ich habe dir schon von dem Erlebnis im Flugzeug auf dem Rückweg meiner Coaching Ausbildung erzählt. Diese Begegnung hat den Stein für mein siebenstelliges Business ins Rollen gebracht, was ich damals natürlich noch nicht wusste. Ich wollte an diesem Tag eigentlich mit dem Zug zurück fahren und nicht fliegen, hatte aber ein starkes Bedürfnis, einen Flug anstatt den Zug zu buchen. Hätte ich den Zug gebucht, hätte ich Verena nie begegnen können.

Aligned Action hat dafür gesorgt, die richtigen Worte zu finden für eine neue Sales Mail. Sie gab mir die Inspiration, einen Podcast zu entwickeln, um einen meiner ersten Online Kurse zu verkaufen (mein erster Launch waren über 50.000 Euro). Sie gab mir die Inspiration, eine Ausbildung anzubieten, die innerhalb von zwei Tagen komplett ausverkauft war. AA ist leicht. Sie fühlt sich wie ein Ruf an, dem man einfach folgen muss. Die Umsetzung dieser Inspiration wird sich nicht wie „Arbeit" anfühlen, sondern wie ein besonders schönes Experiment. Sie macht Spaß, sie bringt Freude und führt dich mit den richtigen Menschen zusammen.

Wenn du zur richtigen Zeit am richtigen Ort bist, weißt du genau, dass sich etwas in deinem Leben verändern wird. Ich wusste es jedes Mal. Jedes Mal war mir klar: Jetzt habe ich wieder ein neues Level in meinem Leben freigeschaltet. Das Universum hat so viel dafür getan, dass diese magischen Momente stattfinden konnten.

You go first, the Universe will follow.

Wenn du deinen Traum Realität werden lassen willst, musst du natürlich in die Umsetzung kommen. Neben deinen täglichen Übungen ist es an dir, die nächsten Schritte zu gehen. Du musst dich bewegen. Aber erinnere dich wieder an den Schwimmer bei Olympia. Es ist nicht die reine Bewegung, die den Sieg ausmachen wird. Aligned Action ist der letzte Schritt im Prozess. Die Umsetzung sorgt nur dafür, dass das, was du dir bereits durch deine Visualisierung, deine Identität, deine täglichen Gedanken erschaffen hast, in deine Realität gezogen wird.

Egal, wie klein der erste Schritt auch scheint, gehe ihn. Du weißt schon jetzt genau, was es für dich zu tun gibt, wie du anfangen musst. Also anstatt weiter zu prokrastinieren, dich abzulenken und die Menschen zu verteufeln, die haben, was du haben willst, beginne. Fang mit dem ersten Schritt an. Jedes Mal, wenn du einen kleinen Schritt machst, wirst du dir noch sicherer sein, dass es wirklich möglich ist. Du wirst dich daran erinnern: It's already done. Und mit jeden Schritt wirst du es mehr und mehr spüren können. Diese kleinen Schritte werden am Ende dazu führen, dass sich dein Traum ohne Anstrengung in dein Leben integriert hat. Eines Tages wirst du aufwachen und dir wird bewusst werden: „Wow, ich habe mein Ziel ja schon erreicht."

Wenn es dein Traum ist, ein Haus am Meer zu kaufen, mache einen Termin bei deiner Bank für eine Immobilienberatung aus oder engagiere einen freien Finanzberater für dieses Thema. Diese Menschen werden davon ausgehen, dass du ein Haus am Meer kaufen willst, warum sonst solltest du auch da sein? Sie werden sich die Zahlen anschauen und dir ein Angebot machen, mit wie viel Geld du für eine Finanzierung rechnen könntest. Nachdem du dann eine valide Zahl hast, sprich mit den ersten Immobilienmaklern und gib ihnen dein Budget mit. Und auch der Makler wird dir glauben, dass du ein Haus kaufen willst. Währenddessen schau dich selbst im Netz um, such dir ein paar Häuser heraus und gehe zu offenen Besichtigungen. Und plötzlich wirst du selbst glauben, dass du ein Haus am Meer kaufst. All diese kleinen Schritte werden dir dabei helfen, dich so zu verhalten wie eine Frau, die wirklich ein Haus am Meer kauft. Darüber hinaus kannst du dir schon Möbel anschauen und ein tolles Mood Board bei *Pinterest* dafür anlegen. Du wirst anfangen, deinen Freund*innen und deiner Familie zu erzählen, dass du ein

Haus am Meer kaufen wirst und auch sie werden dir glauben, denn du hast ja schon mit Banken und Maklern gesprochen, warst schon bei Besichtigungen und weißt ganz genau, was du willst. Und bevor du es merkst, wirst du wirklich ein Haus kaufen. Aber nichts davon wird passieren, bevor du nicht das erste kleine Commitment eingehst und den ersten Schritt machst. Also bevor du dich heute Abend wieder unnötig mit *Instagram* ablenkst oder auf *Netflix* 10 Folgen *Bridgerton* schaust, make the first move.

Wie ich dir schon gesagt habe, du machst drei Schritte, das Universum macht im Hintergrund dafür 30. So wirst du vielleicht durch „Zufall" an einen Makler geraten, der zwar nicht das Haus am Strand hat, aber wiederum eine Frau kennt, die schon lange in dem Ort lebt, wo dein Haus sein soll. Er vernetzt dich mit dieser Frau. Ihr lernt euch kennen und findet heraus, dass ihr so viel gemeinsam habt und euch auf einen Kaffee bei ihr zu Hause verabredet. Ihr findet heraus, dass ihr beide schon lange denselben Traum (neben dem Haus am Meer) hegt – ein Bauernhof für gerettete Tiere. Bevor du dich versiehst, sucht ihr gemeinsam nach einer größeren Immobilie, mit der euer Traum umsetzbar wäre. Da sie bereits ein Haus am Meer hat, kennt sie die Gegend und Menschen sehr gut. Durch ihre Kontakte findet ihr ein Objekt, das perfekt für euren Traum wäre. Ihr beschließt, die Immobilie gemeinsam zu kaufen und eine Organisation zu gründen, die sich für das Leben von Tieren einsetzt. Durch ihre Kontakte wird der Bürgermeister der Stadt auf eure Idee aufmerksam und bietet euch an, eure Organisation zu unterstützen indem er auf der nächsten Stadtratssitzung davon berichtet und sich auf die Suche nach potentiellen Spendern macht. Klick, Klick, Klick … und auf einmal findet sich ein Mann, der genau denselben Traum hat und seit Jahren Geld in eine solche Organisation investieren wollte, sich aber nie wirklich auf die Suche begeben hat. Ihr sprecht mit ihm und findet so euren ersten Investor.

Glaub mir: Genau so funktioniert das Universum. Es macht ab einem bestimmten Punkt einfach nur noch Klick, Klick, Klick. Alles beginnt mit deinem ersten Schritt, mit deinem Commitment und deiner Aligned Action. Genauso ging es mir mit meiner ersten Immobilie. Genauso geht es mir gerade mit diesem Buch. Jeder kleine Schritt wird dich zu deinem Traum führen. Manchmal ist es nur ein nettes Lächeln, das dich ins Gespräch mit einer Person bringen wird, die dir wiederum ein Wegweiser sein kann für den nächsten Schritt. Grüble nicht zu viel über den fünften oder sechsten Schritt nach. Genau diese Gedanken führen zur Prokrastination und zu deinen Ablenkungsstrategien. Du musst heute nicht wissen, *wie* sich dein Traum in der Realität manifestieren wird. Du musst heute noch nicht wissen, was nach dem ersten Schritt kommt. Ewigkeiten nur zu recherchieren, wie hoch die Preise für Häuser sind, wird dir kein Haus am Meer bringen. Fange an, gehe wirklich für dich los.

Den ersten Schritt hast du schon so lange gemacht, bevor du überhaupt in die aktuelle Umsetzung kommst. Die Erfahrungen und Erlebnisse in deinem Leben kreierst du zuerst in dir selbst, in deinem *Sein*, dann durch deine Gedanken, dann durch deine Worte und dann durch deine Umsetzung. Die Aligned Action kommt immer zum Schluss. Sie ist der letzte Schritt, um deine Träume wirklich Realität werden zu lassen. Was nicht heißt, dass sie nicht wichtig wären, don't get me wrong. Aber sie kommt am Ende. Ansonsten schwimmst du einfach nur, wirst aber kein Gold bei Olympia gewinnen. Gleichzeitig wird diese neue Art der Umsetzung dazu führen, dass du noch sicherer wirst in deiner Identität. Es wird dir bei der Visualisierung leichter fallen, dir vorzustellen, in deinem Haus am Meer zu leben, wenn du bereits angefangen hast, die ersten Schritte dafür zu gehen. Es ist ein Kreislauf. Das Eine kann nicht ohne das Andere. Du kannst dir noch so lange vorstellen, ein Haus am Meer zu haben, noch so viele Meditationen machen, deine Identität als Hausbesitzerin jeden Tag ein wenig mehr verinnerlichen und dennoch wird sich daraus allein kein Haus manifestieren. Es ist an dir, für deine Träume den ersten Schritt zu machen – egal, was andere über dich denken, egal, wie viel Angst du hast. Alles ist möglich. In meinen wildesten Träumen hätte ich mir nicht vorstellen können, dass ich gerade in einer Luxus Villa sitze, auf das Meer blicke und diese Zeilen schreibe. But I did it anyway. Wenn ich geglaubt hätte, dass meine aktuelle Realität das Maximum ist, wäre ich immer noch broke as fuck. Ich wäre immer noch unglücklicher Single und würde mich in meinen alten Job quälen. Aber ich hatte die Wahl und die hast du auch. Es ist deine Verantwortung, diese Wahl zu treffen.

Andere verurteilen dich, so oder so

Viele Menschen drücken sich vor ihrer Verantwortung. Viele Menschen wollen nicht für etwas verantwortlich gemacht werden, weil damit oft die Schuld einhergeht. So viele glauben, wenn sie die Verantwortung für sich, ihr Leben, ihr Handeln und ihre Entscheidungen übernehmen, sind sie schuld, wenn etwas schief läuft. Let me tell you this: Es gibt keine Schuld. Dieses Gefühl wurde uns eingetrichtert. Schuld existiert nicht. Schuld ist eine Floskel, die früher dafür diente, eine große Gruppe von Menschen gefügig zu machen, sie unter Kontrolle zu halten und ihre persönliche Macht nicht zu groß werden zu lassen. Und auch heute wird Schuld immer noch missbraucht. Denn dieses Gefühl ist eine Waffe und wird von vielen Menschen höchst manipulativ eingesetzt. Wir lernen als Kinder, dass wir schuld daran sind, wenn unsere Mama weint, weil wir wieder nicht das gemacht haben, was sie wollte. Und auch deine Mama hat das gelernt, genauso wie deine Oma, die Ur-Oma und so weiter. Deshalb versuchen so viele Menschen, die Verantwortung für ihr Leben abzugeben. An den Staat, an ihre*n Chef*in, an ihre*n Partner*in, ihre Eltern oder sogar an das Schicksal. Wie oft hast du „andere" entscheiden lassen, wie dein Leben läuft? Wie oft saßt du selbst zwar im Sattel, aber die Zügel hat jemand anderes übernommen? Wie oft hast du auch nur durch Nicht-Entscheiden „andere" für dich entscheiden lassen?

Um wahre Wunder in deinem Leben zu erleben, musst du dir deiner Verantwortung dir selbst und deinem Leben gegenüber wieder bewusst werden und sie annehmen. Hör auf, dich zu verstecken, um nur keine Fehler zu machen und nicht schuld sein zu müssen. Niemand wird dich für einen Fehler bestrafen – außer du selbst. So viel wird sich in deinem Leben verändern, wenn du anfängst, die Verantwortung zu übernehmen. Die Verantwortung für deine aktuelle Realität, deine Gefühle und deine Worte und Gedanken. Niemand sonst. Hör auf, deinem Chef oder deiner Chefin Vorwürfe dafür zu machen, dass er oder sie dich nicht wirklich sieht und dein Potenzial versauert. Sprich es offen an, zeig, was du kannst, – und sollte das auch nichts bringen, suche dir einen neuen Job. So viele Unternehmen warten da draußen auf so eine Granate wie dich. Oder geh noch einen Schritt weiter und mach deine Idee, die du seit Jahren hast, endlich zu Geld. Gründe dein eigenes Business und mach dich selbst zum Boss. Anstatt die Schuld (hier haben wir sie wieder) dem oder der Chef*in zu geben, übernimm die Verantwortung für dich selbst. Niemand anderes kann das ändern, außer du selbst. Egal, wie oft du dich bei deinen Freund*innen beklagst, mehr Geld, mehr Anerkennung oder mehr Verantwortung wirst du dadurch im Job auch nicht bekommen. Ich habe jahrelang Freund*innen immer wieder dasselbe sagen hören und dachte dabei immer an eine Fliege. Eine Fliege, die in einem Raum eingesperrt ist und immer wieder gegen das verschlossene Fenster fliegt, anstatt durch eines der offenen in die Freiheit zu fliegen. Wenn das, was du gerade tust, dich nicht glücklich macht, musst du aufhören, dich zu beschweren. und anfangen, etwas anderes zu machen. Du bist keine Fliege! Hör auf, dich wie eine zu benehmen. Sobald du anfängst, wirklich Verantwortung zu übernehmen, hast du keine andere Wahl mehr als etwas zu verändern – und das fürchten die meisten Menschen. Wirklich etwas zu verändern, braucht Mut, richtig dicke Eier oder Eierstöcke. Aber ist es nicht genau das, was dich an anderen immer so inspiriert? Dass sie einfach ihr Ding machen, egal, was kommt? Wie wäre es, wenn du in Zukunft die Inspiration für andere wärst? Wie wäre es, wenn du in Zukunft für verrückt erklärt wirst, weil du so ein geiles Leben lebst? Ich habe entschieden: Wenn Menschen schon über mich reden, will ich dabei wenigstens Champagner trinken. Denn du weißt ja: Sie werden es sowieso machen. Wir sind Menschen, wir verurteilen andere. Punkt. Das tun wir, egal, ob du währenddessen dein Traumleben kreierst oder eben auch nicht. Wenn du das jetzt als Ausgangspunkt akzeptierst und annimmst, dass andere Menschen über dich lästern werden, egal, ob du 520 Euro auf dem Konto hast oder 378.000 Euro. Sie werden über dich reden, egal, ob du unglücklicher Single bist oder den besten Sex der Welt mit deine*m Traumpartner*in hast. Sie werden dich für verrückt erklären, egal, ob du scheiße für deinen Job bezahlt wirst oder dein eigenes Million Dollar Business gründest. Stop caring! Because others won't stop anyway.

Meine beste Freundin ist Ende dreißig und zieht sich immer noch an wie ein Teenager. Also wirklich wie ein Teenie. Leo Leggins, pinke Taschen, Plüschjacken, Glitzer Fingernägel, das volle Programm. Und sie gibt einen Fick drauf. Sie liebt es, genau so zu sein und sich so auszudrücken.

Jedes Mal, wenn ich mit Hotpant im Sommer draußen rumlaufe, begaffen mich die Menschen für meine Beine, meine Cellulite und verachten mich dafür. „Wie kann sie sich mit so einem Körper sowas erlauben?“ Ich gebe einen Fick drauf. Es ist warm. Ich werde mir keine lange Hose anziehen, damit sich andere nicht vor den Kopf gestoßen fühlen.

Erstelle deine *Ich gebe einen Fick drauf-Liste.* Ich ermutige dich, im ersten Schritt eine lange Liste anzulegen, in der du alles aufschreibst, worauf du in Zukunft einen Fick geben wirst. Lass die Liste so lang sein, wie du willst. Ich wette, du hast schon tausend Dinge im Kopf. Hier noch ein paar Inspirationen von mir:

Ich gebe einen Fick drauf, …

- … ob andere von meiner Ehrlichkeit abgestoßen werden.
- … wie meine Mutter über mich und mein Leben denkt.
- … warum andere morgens immer schlecht drauf sind.
- … was andere denken, wie viel ich verdienen dürfte.
- … ob ich als Mama auch Party machen darf.
- … ob heute gutes oder schlechtes Wetter ist.
- … wofür mich andere vielleicht für verrückt erklären könnten.
- … ob ein*e Arbeitskollege*in über meinen Kleidungsstil lästert.
- … warum alte Freund*innen nicht verstehen, dass ich mein Leben verändern möchte.
- … ob ich reich sein darf oder nicht – ich werde es sein.

Hab Spaß mit dieser Liste. Du wirst beim Schreiben erkennen, was dich bisher immer wieder davon abgehalten hat, dein geilstes Leben zu leben. Es wird sich ein unfassbar befreiendes Gefühl einstellen, wenn du dir erlaubst, wirklich einmal auf alles einen Fick zu geben, was dich bisher davon abgehalten hat, deine wahre Großartigkeit in die Welt zu tragen. Das Leben ist kurz. Wir haben keine Zeit, es immer allen anderen Recht zu machen. Schluss mit falscher Zurückhaltung! Du kreierst dein geilstes Leben, indem du anfängst, neue Entscheidungen zu treffen, bessere Entscheidungen zu treffen. Hör auf, dir über die Meinung anderer Gedanken zu machen und bilde dir selbst eine über dich.

Was denkst du über dich selbst, wenn du in den Spiegel schaust? Bist du zufrieden mit deinem Leben? Wie gehst du Tag für Tag mit dir selbst um? Wieso ist die Meinung anderer Menschen wichtiger als deine eigene? Wenn du dir deine großen Träume erfüllen willst, ist es an der Zeit, die Stimmen in deinem Kopf zu bändigen. Es ist Zeit, aufzuhören, dich permanent nach anderen und ihren Befindlichkeiten zu richten. Es ist an der Zeit, zu leben und das – verdammte Scheiße! – so geil, wie es nur irgendwie geht. Niemand hat etwas davon, wenn du pleite bist. Niemand profitiert, wenn du jeden Tag leidest. Die Welt wird zu keinem besseren Ort, wenn du dein Potenzial zurückhälst. Es ist an dir, den ersten Schritt zu machen und einen Fick drauf zu geben, was andere über dich denken, während du dir dein Traumleben manifestierst.

Was tun, wenn du nicht weißt, was zu tun ist?

Ich weiß, du bist eine Macherin und hast schon viel in deinem Leben erreicht. Aber ich weiß auch, dass es Momente geben kann, in denen einem das Wasser bis zum Hals steht und man einfach keine Ahnung hat, wo man zum Teufel anfangen soll. Jedes Mal, wenn ich mich selbst so fühle oder mich meine Klient*innen fragen, was in so einer Situation zu tun ist, sage ich: Relax. Entspanne dich für einen Moment. Gerade auch in Krisenzeiten ist das ein guter Rat. Das ist meistens das Letzte, was man hören will, weil man das Gefühl hat, dass einem die Zeit davon läuft, man nicht dort ankommt, wo man hin will oder sich der große Traum dann doch einfach nicht manifestieren wird. I feel you. Jede*r kennt die Situation, in der man einfach ratlos ist. Aus dieser Ratlosigkeit heraus macht unser Kopf dann ein riesiges Drama. Wir fangen an, alles zu hinterfragen, spielen Horrorszenarien durch und sabotieren uns damit noch mehr. Denn jedes Mal, wenn du aus der Angst heraus agierst, wirst du feststellen, dass sich dein Körper im übertragenen wie reellem Sinne zusammenzieht. Angst macht uns starr. Sie engt uns ein. Sie macht uns klein.[15] Sie lässt keinen Platz für Überraschungen, für Magie oder für das Universum selbst.

Als mein Papa nur einen Tag nach meiner Ankunft aus Kapstadt mit schlimmen Corona Symptomen ins Krankenhaus kam und wir nicht wussten, ob er es überleben wird, war ich am Anfang starr vor Angst. Ich war wie benebelt. Ich habe nur funktioniert, war wütend, hilflos und vollkommen überfordert. Nachdem die ersten Tagen rum waren, wir die ersten Ergebnisse bekamen und wussten, dass mein Papa nie wieder wirklich gesund sein würde, stand ich eines Morgens vor dem Spiegel und betrachtete meine Augen. Sie waren verquollen vom vielen Weinen. Leer und trüb. Das Leuchten, das ich sonst in meinen Augen sah, war einfach erloschen. In diesem Moment war mir klar, das ich wieder die Wahl hatte. Ich konnte mich weiterhin dafür verantwortlich fühlen, wie es meinem Vater ging. Mich weiterhin in eine Abwärtsspirale aus Gedanken und eingebildeten Horrorszenarien begeben – oder mich entspannen. Die Pause-Taste in meinem Kopf aktivieren, der Angst keinen bewussten Raum mehr lassen und mich auf die Liebe in mir selbst fokussieren. Glaube mir, das war nicht einfach. Es war im ersten Moment eine große Überwindung, neu zu entscheiden und Entspannung in meinem Körper zuzulassen. Aber nur dadurch war wieder Platz in meinem Körper, meinen Zellen und meinen Gedanken. Deshalb ist es das Wichtigste, in so einer Situation dein Nervensystem wieder herunterzufahren. Wirklich zu entspannen und für einen Moment darauf zu vertrauen, dass du sehr bald wissen wirst, was zu tun ist. Nachdem ich mich entspannt hatte, kam mir die Idee, einen alten Freund anzurufen, der vor langer Zeit selbst Medizin studiert hatte. Ich berichtete ihm von den Leiden meines Vaters und fand durch ihn heraus, dass es eine neue Methode gibt, um die Krankheit in Zaum zu halten. Wenn ich mich nicht entspannt und zugelassen hätte, nicht zu wissen, was zu tun ist, wäre ich niemals auf die Idee gekommen, einen Mann anzurufen, von dem ich seit über 16 Jahren nichts mehr gehört hatte.

---

15 Eine meiner Superkräfte und es hilft immer, um dich von deinem Traum fernzuhalten. – Mit freundlichen Grüßen, deine Angst

Ich weiß, dass es sich so bescheuert anhört, einfach für einen Moment nichts zu tun, aber zu 99 Prozent bringt genau dieser Freiraum wieder neue Möglichkeiten in dein Leben. Jedes Mal, wenn eine meiner Kundinnen nicht den gewünschten Umsatz machte, den sie sich vorgestellt hat, war ihre Hausaufgabe, nichts zu tun und in den „Empfangen"-Modus einzusteigen. Relax & Receive. Und jedes Mal, wenn eine Kundin wirklich losgelassen hat, kamen die Anmeldungen für einen Kurs, ein Coaching, ein Retreat oder neue Verkäufe im Online Shop. Jedes Mal, wenn sie sich öffnete und bereit war, loszulassen, hat ihr das Universum gezeigt, dass sie bereits auf dem richtigen Weg war. Jedes Mal, wenn ich eine Blockade beim Schreiben hatte, zwang ich mich, nicht einfach nur irgendwas zu schreiben, sondern nahm mir Zeit, mich zu entspannen – und wenn es nur für ein paar Minuten war. Ich höre gerade schon deinen inneren Stressor sagen: „Ja, die Alte hat leicht reden. In meinem Leben kann ich nicht einfach mal entspannen." Wie lange willst du dir diesen Quatsch noch einreden lassen? Du weißt genau, dass du genug Zeit hast. Selbst Barack Obama, Einstein oder Oprah Winfrey haben nur 24h Zeit am Tag und müssen oder mussten zwischendurch mal entspannen. Es gibt genug Zeit für dich und deine Entspannung. Dein Körper und dein Nervensystem befinden sich in solchen Situationen im Fight or Flight-Modus. Ein uraltes System in unserem ältesten Hirnareal, das dafür sorgt, dass die ganze Zeit Cortisol (Stresshormon) ausgeschüttet wird und dein Urinstinkt entscheidet: Kampf oder Flucht? Kampf oder Flucht? Kampf oder Flucht? In einem solchen Zustand kannst du keine guten Entscheidungen treffen. Deine Frequenz wird sinken, dein Körper wird sich innerlich anspannen, deine Gedanken und Ängste werden übernehmen. Aus so einem Zustand heraus wirst du nie das in deinem Leben kreieren, was du eigentlich willst, sondern nur noch mehr von dem, was du bereits hast. Und das ist ja eigentlich genau das Gegenteil von dem, was du dir wünschst. Wenn du also einfach „machst", während du in einer solchen körperlichen und emotionalen Verfassung bist, kreierst du einfach nur noch mehr Scheiße in deinem Leben.

Du tust besser folgendes: Atme. Ja, ich weiß: Es klingt zu einfach, oder? Es wäre dir lieber, ich würde dir eine komplizierte Formel erklären, die du nicht verstehen *kannst*, damit du keine Möglichkeit hast, etwas zu verändern. Aber das Leben ist einfach. Dein Traumleben kreieren ist einfach. Bitte atme. Tief ein und aus. Zähle dabei bis vier, wenn du einatmest und halte deine Luft kurz bei dir. Dann atme aus und zähle wieder bis vier. Warte einen kurzen Moment, bevor du wieder einatmest und wiederhole diesen Vorgang zehn bis zwanzig Mal. Diese Atmung sorgt dafür, dass du deinen Körper vom Kampf- oder Fluchtmodus löst. Denn dieser weiß nicht, ob du gerade kurz davor bist, von einem Löwen gefressen zu werden oder du den nächsten Schritt beim Kauf deiner Immobilie machst. Diese Atmung schafft Platz und lässt dein Nervensystem ruhig werden. Am besten legst du dich dafür hin, um deinen Körper noch schneller zu entspannen. Du kannst diese Atmung auch vor dem Schlafengehen nutzen, um einen erholsameren Schlaf zu genießen. Anstatt also einfach blind irgendetwas zu tun, hör auf. Stoppe deinen Default-Modus für einen Moment. Atme. Lass los. Entspanne dich. Tu etwas, das dir Freude bereitet. Du kannst auch hier wieder deine Goddess Box nutzen und die Fragen an das Universum abgeben. Es ist ok, auch mal nicht zu wissen, was zu tun ist. Verfalle nicht in Panik, das Universum steht hinter dir. Es wird sich eine Lösung vor deinen Füßen manifestieren, die dich innerhalb kürzester Zeit wieder auf die richtige Spur bringt. Lass für einen Moment los und rackere dich nicht unnötig ab. Lass es leicht sein. Wenn du spürst, dass dein Körper nicht mehr im Kampf- oder Fluchtmodus agiert, kannst du dir folgende Fragen stellen:

- Was würde ich tun, wenn ich wüsste, was zu tun wäre?
- Was hat mir damals geholfen, die Situation aufzulösen? Bei dieser Frage tust du so, als ob bereits ein Jahr vergangen wäre und „erinnerst" dich wieder an die Lösung. Glaube mir, dein Gehirn ist manchmal nicht so klug, wie du denkst. Es wird den Unterschied nicht merken. Spiele dieses Spiel gern mit jemand anderen, der dich fragt, was du gemacht hast, um diese Situation aufzulösen und wirklich dein Traumleben zu kreieren. Ein wundervolles Tool, das mir und so vielen Klient*innen schon so oft geholfen hat.

Oder noch eine Spur intensiver:

- Richte deine Frage an das Universum beziehungsweise an Gott direkt: „Was sollte ich deiner Meinung nach tun?“

Du wirst sehen, wie sehr dir diese Fragen helfen werden, wieder in den AA-Modus zu kommen, anstatt blindlings Dinge zu tun.

Egal, wie dunkel es in einem Moment deines Lebens sein wird – ohne Licht gibt es keine Dunkelheit. Es wird wieder besser werden, auch das geht vorbei. Erlaube dir, für einen Moment loszulassen und dich wieder für neue Inspirationen und Ideen zu öffnen. Mach dir keinen Kopf über Dinge, die du gerade nicht ändern kannst, und erlaube dir, wieder Magie in dein Leben zu lassen.

Was du bis jetzt gelernt hast:

- Deine Energie fließt dahin, wo dein Fokus liegt. Je mehr du dich um die Probleme und Themen anderer kümmerst, desto mehr Energie verlierst du.

- Hör auf, dich abzulenken und zu vergleichen. Erkenne deine Ablenkungsmuster und hör auf, ihnen nachzugehen.

- Du hast genug Energie, um deine Träume Realität werden zu lassen, aber dafür musst du neue Entscheidungen treffen und deine Zeit neu einteilen.

- Sobald du deine Energie und deinen Fokus neu ausgerichtet hast, wird dir das Universum unvorhergesehene Ereignisse liefern, die dich deinem Traum wieder ein Stück näher bringen.

- Du hast herausgefunden, in welchem Lebensbereich du die meiste Energie verschwendest und kennst Wege, dich neu auszurichten.

- Mach den ersten Schritt, egal, wie klein er auch erscheinen mag. Dieser Schritt führt wieder zum nächsten und ohne, dass du es bemerkst, wird dein Traum Realität werden.

- Du hast gelernt, dass du sowieso verurteilt wirst, egal, ob du dein Traumleben lebst oder weiterhin pleite und unglücklich bist.

- Du weißt, wie du Verantwortung für dich und dein Leben übernehmen kannst und warum genau das essenziell für deinen Traum ist.

- Auch, wenn du einmal nicht weißt, was zu tun ist, hast du einen Plan. Atmen ist dein neues Lieblingstool geworden.

Lass es wieder los & wiederhole den Prozess

Vielleicht hast du schon einmal den Spruch gehört: „Was du haben willst, musst du gehen lassen können." Dieser kryptisch wirkende Satz enthält die wahre Magie eines glücklichen und erfüllten Lebens. Denn nichts, was wir krampfhaft festhalten wollen, kann sich entfalten und wachsen. Stell dir vor, du würdest einen kleinen Babyvogel immer in deiner Hand halten, aus Angst, dass er nie wieder zu dir zurückkommt, wenn er losfliegt. Diese Angst lässt den Griff um den kleinen Vogel immer stärker werden. Eines Tages beschließt du, den Vogel in einem geschlossenen Raum fliegen zu lassen, um dich an seiner wahren Natur zu erfreuen, nur um festzustellen, dass der Vogel gar nicht mehr fliegen kann, weil er bisher nur in deiner Hand saß und gar nicht mehr weiß, wie Fliegen geht. Genauso ergeht es deinen Träumen, wenn du sie zu stark kontrollieren möchtest. Wenn du festhältst, anstatt dich dem Fluss des Lebens hinzugeben und zu vertrauen, dass du bekommst, was du dir immer erträumt hast. Träume brauchen Platz zum Atmen. Sie sind für mich wie eigenständige Individuen, die sich bewegen müssen, um sich in ihrer ganzen Großartigkeit entfalten zu können. Deshalb möchte ich dir in diesem Kapitel die Kunst des Loslassens näher bringen und dir die Angst davor nehmen. Oft glauben wir, je stärker wir uns an etwas klammern, es festhalten, vielleicht sogar beschützen wollen, desto sicherer sind wir. Desto wahrscheinlicher ist es, dass ein Traum Realität wird. Leider ist das absolute Gegenteil der Fall. Kannst du dich noch daran erinnern, wie es früher als Teenager war, wenn du einen heimlichen Crush hattest? Einen Jungen oder ein Mädchen, auf den oder das du total gestanden hast. In jeder Pause hast du sie oder ihn heimlich angehimmelt und dir vorgestellt, was du tun würdest, wenn er oder sie tatsächlich mit dir sprechen würde? Kannst du dich noch an die Aufregung und das Kribbeln im Bauch erinnern? Ich weiß es noch sehr genau und erinnere mich auch, dass dieser Junge leider nie auf mich zukam und mir seine heimliche Liebe gestand. Dieser Junge war immer unerreichbar und genau deshalb so wahnsinnig interessant. Ich habe mich später oft gefragt, ob ich diesen Draufgänger auch so bewundert hätte, wenn er dieselben Gefühle für mich empfunden hätte. Denn ehrlich gesagt, kann ich mich noch sehr gut an einen anderen Jungen aus der 8. Klasse erinnern. Maik war unfassbar in mich verliebt und hat mir jeden Tag obsessive Blicke zugeworfen, lief mir hinterher, wollte alles für mich machen (sogar meinen Schulrucksack zum Bus tragen) – und verlor dabei ehrlich gesagt sein Gesicht. Ich fand ihn überhaupt nicht anziehend, eher einengend und erdrückend. Aufdringlich. Er klammerte. Jedes Mal, wenn ich mit jemand anderen sprach, schaute er mich beleidigt an und machte mir stille Vorwürfe. Und auch das trieb mich immer weiter von ihm weg. Ich konnte mir nicht einmal ansatzweise vorstellen, mit ihm alleine zu sein oder ihn gar zu küssen. Durch seine immensen Anstrengungen erreichte er das absolute Gegenteil.

Als ich 2014 meine *Tinder*-Odyssee begann, wurde ich bei manchen Männern zu einem kleinen Klammeraffen. Ich wollte so sehr die eine glückliche Beziehung finden, meinen wahren Prinz Charming treffen und mich Hals über Kopf verlieben. Ich war verzweifelt. Ich war verkrampft, voller unerfüllter Träume und Sehnsüchte. Jeder Mann, mit dem ich einen Match hatte, fühlte sich wie der „Eine“ an. Jeder dieser Männer bekam meine geballte Erwartungshaltung an den Kopf geschleudert, ob er wollte oder nicht. Ich würde sagen, dass 99 Prozent aller Männer davon wahnsinnig abgestoßen waren, so wie ich damals in der 8. Klasse von Maik. Ohne dass ich es wollte, erzeugte ich Widerstand. Ich erschaffte eine Barriere zwischen mir und den Männern und fand erst mit Hilfe einer Therapie heraus, was wirklich mein Problem war. Nachdem ich mich von der Erwartungshaltung befreit hatte und es mir egal war, ob es das nächste, übernächste oder überübernächste Date sei, das zu einer langfristigen Beziehung führte, als ich begann, wieder

Spaß zu haben, mich fallen zu lassen und mich in den Flow Zustand versetzte, traf ich meinen damaligen Mr. Right. Einen Peter Pan, der über fünf Jahre hinweg mein Begleiter werden sollte. Jedes Mal, wenn wir uns dem Fluss des Lebens hingeben und darauf vertrauen, am richtigen Ufer anzukommen, ohne dafür einen minutiös geplante Reiseroute parat zu haben, genau dann erfüllen sich unsere Träume auf unerklärliche Art und Weise.

Eine Kundin von mir begann 2020, ihr eigenes Mode Label aufzubauen und war verzweifelt auf der Suche nach einer Näherei, die ihren gewollten Schnitt der Hosen und Bikinis umsetzen würde. Sie suchte nach der richtigen Näherei und verbrachte den Großteil ihrer Nächte mit der Recherche, mit endlosen E-Mails und der immer gleichen Enttäuschung. Was sie suchte, wurde einfach nicht angeboten. Irgendwann war sie so verzweifelt, dass sie in einer unserer Coaching Sessions unter Tränen sagte: „Jessy, ich gebe auf. Ich habe alles versucht. Ich finde einfach nicht die richtige Näherei. Vielleicht muss ich meinen Traum einfach wieder aufgeben und mein Label wird dann eben doch nicht das Licht der Welt erblicken." Ihre Worte rührten mich und machten mir klar, an welchem Punkt des Manifestations-Prozesses sie ins Stocken geraten war. Sie hatte alles getan, aber sie erzeugte durch ihre Handlungen Widerstand in der universellen Welt. In einem Raum, den man mit bloßen Fingern nicht greifen kann. Sie sorgte dafür, dass sich die richtige Näherei nicht finden lassen konnte, weil sie so sehr an ihrer Idee festhielt und krampfhaft versuchte, alles richtig zu machen – aus Angst, sonst nicht zu bekommen, was sie sich gewünscht hatte. Ich erzählte ihr die Geschichte von Maik und machte ihr klar, dass sie sich gerade wie dieser kleine Junge aus der 8. Klasse verhielt. Sie ließ dem Universum keinen Spielraum. Sie klammerte sich fest, aus Angst, ohne Halt unterzugehen. Als sie verstand, teilte ich meinen Let Go-Prozess mit ihr. Nach nur zwei Wochen fand sie genau die eine Näherei, die auch noch in derselben Stadt wie sie ansässig war. Die Besitzerin hatte ihre Anfrage nie erhalten, weil die E-Mail im Spam Ordner gelandet war. Durch puren „Zufall" fand sie beim Aufräumen ihres Postfachs die Mail von meiner Kundin und rief sie sofort an. Auf einmal war das Problem gelöst und meine Kundin konnte ihr Modelabel weiter vorantreiben.

Oder nehmen wir die Geschichte meines ersten großen Umsatztages. Am 30. Juli 2021 hatten wir in unserem Unternehmen den ersten großen fünfstelligen Umsatztag. Fast 40.000 Euro neuer Umsatz wurde generiert. An diesem Tag war ich in einem Wellnesshotel und feierte die ersten sechs Monate in unserem stärksten Umsatzjahr jemals. Keiner aus meinem Team, am wenigsten ich selbst, hätte an diesem Tag mit einem hohen Umsatz gerechnet. An diesem Tag erlaubte ich mir nicht nur zum ersten Mal, aufzuschreiben, dass ich Millionärin bin (Ende 2021 hatten wir den siebenstelligen Umsatz geknackt), sondern auch wirklich die Erwartungen an den nächsten Launch meines Online Kurses loszulassen. Ich nutzte meinen eigenen Let Go-Prozess und stellte am Abend fest, dass es so viele neue Anmeldungen gab plus einige Verkäufe meiner Mastermind Gruppe wie noch nie. Ich war überwältigt, wie schnell das Universum für mich geliefert hat.

Eine andere Kundin von mir war lange Zeit auf der Suche nach neuen Räumlichkeiten für ihr Büro und ihre Seminarräume. In einer süddeutschen Großstadt mit horrenden Mieten ein aussichtsloses Unterfangen, dachte sie. Kurze Zeit nachdem sie mit dem Let Go-Prozess begann, stellte sich heraus, dass ihr Schwiegervater eine Wohnung besaß, in der der aktuelle Mieter gekündigt hatte. Die 3-Zimmer Wohnung in einer der schönsten Gegenden wurde frei und meine Kundin bekam das Angebot, die Wohnung zu übernehmen und für sich als Büro zu nutzen. Nach monatelanger Suche und Verzweiflung begann sie, die Wohnung nicht einmal vier Wochen nach dem Loslassen zu renovieren. Die Miete war günstig und die Lage grandios. Auch eine Kundin, die ihren Podcast vorantreiben wollte, machte dieselbe Erfahrung. Als sie aufhörte, jeden Tag die Zahlen zu checken und sich verrückt zu machen, wie sie noch mehr Menschen erreichen könnte und sich wieder dem Spaß und dem Prozess widmete, ging ihr Podcast durch die Decke und erreichte Platz 3 der Charts. Von diesen Beispielen gibt es noch so viele mehr. Und alle haben Folgendes gemeinsam: Jedes Mal, wenn sich die Frauen dem Prozess hingegeben haben und wirklich loslassen konnten, geschahen die magischsten Dinge und neue Türen zu ungeahnten Möglichkeiten öffneten sich, ohne dass sie selbst viel dafür tun mussten.

Loslassen ist das Gegenteil von Widerstand. Immer dann, wenn wir mit uns selbst, dem Leben oder sogar mit unseren Träumen im Widerstand sind, werden wir uns unnötig schwer tun. Es wird nicht flowen und jeder kleinste Erfolg ist dann mit wahnsinnig viel Arbeit verbunden. Um wirklich glücklich zu werden und deine Träume zu manifestieren, musst du im letzten Schritt dieser Anleitung das Loslassen lernen. So wie eine Vogelmama ihrem Nachwuchs zusehen muss, wie er flügge wird, musst du an diesem Punkt des Prozesses Loslassen lernen. Denn nur dann kannst du dem Universum genug Spielraum lassen, um wahre Magie in deinem Leben zu kreieren. Wenn du festhältst und alle Ergebnisse kontrollieren willst, erzeugst du eine abstoßende Energie um dich herum. Wie Maik aus der 8. Klasse. So viele Menschen klammern sich fest aus Angst und der Möglichkeit, die Kontrolle zu verlieren. Aber du hast ja bereits viele Tools kennengelernt, um deine innere Miss Kontrolletti auf die Ersatzbank zu schicken. Solange sie nicht dort ihre Tage fristet, sondern sich in das laufende Lebensspiel einmischt, solange wirst du dich immens anstrengen müssen, um deine Träume Realität werden zu lassen. Oder noch schlimmer: Egal, wie sehr du dich anstrengst, es wird sich nichts in deiner Außenwelt verändern. Wir müssen uns freimachen, loslassen, und den Prozess genießen. Ich weiß, dass sich das vielleicht immer noch recht abstrakt anhört: Warum loslassen, wenn ich etwas haben will? Aber genau das ist der größte Witz im ganzen Universum. Wenn du dich freimachst, dich dem Leben hingibst und loslässt, kommt die Magie unaufhaltsam und wird dich überraschen. Wie ich schon öfter gesagt habe, bei *Amazon* checkst du auch nicht jeden Tag den Lieferstatus, sondern verlässt dich darauf, dass deine Bestellung sorgfältig ausgeliefert wird. Hier zeigt sich auch, wer wirklich an sich und seine Träume glaubt. Wenn du mit voller Überzeugung sagen kannst „It's already done – Es ist bereits erledigt.", wieso sollte es dir dann schwer fallen, loszulassen? Wenn wir uns hingeben, werden wir magnetisch anziehend für unsere Träume und Wünsche. Dieser letzte Schritt ist für mich immer wie eine letzte Prüfung vom Universum. Manchmal fühlt es sich so an, als würde ich getestet werden, ob ich das, was ich wirklich möchte, auch wieder gehen lassen kann, damit es dann für immer Teil meines Lebens werden kann. Wenn du stattdessen alles überdenkst, dir ständig Sorgen machst und Zweifeln wieder Raum in deinem Leben gibst, wird sich deine Lieferung nach hinten verzögern oder gar ganz verloren gehen. Denn du erinnerst dich an das Beispiel mit dem Reisebüro, nicht wahr? Sobald du wieder ins Wanken gerätst, hinterfragst (und, ja genau, das tust du, wenn du dich jede Sekunde im Stillen fragst, wann du eine Gehaltserhöhung bekommst, deine Weltreise antreten kannst oder sich dein*e Traumpartner*in zeigt) und dich festklammerst, weiß das Universum nicht, was es dir liefern soll. Je mehr du versuchst, zu kontrollieren, desto mehr wirst du sicherstellen, dass du deinen Traum nicht in deiner 3D-Realität erleben wirst.

Loslassen ist für die meisten Menschen fast schon eine Qual. Jedes Mal, wenn ich das Thema in meinen Kursen, auf Events oder bei Social Media anspreche, geht ein kollektives Aufstöhnen durch die Reihen. Für die meisten hat es etwas mit Angst zu tun, mit Kontrollverlust und der dadurch für sicher geglaubten Stabilität. Wir suchen alle nach Sicherheit und verpassen dadurch das größte Learning im Leben: Nichts ist sicher. Auch wenn uns das Versicherungen und Werbungen immer wieder weiß machen wollen. Alles, was du hast, ist Jetzt. Diesen Moment, den nächsten und wieder das Jetzt. Nichts fällt Menschen so schwer wie zu akzeptieren, dass sie keine Kontrolle über das Leben haben. Je schneller du akzeptierst, dass du die wichtigste Sicherheitsquelle immer in dir selbst findest, desto schneller kannst du dich auch auf eine turbulente und fordernde Welt im Außen einstellen. Unsere Welt war noch nie sicher, dein Leben ist nicht „sicher". Aber du bist es dennoch und zwar in dir selbst. Wenn du akzeptieren kannst, dass du nichts unter Kontrolle haben kannst, desto leichter fällt es dem Universum, dir zu liefern, was du verlangst. Sobald du sagen kannst: „Ja, ich möchte diesen Traum manifestiert sehen, bin aber auch fein damit, wenn es sich ganz anders ergibt.", erst dann schaltet das Universum in den nächsten Gang und löst einen Turbo aus.

Du wirst sehr bald erkennen, dass du, je schneller du dich wieder von einem Traum lösen kannst, umso schneller erleben wirst, wie er sich in deiner 3D-Realität manifestiert.

Was viele auch immer wieder auf dem Weg zum Glücklichsein vergessen, ist, dass der Weg das Glück selbst bringen soll. Der Weg hin zu deinem Ziel wird länger dauern als der kurze Moment, den du erlebst, wenn sich dein Traum wirklich von dir greifen lässt und sich dein Wunsch erfüllt hat. Stell dir vor, jedes Ziel ist ein Hoch, wie eine immens hohe Bergspitze. Sobald du oben angekommen bist, wirst du dich feiern, Adrenalin wird ausgestoßen und du bist für einen kurzen Moment der glücklichste Mensch der Welt. Aber was ist, wenn der Weg dorthin keinen Spaß gemacht hat? Der Weg, der viel länger dauerte als der kurze Moment des Erklimmens des Berggipfels. Wie dumm wäre es, wenn wir uns nur auf das Ziel konzentrieren würden, auf dem Weg aber den Spaß verlieren und uns an ein gewünschtes Ergebnis klammern, uns verrückt machen anstatt den Weg zu genießen?

Der Let Go-Prozess

Wie schon gesagt, arbeite ich seit Jahren mit einem bestimmten Prozess, um mir selbst und meinen Kund*innen das Loslassen leichter zu machen. Dieser Prozess ist eine Eigenkreation und seit vielen Jahren die Lösung für so viele Menschen gewesen. Wichtig ist, dass du dir wirklich erlaubst, loszulassen, dass du es willst. Ansonsten endest du wie ein Raucher, der verzweifelt zur fünften Hypnose Sitzung geht und sich fragt, warum es bei ihm einfach nicht klappen will, das Rauchen aufzugeben. Dieser Raucher will nicht aufhören. Deshalb ist es wichtig, dass du bereit bist, loszulassen, um so deinen Traum wirklich erlebbar zu machen. Warum gibst du dem Ganzen nicht einfach eine Chance? Ich kann mir vorstellen, dass du sehr überrascht sein wirst, was du bei diesem einfachen Prozess über dich selbst und deine Träume erfahren wirst.

Schritt Nummer 1:

Ich möchte, dass du dich jetzt noch einmal ganz bewusst mit deinem Traum verbindest. Dass du dich noch einmal richtig hineinversetzt, alles siehst, spürst, riechst und schmeckst. Lass deinen Traum noch einmal auf allen Sinnesebenen erlebbar werden. Versetze dich in die Situation und lass deinen Traum vor deinem inneren Auge noch einmal Wirklichkeit werden. Male dir jedes kleinste Detail aus, nimm die Farben und die Umgebung wahr. Erlebe deinen Traum mit all deinen Sinnen noch einmal ganz bewusst. Sobald du deinem Traum noch einmal deine volle Aufmerksamkeit gewidmet hast, öffne deine Augen und komme wieder im Hier und Jetzt an.

Schritt Nummer 2:
Lass noch einmal tiefe Dankbarkeit für deinen Traum entstehen. Du weißt, dass dein Traum bereits in Erfüllung gegangen ist, auch wenn du ihn in deiner 3D-Realität noch nicht greifen kannst. Verbinde dich mit deinem Herzen und lass es vor Dankbarkeit überlaufen. Ich möchte, dass du dir jetzt wieder mit geschlossenen Augen vorstellst, wie du deinen Traum in eine wunderschöne große Flasche steckst. Dein Traum wird mit Leichtigkeit hineinpassen. Diese Flasche versiegelst du in deinen Gedanken ganz sorgfältig, verkorkst sie und stellst dir weiterhin vor, wie du sie in den großen Ozean des Universums übergibst. Dieser Ozean ist voll von Träumen und ein sicherer Ort für deine Traum-Flaschenpost. Stell dir vor, wie du deinen Traum in dieser wunderschönen Flasche langsam in den Ozean gleiten lässt. Wie kleine Wellen deinen Traum davontragen, bis du die Flasche nach kurzer Zeit nicht mehr sehen kannst. Du weißt jetzt, dass du deinen Traum ganz offiziell an das Universum zurückgegeben hast und du nun nicht mehr allein dafür verantwortlich bist, diesen Traum Realität werden zu lassen. Freue dich darauf, deinen Traum das nächste Mal in deiner 3D-Realität wieder begrüßen zu können.

Schritt Nummer 3:
Im letzten Schritt des Prozesses ankerst du noch ein letztes Mal, dass sich gut um deinen Traum gekümmert wird. Du weißt, was du zu tun hast. Gehe deine ersten Schritte auf dem Weg deinem Traum entgegen, aber hör auf, dich klammernd an deinen Traum festzuhalten. It's already done. Es ist bereits erledigt, so wie du eine *Amazon* Bestellung aufgegeben hast und dir keine Sorgen mehr um die Lieferung machst, lässt du deinen Traum jetzt auch gehen. Das bedeutet nicht, dass du nie wieder an deinen Traum denken sollst, ganz im Gegenteil. Aber du bist offen für den Prozess und den Weg dorthin geworden. Du weißt jetzt, dass du dir keine Gedanken mehr zu machen brauchst. Du hast jeglichen Widerstand im Prozess aufgeben. Du hast ganz offiziell losgelassen und dir und deinem Traum damit wahre Freiheit

erschaffen. Die Freiheit, mit der sich dein Traum jetzt auf die magischste Art und Weise erfüllen kann und vielleicht auch ganz anders, als du es im ersten Moment erwartet hast. Stell dir vor, du hast deinen Traum wie einen Bumerang ans Universum übergeben, er kommt wieder zu dir zurück. Trust and know: It's already done.

Feiere dich selbst, um den Loop zu schließen

Nachdem du deinen Traum losgelassen hast, fehlt noch eine winzige, aber sehr wichtige Kleinigkeit. Du darfst jetzt schon feiern, dass du dich auf den Weg für deinen Traum gemacht hast und jeden Tag einen Schritt vor den anderen setzt, um ihn in dein Leben zu ziehen. Und ich meine wirklich feiern. Stell dir vor, dein Traum wäre schon über *Amazon* geliefert worden, wie würdest du reagieren? Was würdest du als Erstes tun? Wie würdest du dich fühlen? Wie würdest du diesen Erfolg feiern? Würdest du deine Familie einladen und ein tolles Essen für sie ausrichten? Würdest du dir eine Flasche Champagner aufmachen und mit deinem Schatz anstoßen? Oder würdest du vielleicht einen langen Spaziergang machen oder dir einen Besuch in deinem Lieblingsspa buchen? Würdest du ausrasten und in deiner Wohnung rumtanzen und all deine Freund*innen anrufen und ihnen davon erzählen, dass sich dein Traum wirklich manifestiert hat? Was würdest du tun? Egal, was es ist, genau das musst du jetzt auch schon tun. Fake it till you make it. Erinnere dich daran, dass dein Unterbewusstsein nicht weiß, ob dein Traum tatsächlich schon Realität ist oder eben nicht. Trickse es ein bisschen aus, damit du eine so starke Verbindung mit der Frequenz aufnimmst, auf die dein Traum in der Realität schwingt. Erstens feiern wir uns alle immer zu wenig und zweitens schließt das Feiern einen Loop, von dem ich dir gleich noch mehr erzählen werde. Mal ehrlich, wann war das letzte Mal, dass du wirklich stolz auf dich warst und dich für all das, was du tust, anerkannt oder sogar gefeiert hast? Wahrscheinlich bist du ein Mensch, der immer viel leistet, der alles allein schafft und immer für andere da ist. Wie oft hast du dir erlaubt, zu feiern, was du erreicht hast, anstatt zu denken: „Das ist doch ganz normal was ich da mache" oder „Das ist doch nichts Besonderes."? Doch, das ist es. Das, was du jeden Tag schaffst und machst, ist nicht normal. Du strengst dich jeden Tag an und gibst dein Bestes, das weiß ich. Aber anstatt von Aufgabe zu Aufgabe zu springen und sofort mit dem nächsten Ziel zu beginnen, braucht es eine kurze Pause in diesem Kreislauf. Wenn du wie ich vor fünf Jahren einfach immer weiter machst, ohne dich für das anzuerkennen, was du leistest und dafür feierst, wird der eine Kreislauf des aktuellen Ziels, der Aufgabe oder des Traums nicht geschlossen. Dein Unterbewusstsein weiß nie wirklich, dass du erreicht hast, was du wolltest. Du springst sofort zum nächsten Ziel und verpasst dabei das Schönste an diesem Prozess. Nämlich das Bewusstwerden, wie schön es jetzt ist. Wie stolz du auf dich sein kannst und dass es für einen Moment auch mal gut sein darf. Du darfst dich erholen und feiern, statt fünf Minuten später das nächste Ziel oder die nächste Aufgabe anzugehen. Gerade große Träume, wie du sie hast, brauchen dieses Loop-Ende unbedingt. Du musst den Kreislauf beenden, sonst lebst du wie Bill Murray in dem Film *Und täglich grüßt das Murmeltier.* Du musst ganz bewusst auf die Pause und Party-Taste drücken. Sonst wird es sehr schwer, die nächsten Träume in dein Leben zu ziehen, weil dein Unterbewusstsein den ersten Traum-Kreislauf noch nicht abgeschlossen hat und glaubt, es müsse dafür immer noch auf die Suche gehen und liefern. Der Kreislauf ist immer derselbe bei Träumen und Zielen:

1. Der Traum wird in dir geboren – ein erster Gedanke entsteht.
2. Du fokussierst dich auf deinen Traum und lässt ihn im Geiste Realität werden.
3. Du gehst jeden Tag Schritt für Schritt für deinen Traum los.
4. Dein Traum ist Teil deiner 3D-Realität geworden.
5. Du genießt den Erfolg und feierst dich für das Erreichte.

Du bist aktuell bei Punkt Nummer drei im Kreislauf. Du stehst kurz davor, dass dein Traum Teil deiner 3D-Realität wird. Damit du diesen Prozess beschleunigen kannst, überspringst du im Geiste den vierten Punkt und lebst Punkt Nummer fünf. Und ehe du dich versiehst, wird sich Punkt vier im Kreislauf in deiner Realität zeigen. Wenn dem so ist, musst du natürlich noch einmal feiern. Ich weiß, ich weiß ich, ich verlange schon viel von dir *hust*. So viel Feierei bist du einfach nicht gewohnt. Aber glaub mir: Erstens wirst du dich daran gewöhnen, dich für deine Erfolge zu feiern. Und zweitens ist dieser Schritt so essenziell, um auch gerade in Zeiten von persönlichen Krisen in einer guten Frequenz zu bleiben, auf der Frequenz des Traums. Erinnere dich an deine Identität, an den Menschen, der schon hat, was er sich wünscht. Ich bin davon überzeugt, dass diese Version von dir absolut in der Lage ist, sich für die erreichten Ziele anzuerkennen und sogar zu feiern. Also hör auf, dir einzureden, dass das alles ganz normal ist und du ja nichts „Besonderes" erreicht hast. Und stattdessen hau' auf die Kacke! Gönne dir das schöne Leben.

Es geht von vorne los

Nachdem du dich ordentlich für deinen Traum gefeiert hast, auch wenn er noch nicht wirklich Teil deiner 3D-Realität geworden ist, beginnt der Prozess von vorne und zwar immer wieder, bis du wirklich in deinem Traum lebst und ihn erleben kannst. Das heißt, dass du jetzt wieder damit anfängst, deine Identität zu überprüfen und sie noch weiter schärfst. Denn nach all den Schritten bist du ja bereits schon wieder zu jemand anderen geworden. Du überprüfst, ob die Standards, die du festgelegt hast, noch intensiver werden können. Du schreibst jeden Tag deine I AM-Statements mit der neuen Version deiner Identität. Du boosterst deinen Selbstwert jeden Tag aufs Neue und lebst deine neue Identität von Tag zu Tag. Danach beginnst du, deinen Traum wieder zu fühlen und jeden Tag mehr in deine neue Version einzusteigen. Und auch jetzt glaubst du an deinen Traum, auch wenn er sich noch nicht gezeigt hat. Du lebst schon jetzt so wie diese Version von dir, die ihren Traum bereits in ihrer 3D-Realität manifestiert hat. Du lässt deine Kontrolle immer und immer wieder los, setzt dich mit deinen inneren Saboteuren auseinander und übernimmst wieder das Steuer. Du richtest deine Energie immer wieder neu aus und gehst die ersten Schritte. Du tust die richtigen Dinge, anstatt deine Energie immer wieder zu verschwenden und dich für andere aufzuopfern. Du lässt deinen Traum wieder los und feierst dich. Wenn du diesen Prozess immer wieder durchmachst, garantiere ich dir, dass dein Traum nicht anders kann, als sich in deiner 3D-Realität zu zeigen. Du hast jetzt alles, was du brauchst, um auch in Krisen für deine Träume loszugehen. Egal, was gerade in der Welt passiert, egal, welche persönliche Herausforderungen du gerade stemmen musst – you will make it.

Lass mich dir das noch einmal sagen: Ich glaube so sehr an dich. Ich glaube, dass dein Traum absolut realistisch ist. Ich glaube, dass du alles bekommen wirst, was du dir wünschst. Ich weiß, dass da noch so viel mehr in dir steckt. Du bist nicht hier, um zu arbeiten und zu sterben. Das Leben bietet noch so viele Möglichkeiten für dich. Es wartet darauf, dass du, egal, wie dein Außen gerade aussieht, für dich losgehst. Ich möchte, dass du weiterhin an dich glaubst, jeden Tag ein bisschen mehr. Ich weiß, dass du es schaffen wirst, egal, wo du gerade stehst. Ich bin davon überzeugt, dass dein Leben nicht so bleiben muss, wie es ist. Ich weiß, dass da noch so viel in dir steckt. Ich weiß, dass du dich so sehr über dich selbst wundern wirst. Dass du nicht glauben wirst, wie einfach es war, deinen Traum in deine 3D-Realität zu ziehen. Du stehst gerade erst am Anfang von etwas sehr Großem. Dein Leben hat gerade erst wirklich begonnen. Egal, wie viel Gegenwind dir gerade ins Gesicht bläst, ich weiß, dass du es schaffen wirst.

Warum?

Weil ich es auch geschafft habe und so viele meiner Kund*innen und Online Kurs-Teilnehmer*innen. Es gibt keinen Grund, warum es für dich nicht möglich sein sollte. Du hast alles in dir und jetzt auch die passenden Tools, um deine Träume auch in Krisenzeiten zu dir zu ziehen. Es spielt keine Rolle, was gerade ist. Wir fokussieren uns auf das, was wir wollen. Wir weinen, wir schreien, wir sind mal verzweifelt und ohnmächtig und dann entscheiden wir uns immer wieder neu. Du bist hier, um dein einzigartiges Geschenk in die Welt zu tragen und dabei – Scheiße nochmal! – glücklich zu sein. Unsere Zeit hier wird immer wieder von Krisen geprägt sein, von Rückschlägen und traurigen Momenten. Aber dennoch oder gerade deshalb hast du jedes Recht, glücklich zu sein und deine Träume zu leben. Ich weiß, du wirst es schaffen. Ich weiß, du wirst dich selbst und alle anderen in deinem Leben überraschen. Ich weiß, du kannst es nicht mehr erwarten, trotz Krise glücklich zu sein.

Ich danke dir.
Ich sehe dich.
Ich glaube an dich.

Deine Jessy

P.S. Wenn du noch tiefer in dieses Thema eintauchen möchtest, werde doch wie so viele tausend andere Menschen Teil meiner Online Kurs-Community und lass deine Träume noch schneller Realität werden.

Alle Infos und Anmeldedaten findest du weiter hinten im Buch oder hier: www.achduscheisseichbinglueckl ich.de/online-kurs/

Digitale Goodies

Alle Links aus den QR-Codes im Buch findest du auch hier und kannst sie direkt in deinem Browser eingeben:

www.achduscheisseichbinglueckIich.de

www.achduscheisseichbinglueckIich.de/anleitung-traumleben/

www.achduscheisseichbinglueckIich.de/journal/

www.achduscheisseichbinglueckIich.de/krise-annehmen/

www.achduscheisseichbinglueckIich.de/sleep-change-meditation/

www.achduscheisseichbinglueckIich.de/manifestations-meditation/

www.achduscheisseichbinglueckIich.de/positive-mantras/

www.achduscheisseichbinglueckIich.de/identitaet-neu-ausrichten/

www.achduscheisseichbinglueckIich.de/grenzen-setzen-lernen/

www.achduscheisseichbinglueckIich.de/booste-deinen-selbstwert/

www.achduscheisseichbingluecklich.de/gefuehlsgedaechtnis-neu-ausrichten/

www.achduscheisseichbingluecklich.de/uebersicht-der-gefuehle/

www.achduscheisseichbingluecklich.de/kontrolle-loslassen-lernen/

www.achduscheisseichbingluecklich.de/journaling-prompts-kontrolle-loslassen/

www.achduscheisseichbingluecklich.de/emotionale-skala-nach-abraham-hicks/

Über die Autorin

Jessica Goschala hat lange Zeit zugelassen, dass persönliche Krisen, Burnout, Krankheiten, familiäre Todesfälle und weltliche Katastrophen ihre Träume in Zaum hielten. 2018 machte sie Schluss damit und entschied sich für einen neuen Weg: Sie schloss eine Coaching Ausbildung an der renommierten *Dr. Bock Coaching Akademie* ab und ging mit ihren beiden Unternehmen durch die Decke. Als Erfolgscoach und CEO begleitet sie Menschen nun dabei, das Beste aller Leben für sich zu kreieren – gerade in Krisenzeiten und egal, ob es um finanzielle Freiheit, den Sprung in die Selbstständigkeit, mehr Abenteuer oder die große Liebe geht. Um noch mehr Menschen mit Hilfe ihres Buches „Ach du Scheiße, ich bin glücklich!" unterstützen zu können, schloss sie 2021 ihr 7-stelliges Business und begann als Autorin ein neues Kapitel in ihrem Leben.

Mehr über Jessica Goschala gibt es hier:

Website: jessicagoschala.com
Instagram: instagram.com/jessicagoschala
Podcast: „Ach du Schei**e" über *Apple* Podcasts oder *Spotify*

Über den Online-Kurs

IT'S ALREADY DONE! Der Online Kurs zum Buch - So machst du deine Träume zur Realität.

Für alle starke Macherinnen und Krisenexperten.

Du hast große Wünsche und Träume? Du möchtest ein großartiges Leben erschaffen, das sich anfühlt wie eine wundervolle Massage auf Hawaii? Du möchtest deine Vergangenheit nicht mehr von deiner Zukunft bestimmen lassen? Willst du wahre Freiheit – egal, ob emotional oder finanziell? Möchtest du morgens aufwachen und nicht fassen können, dass das wirklich DEIN Leben ist? Möchtest du einfache Erklärungen, Anleitungen und Schritt für Schritt-Prozesse, die sich kinderleicht in deinen Alltag integrieren lassen, um genau das zu erreichen?

Dann ist mein Bestseller-Kurs genau das Richtige für dich!

Hunderte Menschen haben bereits ihr Leben verändert und ihre Träume verwirklicht mit meiner narrensicheren Methode. In meinem brandneuen Online Kurs „It's already done! – So machst du deine Träume zur Realität" bekommst du eine kompakte und verlässliche Anleitung, um dich als starke Macherin nie wieder zwischen „diesem oder jenem" entscheiden zu müssen. You can have it all, Baby!

Ich möchte Menschen wie dir die Möglichkeit geben, eine neue Realität zu wählen. Egal, in welcher Krise, in welcher Lebensphase oder in welchem Umbruch du gerade stecken magst – dein Leben hat das Potenzial, großartig zu sein! Dieses Potenzial ist aber momentan noch überlagert mit nicht dienlichen eingelagerten Emotionen, Glaubenssätzen und Verhaltensweisen, die dich davon abhalten, deine gesamte Energie freizuschalten.

Der Online Kurs wurde so konzipiert, dass du die drei großen Module des Kurses in deinem eigenen Tempo bearbeiten kannst. Wir bieten außerdem eine 30 Tage Geld-zurück-Garantie, die dir jegliches Risiko nimmt. Du kannst noch heute starten und anstatt weitere Testimonials von meinen erfolgreichen Rebellinnen zu lesen, selbst zu einem werden. Denn die beste Zeit ist immer JETZT.

Hier geht's direkt zur Anmeldung:

Mitwirkende am Buch

Jana Köppe

Jana Köppe ist Design Expertin für selbständige Frauen, die bislang noch keine visuelle Umsetzung ihres Business‘ haben. Mithilfe von persönlichkeitsspezifischen Methoden erarbeitet sie ein individuell abgestimmtes Design, welches dann in Form von überzeugenden visuellen Erscheinungsbildern wie Logos oder Webseiten sichtbar wird. Durch die ganzheitliche Konzeption und Kreation schafft es Jana Köppe, deine visuelle Identität so zu gestalten, dass sie dich vom Einheitsbrei abhebt und dein Business in die volle Sichtbarkeit bringt.

Mehr über Jana Köppe gibt es hier:

Website: jana-koeppe.de
Instagram: instagram.com/jana.koeppe

Über den Verlag

Palomaa Publishing

Palomaa Publishing ist ein unabhängiger Verlag für inspirierende Bücher, eBooks und Art Prints von Autorinnen und Künstlerinnen. Unsere Mission ist es, Frauen und nicht-männlichen Menschen eine Bühne zu geben. Wir bringen inspirierende Bücher von Autorinnen auf den Markt und so der weiblichen Sicht auf die Dinge mehr Raum. Palomaa Publishing veröffentlicht Bücher in den Bereichen Frauengesundheit, Gleichberechtigung, kritische Mutterschaft, Working Women, Female Entrepreneurship, Female Centered Products, persönliche Weiterentwicklung – und noch vieles darüber hinaus. Unser Fokus liegt auf Non-Fiction, vor allem Sachbuch und Ratgeber. Außerdem vertreiben wir hochwertige Drucke von Künstlerinnen sowie zeitlose Kalender und Guides.

Website: www.palomaapublishing.de
Instagram: instagram.com/palomaa_publishing